나는 매일 두 번
출근합니다

나는 매일 두 번 출근합니다

본업 수의사, 부업 작가의 글쓰기 노하우

초 판 1쇄 2024년 08월 28일
초 판 2쇄 2024년 10월 07일

지은이 박근필
펴낸이 류종렬

펴낸곳 미다스북스
본부장 임종익
편집장 이다경, 김가영
디자인 임인영, 윤가희
책임진행 이예나, 김요섭, 안채원

등록 2001년 3월 21일 제2001-000040호
주소 서울시 마포구 양화로 133 서교타워 711호
전화 02) 322-7802~3
팩스 02) 6007-1845
블로그 http://blog.naver.com/midasbooks
전자주소 midasbooks@hanmail.net
페이스북 https://www.facebook.com/midasbooks425
인스타그램 https://www.instagram.com/midasbooks

ISBN 979-11-6910-786-6 03190

값 18,500원

미다스북스는 다음세대에게 필요한 지혜와 교양을 생각합니다.

본업 수의사, 부업 작가의 글쓰기 노하우

나는 매일 두 번 출근합니다

| 박근필 지음 |

미다스북스

이 책을 사랑하는 제 아내와
두 딸에게 바칩니다.

5장 책을 써서 저자가 돼라

에필로그

추천사

"당신의 삶은 더 이상 안전하지 않다."

수의사로서 안정된 직업을 갖고 있는 저자의 경고가 매섭다. 그렇게 원하던 수의사가 됐지만 번 아웃에 우울증까지 그 길 또한 녹록지 않았다. 살기 위해 책을 읽고 글을 썼다. 일취월장하지 않았다. 차근차근, 한발 한발 밟아왔다. 블로그 글쓰기로 출발해 전자책 출간, 브런치 작가를 거쳐 종이책 저자로 우뚝 서기까지 우직하게 걸어왔다. 마흔 전까지 글쓰기와 담쌓고 살았던 저자가 걸어온 걸음걸음은 누구나 마음만 먹으면 갈 수 있는 길이기에 모두에게 희망과 용기를 준다. 읽다 보면 나도 쓸 수 있겠다는, 쓰고 싶다는 자신감과 의욕이 샘솟는다.

이제 저성장 · 초고령 · 인공지능과 로봇 시대다. 일자리는 줄어들고 오래 살게 된다. 뭔가를 하면서 돈도 벌고 시간도 보내야 한다. 저자는 글쓰기로 부업하기를 권한다. 이에 전적으로 동의한다. 나도 쉰 살에 직장을 그만둘 수밖에 없었다. 지난 10년 동안 열 권의 책을 썼다. 일 년에 한 권 꼴로 쓴 셈이다. 책을 내면 돈 받는 기고와 강의 기회가 생긴다. 많진 않지만 인세도 들어온다. 열심히 하면 월 백만 원 정도 벌이가 가능하다. 글쓰기는 돈이 들지 않는다. 시간만 있으면 된다. 글쓰기는 또한 정신의 노화를 늦춘다. 저자는 나이 들수록 글쓰기만큼 좋은 것은 없다고 강변한다. 몸소 보여준다.

– 강원국(작가)

　운동, 독서, 글쓰기는 내 인생의 세 가지 축이다. 덕분에 내일모레 70세지만 활발하게 현역으로 활동하고 있고 지인들은 그런 나를 부러워한다. 120세까지 살아야 하는 시대 가장 중요한 건 자기만의 일이고 그건 현역 시절부터 준비해야 한다. 어떻게 준비를 하냐고? 재테크는 기본이지만 그보다 더 중요한 게 독서와 글쓰다. 저자는 글 쓰는 수의사다. 2년도 안 되는 기간 안에 블로그, 전자책을 거쳐 저자로 등극했고 이를 통해 삶의 영역을 넓히면서 충만한 삶을 살기 시작했다. 실행력, 꾸준함이 특히 돋보인다. 미래가 어떻게 발전할지 너무 궁금하다. 아무쪼록 이 책이 불안한 이 시대에 작은 촛불이 되길 희망한다.

– 한근태(작가)

당신의 직장, 직업은 안녕한가요?

프롤로그

'아무 탈 없이 편안하다.' 안녕하다의 사전적 정의입니다. 당신의 직장과 직업은 안녕한가요? 아무 탈 없이 편안한가요? 바로 '네'라고 대답하지 못한다면 아마도 직장과 직업에 대해 불만이나 걱정이 있을 겁니다. 그 원인은 다양할 테지만 가장 큰 이유는 이것이 아닐까요? '언제까지 내가 이 직장에서 일할 수 있을지 모르겠다.', '정년까지 버틸 수 있을지 확신이 없다.', '구조조정 얘기가 나올 때마다 살이 떨린다.', '지금 하는 일이 비전이 있는지 모르겠다.', '인공지능과 로봇에게 내 일을 빼앗길까 두렵다.' 그렇습니다. 꽤 많은 사람들이 이런 고민을 안고 하루하루를 살아갑니다. 사용자(CEO나 사장)가 아닌 근로자라면 고용 불안정에서 자유롭기가 사실 어려워요.

대부분의 직장인(피고용인)이 겪는 고용 불안정 문제가 어제오늘의 일은 아닙니다. 문제는 현재 그리고 앞으로 더 고용 불안정이 화두로 떠오를 거고, 그로 인해 고통을 겪는 사람이 늘어날 거라는 거죠. 왜 그럴까요? 첫째, 고성장시대가 끝났기 때문입니다. 우리 부모님 세대는 하루가 다르게 성장하는 고성장, 초고성장 시대를 살았습니다. 열심히 노력한 사람은 물론이고 그다지 열심히 노력하지 않은 사람조차 구직이 어렵지 않았죠. 본인이 일하고자 하는 마음만 먹으면 얼마든지 바로 일할 수 있었어요. 그런데 상황이 많이 달라졌습니다. 고성장 시대는 끝났다고, 다시는 경험하기 어려울 거라고 전문가들은 예측합니다. 네, 우리는 저성장, 마이너스 성장 시대를 건너가야 하는 상황에 놓여 있어요. 일자리 구하기가 하늘의 별 따기만큼이나 어렵습니다. 특히 '좋은 일자리', '양질의 일자리'를 구하기는 더 어렵죠. 기업은 신입 사원 채용을 하지 않거나 대폭 축소한 지 오래입니다. 그나마 경력직 위주로 채용을 하고 있죠. 경력 사원이 되려면 신입으로 채용이 되어 경력을 쌓아야 하는데, 입사 자체가 안 되니 취업 준비생의 마음은 타들어만 갑니다.

둘째, 인공지능과 로봇의 발달 때문입니다. 발달 속도가 상상을 초월해요. 어제와 오늘이 다르고 오늘과 내일이 다릅니다. 예컨대 ChatGPT는 짧고 간단한 명령어로 많은 걸 제공해요. 순식간에 텍스트 요약, 생성, 질문에 관한 답변을 해주죠. 그야말로 혁신이라 할 만합니다. 그림과 음악 생성도 뚝딱 해냅니다. 그로부터 얼마 뒤 소개된 소라(SORA)의 영상은 혀를 내두를 정도였죠. 글 한 줄로 높은 수준의 영상을 순식간에 만듭니다. 아마도 영상 관련 업계 종사자라면 받은 충격이 대단히 컸을 거라 생각해요. 살 떨리는 위기의식을 느꼈을 겁니다.

셋째, 인간의 수명이 계속해서 길어지고 있다는 겁니다. 100세 시대라는 말이 나온 지도 얼마 되지 않았는데 이제는 많은 전문가가 120세, 150세를 말합니다. 심지어 역노화, 영생이란 말까지 나오고 있죠. 수명이 길어지면 무슨 일이 벌어질까요? 인간은 지금보다 더 오래 일을 해야 합니다. 젊었을 때 벌어놓은 자산이 많지 않다면 노인이 되어서도 생존을 위해 일해야 해요. 예전처럼 첫 직장에서 정년까지 일하고, 은퇴 후 노년엔 노동(근로) 없이 여유롭게 보내다 생을 마감하는 패턴이 무너졌습니다. 은퇴 나이도 점점 빨라지고 있어요. 은퇴 후 최소 하나, 많게는 여러 개의 직장을 다녀야만 '정상적인' 노후를 보낼 수 있죠. 만약 일자리를 구하지 못해 실업 상태에서 노후를 맞이한다고 상상해 보세요. 끔찍합니다. 하루하루가 지옥일 거예요.

앞선 질문에서 '네'라고 대답한 분이라도 안심하지 마세요. 방심하지 마세요. 여러분의 생각과 현실은 크게 다를 수 있으니까요. '지금 내 직장은 안전해.', '지금 내가 하는 일은 아무런 타격이 없을 거야.'라는 생각이 착각이자 오만일 수 있습니다. 예컨대 과거 전문가가 미래에 사라지거나 인공지능과 로봇으로 빠르게 대체될 거라고 예상했던 순위별 직종 자료를 많이들 보셨을 겁니다. 그 예상이 어떻게 되었나요? 네, 크게 빗나갔습니다. 인간만이 예술적인 창작을 할 수 있다고 믿어 그림, 음악 관련 직종은 후순위에 있거나 포함조차 안 됐지만 지금 보세요. 가장 먼저 타격받은 직종이 되었습니다. 마음 놓고 안심할 수 있는 직장과 직업은 없다고 보시는 게 맞아요. 잠시 제 얘기를 해볼까요. 제 직업은 수의사입니다. 동물병원에서 근무하는 임상수의사죠. 제3자가 보기에 전문직이니 고용 안정성도 보장되고 별다른 걱정이 없는 거 아니냐고 반문할 수 있지만 꼭 그렇지도 않답니다.

10년 가까이 원장으로서 제 동물병원을 운영했습니다. 그러다 각종 스트레스와 건강 악화, 권태감으로 병원을 정리하고 잠시 휴식 기간을 가졌죠. 얼마 후 동물병원에 피고용인 즉, 직원으로 취직을 했어요. 그런데 생각지도 못한 일이 벌어졌죠. 자세한 사정을 다 담긴 어렵고 결론부터 말씀드리면 부당한 퇴사를 당했습니다. 비자발적 퇴사죠. 입사 당시 원장은 동업 관련 제안을 하였고 전 최소 1년은 일해보고 결정하겠다고 답변 후 대화는 마무리되었습니다. 그런데 반년 정도 일한 시점에서 다시 그 얘기를 꺼내며 지금 동업 제안을 받아들이지 않으면 병원을 나가줘야겠다고 하더군요. 그때 전 깨달았죠. 내 직업도 고용 불안정에서 완전히 자유롭지는 않다는 걸. 다행히 이직해 근무하고 있는 현재 동물병원의 만족도는 전에 비해 더 높습니다. 다짐을 하나 했어요. 언제 어떤 상황이 생길지 모르니 미리미리 자발적 퇴사를 준비하자. 언제든 떠날 수 있는 나를 만들기로 했죠. 동물병원을 떠나도 홀로서기를 할 수 있는 나, 수의사라는 업을 떠나도 홀로서기를 할 수 있는 나를 만들기로 했습니다.

이러한 경험이 계기가 되어 독서가가 되고 블로거, 브런치 작가를 거쳐 지금의 두 번째 종이책 출간 작가까지 올 수 있었습니다. 전화위복이 된 셈이죠. 직장인이라면 전문직이든 비전문직이든 비자발적 퇴사를 대비해 자발적 퇴사를 준비해야 합니다. 직장이 평생 나를 보호해주지 않아요. 내가 나를 지키고 보호해야 합니다. 그러려면 직장인이 아닌 직업인이 되어야 해요. 어디서든 나를 찾게 만들어야 합니다. 나를 찾는 곳이 없다면 홀로서기가 가능하게 나 자신을 만들어 놔야 해요. 저는 또 다른 직업으로 작가를 택했습니다. 강원국 작가의 말을 빌리면 작가는 전직이 없어요. 한 번 작가는 평생 작가죠. 평생 현역으로 살 수 있습니다. 마흔이 될 때까지 책을 전혀 읽지 않고 글쓰기 경험이 전무했던 제가 1년 만에 작가가 되기까지의 과정과 방법을 이 책에 상세히 적었어요. 더불어 독서법과 글쓰기, 책 쓰기에 관한 현실적인 조언을 담았어요.

여러분이 이 책을 다 읽고 나면 이런 생각이 들길 바라는 간절한 마음으로 한 글자 한 글자 꾹꾹 눌러가며 썼습니다. '나도 직장을 다니며 자발적 퇴사를 준비해야겠다.', '나도 글을 써봐야겠다.', '나도 책을 써봐야겠다.', '나도 작가가 될 수 있겠다.' 전 확신합니다. 저도 해냈으니 여러분도 해낼 수 있어요. 지금 이 책을 읽고 계신 여러분은 이미 작가가 되기 위한 첫걸음을 내딛으신 겁니다. 모든 독자분이 작가, 나아가 저가가 되길 진심으로 바라고 응원합니다.

1장

수의사에서 블로거를 거쳐 작가까지, N잡러의 시작

1. 수의사로 살며 강산이 변했다

　대학 입시 원서를 세 군데 대학에 냈던 걸로 기억합니다. 모두 수의과대학에 넣었죠. 그만큼 수의사는 제가 원하는 직업이었고 진심이었어요. 수의사의 진로는 생각보다 다양합니다. 동물병원 수의사만 있는 게 아니랍니다. 전 동물병원 수의사를 꿈꿨고 졸업 후 수련 수의사를 거쳐 제 병원을 개원하게 됩니다. 동물병원은 일종의 자영업이자 서비스업입니다. 반려동물 진료 외에 병원 운영도 잘해야 하고 고객, 즉 보호자의 서비스 만족도를 높게 유지하기 위해 힘써야 해요. 당시 전 순수했던 건지 순진했던 건지 모르겠습니다. 동물을 사랑하고 수의사로서 자질과 실력만 있으면 충분하다 생각했죠. 경영자의 두뇌와 마인드, 태도가 중요하단 사실을 나중에서야 깨달았습니다.

　초반엔 의욕적이고 행복했어요. 아픈 개와 고양이를 치료하고 잘 회복되었을 때 보람은 큽니다. 수의사로서 자부심과 자긍심을 느끼죠. 그런데 수의사는 치료만 잘하는 게 다가 아니에요. 보호자의 만족도도 중요하죠. 예컨대 아픈 고양이가 호전 속도가 더딘데도 불구하고 보호자의 만족도는 높을 때가 있고, 반대로 충분히 양호하게 호전되고 있는데도 불구하고 보호자의 만족도는 낮을 때가 있어요. 보호자의 마음을 얻는 것도 중요하다는 의미입니다. 결국 이 직업도 사람을 상대하는 일이라는 거죠. 보호자의 만족도가 높을 땐 보람을 느끼지만 그렇지 못할 땐 큰 스트레스를 받습니다. 고강도 감정 노동 직업이라고 해도 과언이 아니에요. 감정 소모가 심합니다. 여느 서비스업과 크게 다르지 않아요. 일반 사람은 이런 어둡고 힘든 점을 잘 알지 못합니다. 수의사는 의사처럼 돈 많이 벌고 좋은 대우 받는 걸로만 생각하죠. 하지만 그렇지 않답니다. 인터넷 발달로 웃지 못할 상황이 자주 발생하곤 해요. '보호자의 수의사화'라고 표현하면 적절할까요. 내원 전 이미 폭풍 인터넷 검색을 하고 오시는 분이 많습니다. 반려동물이 아프니 왜 그런지 궁금해 관련 내용을 찾아보는 건 자연스럽고 나쁘지 않아요. 문제는 본인이 수의사인 양 애가 이런저런 증상이 있으니 이런저런 검사를 해달라, 병명은 이거인 것 같다, 주사는 뭐로 해주고 약은 뭐로 지어달라, 이렇게 말씀하시는 분도 늘고 있다는 거죠. 선무당이 사람 잡는다고 위험한 태도입니다. '약은 약사에게 진료는 의사에게'라는 말이 있죠. 사람은 아프면 전문가인 의사를 전적으로 신뢰하고 안내에 따라 진료를 받듯, 동물도 마찬가지입니다. 전문가인 수의사를 믿고 수의사의 안내에 따라 검사 및 치료를 진행하는 게 맞습니다. 게다가 공적 의료 보험이 없어 사람 병원비보다 비용이 높게 나오는 걸 가지고, 수의사를 과잉 진료하고 돈만 밝히는 사람으로 취급하는 보호자도 적지 않아요. 한숨만 나오죠.

우리나라는 동물병원이 과포화 상태입니다. 국가 규모에 비해 수의사 배출이 많아요. 매해 수의사는 쏟아지고 그중 대다수가 동물병원을 개원해 생긴 현상입니다. 상황이 이러하니 소위 이 바닥도 치킨게임, 제로섬게임,

승자독식이 적용됩니다. 과도한 경쟁이 발생하죠. 사람 병원처럼 의료 수가가 아직 표준화되지 않은 실정이라 가격 덤핑부터, 주 6일 근무는 기본에 주 7일 근무, 24시간 병원이 증가하기 시작합니다. 가격 경쟁력, 규모 경쟁력에서 밀려난 병원은 경영난 끝에 폐원을 하죠. 한 해 개원하는 동물병원도 많지만 폐원하는 동물병원도 적지 않답니다. 소리 없는 전쟁터죠. 약 10여 년 전 30대 초반에 제가 동물병원을 개원했을 당시 업계 분위기는 이랬습니다. 대부분 주 6일 근무(일요일 휴무), 인원 구성은 1인 수의사(원장)+테크니션+미용사, 오전 9시부터 저녁 7시까지 근무. 지역마다 다소 차이는 있겠지만 보통 이런 식으로 운영하는 동물병원이 다수였죠. 저도 마찬가지였어요. 공휴일도 근무하는 게 일상이었습니다. 노동 강도가 강했죠. 일과 시간이 끝나도 마음 편하게 쉴 수 있는 날은 많지 않았어요. 왜냐하면 입원 환자가 있으면 병원에서 밤을 지새워야 했고, 퇴근 후 응급 환자의 전화가 오면 밤이든 새벽이든 바로 동물병원으로 달려 나가야 했으니까요. 어디서 무얼 하든 늘 5분 대기조처럼 긴장하며 지내야 했습니다. 새벽에 전화를 받고 급히 제왕 절개를 하러 간 날이 아직도 기억에 남아요. 직원은 퇴근하고 없으니 보호자가 새끼를 받았죠. 다행히 어미와 새끼 모두 무사했어요. 이때의 보람과 성취감은 큽니다.

2. 번 아웃에 우울증까지, 마흔에 폭삭 무너진 내 마음

사람이 보람과 성취감만으로는 버티는 데는 한계가 있더군요. 일과 삶의 균형이 깨지니, 일과 일상의 분리가 되지 않으니 삶의 만족도는 바닥을 향했습니다. 체력은 점점 고갈되고 심신이 지쳐갔죠. 진료만 잘하면 될 줄 알았던 순진한 마음이 점점 큰 실수였다는 걸 깨닫기 시작했어요. 까다로운 보호자의 비위를 맞추거나 진료 비용을 가지고 가끔 컴플레인하는 보호자를 상대하는 일은 무뎌지기는커녕 뾰족해져만 갔습니다. 매일 아픈 동물을 마주하여 생기는 측은한 마음으로 공감피로(동정피로)가 누적돼 마음엔 그늘이 생겼어요. 결국 제가 타고 남은 재처럼 느껴지는 순간이 찾아왔죠. 번 아웃이 온 거예요. 한 번이 아니었습니다. 잘 버티고 넘어가면 얼마 후 다시 찾아오곤 했어요. 일할 의욕이 나지 않았고 퇴근 후에도 뭘 하고 싶은 생각이 들지 않았습니다. 그저 쉬고 싶고 종일 자고 싶은 생각뿐이었어요. 무기력, 무력감, 의욕 상실, 졸림 등 다양한 증상을 겪었습니다. 나중엔 우울감까지…. 기분이 몹시 다운되고 우울했어요. 세상 모든 게 비관적으로 보였죠. 어떤 생각을 해도 부정적으로 연결됐어요. 암흑의 기운이 저를 둘러싸고 있는 것 같았죠. 최대한 티를 내지 않아서 타자가 보기엔 멀쩡해 보였겠지만 사실 좀비와 같았습니다. 살아 있지만 살아 있는 게 아닌 상태.

생기를 잃은 상태. 살아가는 삶이 아닌 살아지는 삶, 살아내는 삶을 살았어요. 질질 끌려가는 삶이었습니다.

한 조사에 따르면 수의사의 자살률이 매우 높은 것으로 나왔어요. 호주 수의사의 자살률은 일반 의사보다 2배 이상 높고, 미국 수의사의 자살률도 일반인보다 2배 이상 높았죠. 수의사의 70%는 동료 수의사의 자살을 경험한 적이 있다고 할 정도입니다. 수의사의 자살률이 매우 높은 이유는 다음과 같아요. 첫째, 정신적 스트레스가 큽니다. 정신적 스트레스를 겪지 않는 직종은 없겠지만 생명을 다루는 동시에 사람을 대하는 서비스업이다 보니 상대적으로 그 강도가 강해요. 예컨대 수술 및 마취의 부담, 예후(병이 나을 가능성)가 불량한 환자에 대한 걱정과 염려, 안락사에 대한 죄책감, 보호자의 각종 컴플레인 및 소송 등이 대표적인 예입니다. 둘째, 사회적 시선입니다. 다른 말로 수의사를 대하는 보호자의 인식이에요. 검사 적게 하고 진료비 적게 나오는 수의사는 착하고 양심 있는 수의사로, 반대로 다양한 검사를 하고 진료비가 상대적으로 많이 나오는 수의사는 돈만 밝히고 양심 없는 수의사로 여기는 분위기가 널리 퍼져 있죠. 환자를 생각하는 수의사의 진심을 몰라주고 악인으로 평가할 때 자괴감과 수치심을 느낍니다. 셋째, 경제적 요인입니다. 모든 수의사가 소위 잘 나가지 않아요. 모두 돈 많이 벌고 호화롭게 살지 않습니다. 동물병원 개원할 때 드는 비용은 과한 경쟁 탓으로 점점 높아지고 있어요. 대출 금액이 몇 억은 기본이죠. 잘되는 병원과 그렇지 않은 병원의 양극화가 심합니다. 중간 지대가 사라지고 있어요. 제 주위에도 경제적 부담으로 힘들고 괴로워하는 동료들이 있습니다. 감히 예상컨대 수의사에 대한 전반적인 처우 개선이 이뤄지지 않는다면 자살률은 감소하기 어려울 겁니다.

　당시 전 우울증도 있었을 거라 생각해요. 병원에 내원해 전문가의 도움을 받았더라면 더 좋았을 텐데 그렇지 못했어요. 저 말고 동물병원에 수의사가 없으니 자리를 쉽게 비울 수도 없었고, 견디고 버틸 수 있다 생각했죠. 다행히 큰 탈은 안 났지만 어려운 시기를 좀 더 쉽게 보낼 수 있었을 텐데 하는 아쉬움은 여전히 남습니다.

　요즘 마흔이란 단어가 단연 화두입니다. 서점에서 마흔이란 단어가 보이지 않는 책을 찾기 어려울 정도죠. 마흔의 나이가 지닌 상징적인 의미 때문이라 생각해요. 보통 이삼십 대엔 앞만 보고 달립니다. 직장에선 열심히 일하고 퇴근 후엔 가정도 책임지고 육아도 참여하며 눈코 뜰 새 없이 바쁘죠. 정작 자기를 돌아볼 시간적 여유는 없어요. 오로지 일과 가족에게 최선을 다하는 게 정답이고 옳다 믿으며 삽니다. 그러다 나이의 앞자리가 4자로 바뀔 때쯤, 즉 마흔 무렵이 되어서야 한숨을 돌리죠. 앞뒤 좌우 그동안 자기가 걸어온 길을 돌아봐요. 지금까지 내가 잘 살아온 게 맞나, 이렇게 사는 게 맞나, 앞으로도 계속 이렇게 살면 되나, 앞으로 어떻게 살면 좋을까, 많은 물음표가 머릿속에 둥둥 떠다니죠. 사실 진작 했어야 했던 질문이에요. 20대에도, 30대에도 매일 살면서 그러한 질문을 자신에게 던지고 답하는 시간을 가졌어야 해요. 자기 성찰이죠. 그래야 제대로 된 삶의 방향대로 흘러가고 있는지 알 수 있습니다. 이건 아니다 싶으면 바로 방향을 수정하고 다른 방법과 길을 찾아야 하죠. 하지만 사는 게 바쁘다는 이유로, 먹고사니즘 때문에 정작 중요한 질문과 대답은 하지 못하고 쳇바퀴 굴러가듯 똑같은 하루를 매일 살다가 어느덧 마흔이란 나이를 맞이합니다.

저라고 예외는 아니었어요. 고3 입시 준비 때부터 줄곧 임상수의사는 나의 길, 나의 천직이라 여기며 살아왔습니다. 하지만 현실에서 만나는 다양한 어려움과 고됨, 정신적 스트레스는 그런 제 생각에 균열을 냈어요. 갈수록 균열은 커졌고 저는 생각이 많아졌습니다. 이게 정말 내가 원하는 일인가, 앞으로 계속해야만 하는 일인가, 내 적성에 맞는 일인가, 앞으로 어떻게 살면 좋을까, 무엇을 준비해야 할까, 생각이 꼬리에 꼬리를 물었죠. 더 늦은 나이가 아닌 마흔에라도 생각을 하게 된 걸 다행이라 여깁니다. 스스로 질문하고 생각하고 답하는 과정이 그리 순탄치만은 않았어요. 질문을 할수록 과거에 대한 아쉬움과 후회, 미래의 불확실성에 대한 불안과 걱정이 몸과 마음을 힘들게 했죠. 오래 생각한다고 답이 나오는 질문도 아니기에 머리는 복잡하고 혼란스러웠습니다. 그렇다고 질문에 대한 답을 찾지 않을 수도, 결론을 내리지 않을 수도 없는 노릇이었죠. 찾아야 했습니다. 찾아야만 했어요. 나와 가족의 운명이 걸린 일이었으니까요.

3. 인생 책을 만나 블로거가 되면서 시작된 새로운 인생

부끄럽게도 마흔 전까지 책과 담을 쌓고 살았습니다. 어릴 때 다들 재밌게 보는 만화책도 거의 보지 않았어요. 유일하게 본 게 『슬램덩크』 몇 권이 전부였죠. 집에 다양한 위인전과 전집도 있었지만 보지 않았어요. 책에 전혀 관심이 없었습니다. 학창 시절 교과서와 전공서를 제외하고 읽은 책은 10권도 채 되지 않을 겁니다. 참 창피한 일이죠. 독서의 필요성을 느끼지 못했어요. 책을 왜 읽어야 하는지, 읽으면 무엇이 좋은지 주위에서 알려주지 않았고 스스로 알려 하지도 않았습니다. 그렇게 제 삶에 책은 낯선 이방인 같은 존재였어요. 가까이하기엔 먼 그대였죠.

그러다 어느 날 지인으로부터 책 한 권을 소개받았어요. 부아C 작가의 『부의 통찰』이었죠. 당시 전 부아C 작가가 베스트셀러 작가이자 인플루언서인지 몰랐습니다. 나중에 저와 귀한 인연으로 이어질 줄도 이 땐 전혀 몰랐죠. SNS에서 이 책이 좋다는 후기도 본 기억이 나 인터넷으로 주문하고 책을 읽기 시작했어요. 사실 큰 기대는 없었어요. 살면서 독서의 경험이 거의 전무하니 책을 통해 감동하거나 삶의 변화를 체험한 적이 없었기 때문이죠. 하지만 페이지를 한 장 한 장 넘길 때마다 머릿속에선 전구가 번쩍이고 가슴속 심장은 요동쳤습니다. 제 안 깊은 곳에서 알 수 없는 무언가가 꿈틀거렸죠. '아, 계속 이렇게 살아선 안 되겠다. 삶의 변화를 주자.' 다짐했어요. 변화를 주려면 가만히 있어선 안 되겠죠. 뭐라도 해야 저와 제 삶이 바뀔 겁니다. 책에 블로그를 하라는 내용이 있었어요. 예전부터 블로그를 해봐야지 하는 생각은 있었지만 늘 마음만 먹고 실천으로 옮기진 못했죠. 바쁘다, 시간 없다, 피곤하다, 그거 해서 뭐해, 글도 써 본 적 없는 내가 무슨 블로그야, 누가 내 글을 보기나 하겠어, 혹시 내가 아는 사람이 글을 보면 어떡해, 등 하지 않을 핑계만 찾으며 미루고 또 미뤘어요. 이젠 더 이상 미루지 말자, 이번이 정말 해 볼 때다, 해야 할 때다 결심했습니다. 그리고 '그날 즉시' 행동으로 옮겼습니다.

노트북을 켜고 블로그부터 개설했어요. 첫 포스팅은 어떤 글이었을까요? 글쓰기 경험이 없으니 마땅한 소재나 쓸거리, 글감을 찾기가 어려워 난감했습니다. 번뜩 생각 하나가 떠올랐어요. 당시 전 서평이란 것도 몰랐습니다. 조금 전 읽은 책이 있으니 독후감처럼 책에 대한 내용과 제 생각을 써보기로 했죠. 날짜도 정확히 기억합니다. 2022년 11월 11일. 생애 첫 블로그 포스팅은 그렇게 시작됩니다. 그 후 상상할 수 없었던 일들이 하나씩 하나씩 펼쳐지죠. 인생 시즌2가 시작된 겁니다. 책을 통해 사람과 인생이 바뀔 수 있다는 걸 깨달았어요. 그런 책을 흔히 인생 책이라 말합니다. 인생 책을 만나 블로그를 시작하면서 제 인생이 180도 달라졌어요.

초반은 순조롭지 못했습니다. 글쓰기는 고작 어릴 적 학교 과제로 독후감 쓴 것과 입시 때 논술 쓴 게 전부이니 본격적인 글쓰기는 이번이 처음이

나 마찬가지였죠. 블로그도 사전 정보 없이 개설부터 했으니 사실상 모든 게 처음이었습니다. 막막했어요. 황량한 사막 위에 혼자서 걸어가는 기분, 빛 하나 없는 밤바다 위 홀로 작은 돛단배를 타고 노를 젓는 기분이었죠. 망망대해에 혼자 떠 있는 것 같았습니다. 우선 주제 선정이 급선무였어요. 어떤 글을 써야 할지 정하는 게 초반엔 곤욕이었습니다. 이런 답답한 심정을 담은 글을 두 번째 포스팅으로 올렸습니다. 다음은 내용의 일부에요. 당시 고민의 흔적을 같이 보시죠. "나의 블로그의 정체성과 방향성에 대해 고민을 해봤다. 어떤 글을 쓸 것인가, 어떤 내용을 공유할 것인가. 불혹의 나이에 딸 둘을 둔 아빠이자 남편이자 한 가정의 가장으로서 느끼는 다양한 생각과 느낌. 짧지 않은 인생을 살아오며 경험했던 다양한 순간. 지구에서 일어나는 크고 작은 일들에 대한 고민과 소회. 우리가 자본주의 사회에서 사는 만큼 자본주의, 부(돈), 투자에 대한 솔직한 의견. 자녀 교육에 대한 생각들. 앞으로 블로그를 관통하는 주요 주제들이다. 모든 글을 진솔하고 진정성 있게 쓰도록 노력할 것이다." 이렇듯 사회적 이슈나 제가 평소 고민해 오던 주제(화두)에 대해 써보기로 하고 매일 글을 쓰기 시작했습니다.

처음엔 글 하나 완성하기까지 짧게는 두세 시간 많게는 네다섯 시간이 걸렸어요. 절대 만만치 않은 일이었죠. 시간은 한정되어 있으니까요. 글쓰기 근육이 없으니 당연했습니다. 의지와 정신력으로 소위 1일 1포(하루 하나의 포스팅)라 불리는 작업을 매일 이어갔어요. 당시 저 자신과의 약속이기도 했습니다. 다른 건 몰라도 꾸준함은 자신 있었고 그게 유일한 제 무기였으니 하루에 하나 포스팅은 특별한 일이 없는 이상 꼭 유지하자, 다짐했었죠. 나중에야 그 약속과 다짐이 제게 부담으로 작용해 족쇄가 된 걸 알았습니다. 1일 1포를 위해 수면 시간까지 줄이다 결국 3개월쯤 될 무렵 체력 부담과 건강염려로 1일 1포 중단 선언을 했습니다.

 그런데 놀라운 일이 벌어져요. 1일 1포 중단 선언을 하고 나니 몸과 마음이 자유롭고 홀가분해졌죠. 어깨 위에 1t의 무게추가 사라진 느낌이었어요. 이젠 의무적으로 글을 쓰지 않아도 되니 오히려 글이 더 부드럽게 술술 써졌습니다. 마음의 짐, 부담감이라는 게 이렇게나 무섭구나 싶었어요. 강박적으로 글을 쓸 땐 글쓰기 시간이 그리 즐겁지 않았습니다. 매번 머리를 쥐어 짜내며 글을 쓰니 그럴 수밖에요. 하지만 내려놓으니 글쓰기가 재밌어졌어요. 재미가 붙으니 더 쓰고 싶어지고, 더 쓰다 보니 더 잘 쓰게 되는 선순환이 생겼죠. 그러자 자연스럽게 거의 매일 글을 쓰게 되더군요. 자연스러운 1일 1포가 된 셈이죠. 쓰면서 느꼈습니다. 수영도 자주 해야 늘고, 아령도 자주 들어야 가벼워지고, 달리기도 자주 뛰어야 호흡이 안정되듯이, 글쓰기도 자주 써야 글쓰기 근육이 생겨 힘이 덜 들고 필력도 는다는 것을요. 뭐든 왕도는 없습니다. 우린 항상 빠른 길, 지름길로 가길 원해요. 빨리 부자 되는 법, 빨리 성공하는 법, 한 달 만에 천만 원 버는 법, 한 달 만에 구독자 만 명 만드는 법, 이런 비법을 하이에나처럼 여기저기 기웃거리죠. 이런 심리를 이용해 장사하는 사람도 많고요. 세상에 공짜는 없어요. 공짜 치즈는 쥐덫에나 있습니다. 그런 비법이 있다면 모두 다 빨리 부자가 되고 성공했겠죠. 정석대로 가는 게 가장 빠른 길입니다. 정도가 왕도에요. 본질을 챙기는 게 가장 확실한 방법입니다. 식상한 말이지만 반복해서 꾸준히 하는 게 비법이에요. 어디에나 통하죠. 보통 뻔한 말, 클리셰에 정답이 있습니다.

글쓰기도 마찬가지입니다. 요령 부리지 말고 요행 바라지 않고 매일 꾸준히 써야 해요. 초반에 길게 쓰기 어렵고 부담스럽다면 짧아도 괜찮습니다. 한 줄이라도 괜찮아요. 꾸준히 지속해서 쓰는 게 중요해요. 중도에 그만두거나 포기하지 않고 원하는 바를 이룰 때까지 끝까지 쓰는 게 중요합니다. 괴테의 '서두르지도 말고 그러나 쉬지도 말고 묵묵히 묵묵히.' 제가 좋아하는 말입니다. 서두를 것 없어요. 그저 묵묵히 쓰면 됩니다. 괴테는 쉬지 말라고 했지만 전 반대해요. 몸이 아프거나 컨디션이 안 좋거나 피치 못할 사정이 생기면 쉬어도 됩니다. 쉰다고 세상 끝나지 않아요. 자신과 약속한 1일 1포를 중간에 못해도 괜찮습니다. 매일 하루도 빠짐없이 365일 하는 게 꾸준함이 아닙니다. 그건 꾸준함에 대한 오해예요. 한때 유행했던 말이 있죠. 중요한 건 꺾이지 않는 마음. 아닙니다. 꺾여도 괜찮아요. 이런저런 이유로 잠시 꺾일 수 있어요. 살다 보면 변수가 얼마나 많나요? 우린 로봇이 아닌 사람인걸요. 정말 중요한 건 꺾여도 계속하는 마음입니다. 꾸준함도 그래요. 중도에 잠시 쉬더라도 그만두지만 말고, 포기하지만 말고 끝까지 이어서 하면 됩니다. 그러면 돼요. 그게 진짜 꾸준함이에요. 완벽주의와도 밀접한 연관이 있습니다. 중간에 잠시 문제가 생기거나 삐거덕거렸다고 '에잇, 이제 안 해. 내가 이 정도밖에 안 되는데 더 해봤자 무슨 의미가 있겠어.'라고 생각하는 사람이 있어요. 일종의 완벽주의자죠. 이런 마인드는 새로운 시도 자체를 가로막고, 중간에 문제가 생겼을 때 쉽게 포기하게 합니다. 큰 손해죠. 노자는 '완벽주의는 최고의 자학이다.', 화가 살바도르 달리는 '완벽을 구하지 마라. 어차피 완벽하지 못할 테니까.', 정혜신 정신건강의학과 전문의는 '모든 인간은 완벽하게 불완전하다.'라고 말했습니다. 그렇습니다. 모든 인간은 완벽하게 불완전해요. 그러니 애초부터 완벽해지려 하지 마세요. 완벽한 게 꾸준한 것이 아님을 잊지 마세요. 다시, 꾸준한 건 끝까지 계속해서 하는 겁니다. 언제까지? 원하는 걸 달성하고 성취할 때까지.

글쓰기에 재미가 붙은 데에는 또 다른 이유가 있었어요. 블로그의 강점인 타자와의 소통이었죠. 네이버 블로그에서는 블로그 친구를 '이웃'이라 부릅니다. 제가 글을 올리면 이웃들이 댓글을 달아주고 전 대댓글을 달며 소통하죠. 아시다시피 인간은 기본적으로 인정욕이라는 게 있습니다. 사람마다 정도의 차이가 있을 뿐 누구나 타자에게 인정받길 원하죠. 저 역시 마찬가지입니다. 블로그에 글을 쓴다는 건 저 혼자 보기 위함이 아니에요. 많은 사람이 읽기를 원하며 쓰죠. 긍정적인 피드백을 원하면서요. 초반엔 이웃 숫자가 적으니 거의 일기와 다름없는 시기가 있습니다. 이 시기를 잘 견뎌야 해요. 몇 시간에 걸쳐 온 정성을 다해 글을 써서 올렸지만 조회수가 현저히 낮거나 댓글이 전혀 달리지 않는다면 맥이 빠지는 게 사실입니다. 허무함과 허탈감을 느끼죠. '내가 이렇게 공들여 써서 뭐해. 아무 의미 없다.' 이때가 블로거(블로그 하는 사람)의 1차 고비입니다. 이 고비를 잘 넘겨야 롱런할 수 있어요. 다행히 초반부터 적지 않은 이웃의 관심과 긍정적인 댓글로 힘과 위로를 얻었습니다. 글을 계속 쓸 수 있는 원동력이 되었죠. 아직도 기억나는 댓글은 '투더문님 글에는 따뜻함이 느껴져서 좋습니다.', '투더문님 글은 생각할 거리를 줘서 좋아요.', '투더문님 글을 읽으면 마치 책을 읽는 것 같아요.', '투더문님 글에는 리듬이 있어 술술 잘 읽혀요.', '투더문님 글을 읽으면 동기부여가 됩니다. 고맙습니다.'입니다. 여러분이 이런 댓글을 받았다고 상상한다면 어떨 것 같나요? 네, 없던 힘도 생기고 글을 더 열심히 써야겠다, 글을 더 잘 써야겠다, 글을 더 진심으로 써야겠다는 마음이 듭니다. 강한 동기부여와 의욕, 의지를 선물해 주죠. 소명의식과 책임감도 생깁니다. 나의 글을 기다리는 사람이 있다, 그 사람이 실망하게 하고 싶지 않다, 글 하나하나 최선을 다해 쓰자, 라는 마음이 강하게 들죠. 긍정적인 댓글, 격려와 응원, 지지가 지금의 저를 있게 해준 힘의 원천입니다.

블로그를 하다 보면 색다르고 놀라운 경험도 해요. 출간 작가 중에서도 블로그를 하시는 분이 계십니다. 예컨대 김종원 작가, 스테르담 작가입니다. 이분들과 직접 댓글로 소통하는 경험은 그들도 나와 전혀 다른 세계에 사는 사람이 아닌 비슷한 사람이란 걸 느끼게 해줬어요. 언젠가 나도 그들처럼 되고 싶다, 될 수 있다는 생각을 심어줬죠. 이게 바로 소통의 힘이고 블로그의 힘입니다. SNS도 이와 유사한 힘을 지녔습니다.

시간이 흐르고 포스트 수가 늘어갈수록 이웃 수도 늘어갔어요. 소위 제 팬들도 생겼죠. 저를 아껴주는 분들요. 매일 글이 잘 써지는 건 아니에요. 때론 첫 문장부터 버거울 때가 있죠. 그럴 때 뾰족한 방법은 없어요. 시간과의 싸움입니다. 아니, 엉덩이와의 싸움이죠. 엉덩이를 떼지 않고 버티기만 한다면 결국엔 써지기 마련이거든요. '블태기'라고 들어보셨나요? '블로그 권태기'의 줄임말입니다. 어떤 일이든 슬럼프나 권태기가 오기 마련이죠. 블로그도 그래요. 종종 글이 써지지 않거나 쓰기 싫거나 글감이 생각나지 않는 등 권태기가 올 때가 있습니다. 극복하는 방법은 다양해요. 하루든 며칠이든 쓰고 싶은 마음이 생길 때까지 쉬는 방법, 글 쓰는 장소나 시간대를 바꾸는 방법, 써질 때까지 컴퓨터를 붙들고 씨름하는 방법. 전 주로 가장 마지막 방법을 택했습니다. 일단은 의자에 앉아 노트북을 켜고 쓰겠다는 전투적 태세를 갖춥니다. 안 써지거나 중간에 덜컥덜컥 막혀도 꾸역꾸역 씁니다. 그러면 평소보다 시간은 더 걸리더라도 어떻게든 써지긴 하더군요. 단순 무식해 보여도 어쩌면 가장 확실한 방법이 아닐까 싶어요. 만약 글 쓰는 습관과 루틴을 만들어 놓았다면 슬럼프나 권태기를 더 잘 극복할 수 있습니다. 이런 말이 있죠. 처음엔 우리가 습관을 만들지만 나중엔 습관이 우리를 만든다. 습관이 그런 거잖아요. 내가 정해 놓은 시간에 정해둔 일을 하는 것. 이게 좋은 게 '언제 무엇을 해야지.' 하는 고민이 없다는 거죠. 에너지 소모가 적습니다. 그때그때 정해진 일을 따박따박 하면 되거든요. 슬럼프나 권태기 때 이것이 빛을 발하죠. 하기 싫어도 몸에 배어 있으니 일단 하게 돼요. 습관과 루틴이 일상을 지켜주는 거죠. 좋은 습관과 루틴을 만드세요. 글을 써야지! 의지를 불태우지 않더라도 습관과 루틴이 있으면 '그냥' 쓰게 됩니다. '그냥' 할 수 있는 수준으로 만드세요. 그러면 글쓰기가 훨씬 편하고 수월해집니다. 오래 할 수 있고요.

4. 라디오에서 두 번이나 내 사연이?!

자주 듣는 라디오 프로가 있습니다. 〈여성시대〉라고 가수 양희은 씨가 DJ를 맡은 장수프로그램이죠. 세상을 살아가는 보통 사람들의 사연을 소개하고 이야기를 나눠요. 이 프로그램을 좋아하는 이유는 크게 두 가지, 공감과 소통입니다. 다양한 사연이 소개돼요. 많이 들어보거나 경험해 봤을 법한 사연부터 상상하기도 어려운 사연까지 스펙트럼이 넓죠. 사연을 통해 저뿐만 아니라 다들 힘겹게 살아가는 걸 느껴요. 인생의 희로애락을 알 수 있죠. 저 사람은 저렇게 생각하네, 과연 나라면 어땠을까, 하는 상상도 합니다. 인생이란 뭘까, 삶이란 뭘까, 다소 철학적이고 인문학적인 생각도 하죠. 보통 생각의 마무리는 난 이러이러하게 살아야겠다, 더 힘내고 버티자, 와 같은 다짐입니다. 비록 짧은 시간이지만 제게 사색하는 시간과 저를 다잡게 해주는 계기를 마련해 줘요. 사연을 두고 DJ 두 분이 주고받는 대화, 청취자의 문자메시지, 사연 당사자와의 대화 등 소통의 시간도 있죠. 소통을 들으며 저는 생각합니다. 저렇게 생각할 수도 있구나, 저렇게 해석도 가능하구나, 저런 입장을 취할 수도 있구나, 저런 방법이 있을 수 있구나! 많은 걸 느끼고 깨달아요. 훗날 사연과 비슷한 상황에 부닥쳤을 때 제게 도움이 될 귀한 조언입니다. 이렇듯 〈여성시대〉를 통해 제가 경험해 보지 못한 다양한 삶을 간접적으로 경험해 보는 것도 좋고, 〈여성시대〉 가족분들과 함께 사연에 대해 공감하고 소통하고 있다는 그 순간의 감정이 좋습니다.

블로그도 이와 비슷합니다. 이웃의 글을 통해 다양한 경험을 들여다볼 수 있어요. 많은 글에 공감하며 댓글로 소통합니다. 이 시간이 제겐 소중해요. 사람은 남과 더불어 살아가는 사회적 동물입니다. 오프라인이든 온라인이든 공감과 소통은 꼭 필요한 덕목이죠. 블로그는 이걸 가능하게 해줘요.

어느 날 평소처럼 운전 중 〈여성시대〉를 듣고 있었어요. 목적지에 도착해 주차하고 차에서 막 내리려는 순간 이게 무슨 일인가요? 갑자기 제 사연이 전파를 타고 흘러나오는 겁니다! 전에 한 블로그 이웃이 〈여성시대〉에 사연을 보냈는데 채택돼 소개되었다는 글을 봤어요. 진심으로 축하해 드리고 신기해했죠. '나도 사연을 한 번 보내볼까? 마침, 블로그에 〈여성시대〉 관련 글도 써 놓은 게 있잖아.'라는 생각과, '아니야, 보낸다고 해서 내 글이 채택되겠어?'라는 생각이 서로 기싸움을 벌였고 결국 보내지 않았어요. 시간은 흘렀고 하루는 문득 생각이 드는 겁니다. '그래, 보내서 소개 안 되면 그만이지. 일단 보내나 보자.' 포스팅했던 글 일부를 손보고 사연을 보냈습니다. 바로 그 글이 채택돼 라디오에서 들리는 거였어요. 양희은 씨가 제 필명 '투더문'을 호명하며 사연을 읽었습니다. 십 초 정도만 제가 일찍 차에서 내렸다면 사연이 소개되는지도 모르고 살았어요. '인생은 타이밍'이란 말이 떠오르더군요. 놀란 마음 진정시키고 헐레벌떡 휴대폰을 만지작거리며 녹음 앱을 켜고 녹음을 시작했죠. 인터넷 다시 듣기로 언제든지 들을 수 있지만, 실시간으로 흘러나오는 사연을 그대로 녹음해 두고 싶었어요. 그 순간의 느낌과 감정, 기억을 간직하고 싶었죠.

유쾌한 경험을 통해 두 가지를 깨달았습니다. 하나, 사연을 보낸 글은 블로그를 시작한 지 불과 2주 정도 지난 시점에서 쓴 글이었어요. 블로그도 처음, 글도 처음 쓰는 제가 2주 만에 얼마나 수준 높은 글을 썼을까요? 그리 높지 않았을 겁니다. 그런데도 채택이 된 걸 보면 글에는 수준과 필력도 중요하지만, 진심과 진정성이 더 중요하단 사실을 알았습니다. 둘. 실천과 행동의 중요성을 깨달았어요. 일단 해야 합니다. '그거 보내서 뭐 해. 채택이나 되겠어?'라고 생각하고 사연을 보내지 않았다면 아무 일도 일어나지 않았겠죠. 하지만 당시 전 달라져 있었습니다. '일단은 해보자.'라는 소위 '프로행동러'로 변해 있었죠. 우선 해봐야 합니다. 해보고 후회하는 게 해보지 않고 후회하는 것보다 백배는 더 나아요. 하지 않으면 미련과 아쉬움이 남아 오래도록 자신을 괴롭힙니다. 해보는 것에 큰 노력이나 수고, 많은 시간과 에너지가 드는 일이 아니라면 더더욱 해봐야죠. 해보지 않고 결과를 어떻게 알겠어요? 무엇을 얻을지 어떻게 알아요? 해봐야 압니다. 하지 않으면 몰라요. 아무것도 하지 않으면 아무 일도 생기지 않습니다. 내가 변하지 않으면 내 삶은 변하지 않아요. 실천과 행동이 중요한 이유입니다.

이 일을 계기로 글쓰기에 큰 자신감을 얻었습니다. 공개적으로 인정을 받은 셈이니까요. 몇 개월 후 보낸 사연도 또 채택되었죠. '책을 씁시다.'라는 제목의 글이었어요. 실시간으로 듣지는 못했고 인터넷 다시 듣기로 들었습니다. 라디오 전파를 타고 책을 쓰자는 제 메시지가 널리 퍼졌다는 사실에 기뻤어요. 두 번이나 라디오 사연에 채택되니 내 글이 못난 글이 아니란 걸 확신했고 글쓰기에 자신감이 더해졌습니다. 꾸준히 쓰다 보면 원하는 걸 얻고 무엇이든 될 것 같다는 기대와 희망이 생겼죠. 저는 칭찬과 인정을 받을 때 일을 더 잘하는 스타일인데 〈여성시대〉가 제게 그런 역할을 해줬습니다.

5. 난생처음 책이란 걸 발간했다, 바로 전자책

'디지털로 변환되어 전자기기 등으로 읽거나 들을 수 있는 형태로 만든 책(콘텐츠).' 전자책의 사전적 정의입니다. 넓은 의미로 보면 eBook도 해당하지만 좁은 의미로는 PDF 형태의 문서 파일로 이해하시면 됩니다. 여기서는 후자의 의미로 사용하겠습니다. 5장에서 전자책에 대해 자세히 다루니 참고하세요. 블로그를 하기로 마음먹었을 때 같이 결심한 게 있었습니다. 전자책 발간하기입니다. 인생 책에서 전자책 발간을 통해 부수입을 얻었다는 내용을 보고 나도 한번 해봐야겠다, 결심했죠. 전자책은 책 표지부터 목차, 본문까지 종이책과 거의 같습니다. 콘텐츠를 담는 컨테이너가 다를 뿐이죠. 종이책보다 문턱이 낮아 누구나 비교적 쉽게 만들 수 있어요. 시장(수요) 조사를 한 후 주제를 정해 책 형식으로 잘 정리하면 됩니다.

블로그 시작하고 얼마 되지 않아 전자책 집필에 들어갔습니다. 맨땅에 헤딩하는 격이었죠. 인터넷 검색으로 정보와 지식을 습득한 후 나름대로 열심히 썼어요. 주제는 가장 자신 있는 걸 선택했습니다. 그게 뭐였을까요? 네, 수의사이니 동물병원과 수의사, 그리고 반려동물 상식에 관해 썼습니다. 1~2개월에 걸쳐 완성했고 여러 전자책 플랫폼의 승인을 통과해 판매도 했습니다. 예컨대 크몽, 탈잉, 클래스101입니다. 스마트스토어도 처음으로 개설하여 메인 판매 채널로 이용했어요. 모든 게 처음이었죠. 익숙한 걸 좋아하고 변화와 새로운 걸 싫어하던 제가, 부끄럽지만 컴맹인 제가 당시 어떻게 그런 행동력과 추진력을 보였을까요? 간절함과 절실함 때문에 가능했습니다. 이것이 없었다면 이 핑계 저 핑계 대며 하지 않았을 겁니다. 계속 미뤘을 거예요. 다음에 해보자, 다음에 하면 되지, 이런 식으로요. 하지만 당시 전 누구보다 간절하고 절실했습니다. 제가 변하고 제 삶이 변하길 원했어요. 제가 원하는 모습이 되고 싶었고 원하는 걸 성취하고 싶었습니다. 그러려면 가리는 것 없이 미루는 것 없이, 망설이지 않고 주저하지 않고 해야 했어요. 꿈은 그냥 이뤄지지 않습니다. 간절하고 절실해야만 이뤄집니다. 전자책 판매량이 많지는 않았지만 그래도 전 괜찮았어요. 애초에 대박을 노리고 시작한 일도 아니었기 때문이죠. 경험을 쌓기 위해서, 다음 단계로 넘어가기 위해서, 기회의 표면적을 넓히기 위해서, 기회의 접점을 늘리기 위해서 했기 때문에 만족했습니다. 훗날 이 전자책이 제게 복덩어리가 됩니다. 효자 노릇을 톡톡히 하죠. 상상할 수 없었던 일들이 벌어져요. 새로운 인생의 문이 열립니다.

6. 브런치 작가도 되고, 원고 청탁도 제안받고

'브런치'라고 들어보셨나요? 우리가 먹는 브런치 말고요. 지금은 '브런치 스토리'로 이름이 바뀌었는데 이 책에선 줄여서 브런치라고 쓰겠습니다. 브런치는 일종의 글쓰기 전용 플랫폼입니다. 브런치에 들어가면 첫 화면에 이런 문구가 보입니다. '작품이 되는 이야기, 브런치 스토리. 브런치 스토리에 담긴 아름다운 작품을 감상해 보세요. 그리고 다시 꺼내 보세요. 서랍 속 간직하고 있는 글과 감성을.' 이 문구를 보면 어느 정도 분위기와 감이 오시죠? 이야기가 작품이 되도록 도와주는 곳입니다. 글이 글답게 존재하는 곳이죠. 이른바 글에 진심인 사람이 모인 곳입니다.

이곳엔 다른 곳과의 뚜렷한 차이점이 있습니다. 허들, 즉 문턱이 있어요. 무슨 말이냐면 누구나 가입 후 글을 볼 수 있지만 아무나 글을 쓸 순 없어요. 일명 '브런치 작가' 자격을 얻어야 합니다. 브런치 작가 신청을 하고 합격(승인)을 받으면 브런치 작가가 됩니다. 그때부터 브런치에 글을 남길 수 있어요. 참고로 탈락해도 계속 재도전하면 되니 부담 갖지 마세요. 제가 브런치 작가가 된 여정을 살펴보면 이렇습니다. 한 블로그 이웃이 브런치 작가 도전 단 한 번에 당당히 합격해 브런치 작가가 되었어요. 진심으로 축하해 드리니 그분이 제게 "도전을 해보시라, 투더문님도 합격할 수 있으실 거다."라는 말씀을 해주셨죠. 참 고마운 말씀이었지만 '내가 브런치 작가를?' 이란 생각에 브런치 작가는 가슴에 담아두고 지냈습니다. 그러던 중 스테르담 작가의 『나를 관통하는 글쓰기』를 완독했어요. 내용 중 브런치에 대한 극찬과 글을 쓰며 책을 내고 싶다면 브런치 작가가 꼭 되라고 권유하는 파트가 있었죠. 전 머리가 번쩍였고(자주 머리가 번쩍이던 시절입니다.) 가슴이 두근거렸습니다. 심장 소리가 들릴 정도였죠. 바로 프로행동러 모드로 전환했습니다. 그때가 글쓰기 및 블로그 시작한 지 5개월쯤 됐어요. 반년도 안 되었으니 서툰 필력이었죠. 기어다니는 아기에서 이제 막 걸음마를 시작한 단계였습니다. 하지만 사전 조사도 없이 바로 저질렀습니다. 어느새 브런치 사이트에 들어가 작가 신청을 하는 제 모습을 보았죠. 제가 생각해도 전 달라도 많이 달라져 있었습니다. 긍정적으로요. 작가 신청을 누르고 빈칸 하나하나를 정성 들여 채웠습니다. 당시 문답과 합격까지의 과정은 다음과 같으니 브런치 작가 도전에 참고하세요.

1) 자기소개, 작가님이 궁금해요

제 본업은 임상 수의사입니다. 최근 삶과 인생, 그리고 나에 대해 깊이 생각해 보는 시간을 가졌습니다. 난 어떤 사람인지, 앞으로 어떻게 살고 싶은지, 무엇을 하길 원하는지 자신에게 질문하고 있습니다. 질문에 대해 하나씩 하나씩 답을 하면서 큰 방향은 알게 되었습니다. 필요한 사람, 쓸모 있는 사람, 도움을 줄 수 있는 사람이 되어보자. 그러기 위해서는 남에게 무언가를 제공해 줘야 합니다. 그 무언가는 가치가 있는 것이어야 하고요. 저는 그것을 글(책)이라 생각했습니다. 글을 통해 남에게 가치를 제공하며 살고 싶습니다.

2) 브런치에서 어떤 글을 발행하고 싶으신가요?

평범한 보통 사람의 삶과 인생, 일상에 대한 글을 쓰고 싶습니다. 제 나이가 40대 초반인데 지금까지 살아오면서 느끼고 경험하고 생각했던 것들, 여러 희로애락과 시행착오, 고민과 아픔, 고난과 시련 및 극복했던 과정 등 저의 진솔한 내면의 이야기를 꺼내어 보고 싶습니다. 누구나 하나쯤의 아픔을 안고 살아갑니다. 아픔을 치유하는 방법은 여러 가지가 있겠지만 남과의 공유를 통한 소통입니다. 소통을 통해 공감하며 감동과 위로, 위안을 받아 상처는 아물 수 있습니다. 사람들과 교감을 나눌 수 있는 글을 쓰고 싶습니다.

3) 글 첨부

글은 한 개에서 세 개까지 첨부가 가능한 걸로 알고 있어요. 블로그 글 중 브런치와 결이 가깝다고 생각하는 글 세 개를 골라 제출했습니다.

4) 활동 중인 SNS나 홈페이지가 있으신가요?

당시 X(구. 트위터), 네이버 블로그 활동을 하고 있었지만, 이것을 제출하면 저에 대한 편견 같은 게 생길 수도 있다는 생각이 들었습니다. 저에 대한 백지상태가 더 좋을 것 같아 입력하지 않고 넘어갔어요. (개인적인 생각입니다.)

5) 신청 완료

이렇게 신청을 완료했습니다. 보통 작가 신청을 하고 5일 이내에 이메일로 답변을 준다고 합니다. 하루하루 떨리는 마음으로 기다렸죠.

6) 탈락 이메일 수신

작가 신청한 지 2일 후 탈락 이메일을 받았습니다. 한 번에 합격할 거라고 기대하진 않았지만 역시나 불합격, 실패의 맛은 쓰더군요.

7) 재도전

좌절하지 않고 탈락한 당일 바로 재도전했어요. 2차 시도죠. '작가 소개'와 '브런치 활동 계획'은 전과 같게 썼습니다. '활동 중인 SNS와 홈페이지'도 없는 것으로 넘겼죠. 블로그 글 중 다시 세 개를 엄선해 제출하고 합격메일을 하루하루 기다렸습니다.

8) 합격

재도전 2일 후 '브런치 작가'가 되었다는 합격 이메일을 받았어요. '안녕하세요, 작가님! 브런치 작가가 되신 걸 진심으로 축하드립니다.' 작가님이라니. 저를 작가님이라 불러줬습니다. 순간 세상 떠나갈 듯 소리 질렀어요. 월드컵에서 우리나라가 골을 넣었을 때보다 더 크게 소리쳤죠. 무언가를 해냈다는 성취감과 보람, 좀 더 '글을 글답고 소중하게 여기는 곳'에서 글을 쓸 수 있다는 기대감과 만족감, 글을 전문적으로 다루는 곳에서 내 글이 인정받고 통하였다는 뿌듯함과 자신감 등 만감이 교차했습니다. 스스로 대견했어요. 글쓰기와 전혀 상관없이 살아왔던 삶이었습니다. 블로그를 통해 처음으로 글쓰기를 시작한 게 불과 5개월 전이고요. 그런데 브런치 작가라니. 한 번에 합격하는 분도 계시지만 여러 번 떨어지는 분도 많거든요. 믿기지 않았습니다. 글 무지렁이였던 제가 5개월 안에 블로거, 전자책 발간, 라디오 사연 두 번 채택, 브런치 작가까지…. 짧은 시간에 일어난 변화라 쉽게 믿기지 않을 수밖에요. 제가 그동안 저의 숨겨진 잠재력을 보지 못했던 겁니다. 글쓰기 능력에 대해 한 번도 생각해 본 적 없고, 생각해 본 적 없으니 활용해 본 적도 없었죠. 그러니 수면 위로 올라오지 못하고 깊은 심해에 곤히 잠자고 있었던 거예요. 저 자신에게 미안하면서 동시에 고마웠습니다. 이제라도, 마흔에라도 몰라봤던 글쓰기 잠재력을 알아봐 줘서, 잘 써먹어 줘서 기특하고 고마웠어요. 다행스럽기도 했고요. 앞으로 잘 써먹어야겠다, 다짐했습니다.

새로운 음식이 있을 때 먹어 보지 않으면 그 맛을 절대 알 수 없습니다. 먹어봐야 쓴지 단지 새콤한지 짠지 맛있는지 맛없는지 알 수 있어요. 경험도 마찬가지입니다. 일단 해봐야 내가 잘하는 분야인지 아닌지, 내게 맞는 분야인지 아닌지, 좋아하는 분야인지 아닌지 알 수 있습니다. 해보지도 않고 지레짐작하거나 남의 의견만 믿는 것만큼 어리석은 건 없어요. 그래서 경험이 자산입니다. 경험한 자만 귀한 경험치가 쌓이니까요. 경험은 세계 1위 부자도 돈으로 살 수 없습니다. 간접경험도 좋지만 직접 체험하는 게 산 지식이고 깨닫는 게 많아요. 머리와 몸에도 더 오래 남죠. 기회만 있다면 다양한 경험을 해보세요. 탈무드에 이런 말이 나옵니다. "세상에는 지나치게 사용해서는 안 되는 것이 세 가지 있다. 빵 만들 때 쓰는 이스트와 소금과 망설임이다." 망설이지 마세요. 누구나 처음은 있어요. 어리바리해도 괜찮아요. 어설프고 서툴러도 괜찮아요. 다 그렇게 시작합니다. 부끄러운 게 아니에요. 진짜 부끄러운 건 시도조차 하지 않는 겁니다. 경험해 보려 하지 않는 거예요. 제가 오랫동안 그렇게 살았습니다. 익숙하고 편한 걸 선호했고 낯설고 새로운 건 도전하려 하지 않았어요. 두려웠거든요. 못하는 모습을 보일까 봐 무서웠습니다. 살다 보니 그게 아니더군요. 못하는 거, 실수하는 거는 전혀 부끄러운 게 아니었습니다. 계속하다 보면 잘하게 되더라고요. 일정 기간만 잘 버티면 되는 거였어요. 새로운 걸 하지 않으려는 게 부끄럽다는 걸 알았습니다. 여러분도 잊지 마세요. 실수를 많이 할수록 빨리 터득합니다. 빨리 배워요. 실수를 즐기세요. 다만 똑같은 실수는 반복하지 않으려 노력하세요. 그러면 됩니다. 해본다는 게 중요해요. 실천, 실행, 행동, 도전, 시도가 언제나 답이에요.

쓰고 또 쓰는 게 일상이 되었습니다. 블로그, 브런치, 각종 SNS에 열심히 글을 올렸죠. 하루는 브런치에 글을 남기려는데 알림이 보였어요. '출간, 기고 목적으로 ○○님이 제안을 주셨습니다. 자세한 내용은 브런치에 등록하신 이메일을 확인해 주세요.' 제게 제안이 들어온 겁니다. 브런치는 제3자가 작가에게 '제안하기'를 할 수 있어요. 누구든지 작가와 어떤 작업을 함께하고 싶다면 작가 프로필 화면에 보이는 제안하기를 클릭하고 메일을 보내 협업을 요청하면 됩니다. 종종 스팸처럼 광고성 제안하기가 들어온다고 들은 바가 있기에 이것도 그런 부류의 제안이겠거니 하며 별 기대 없이 이메일을 열었습니다. 원고 청탁 메일이었어요. 수의사 전용 온라인 플랫폼 관계자가 브런치에 올린 제 글을 보고 정기적인 기고를 부탁했습니다. 전 흔쾌히 응했고 현재까지 게재를 이어가고 있어요. 공교롭게도

이 제안을 받은 바로 다음 날 또 다른 제안하기를 받았어요. 유명 잡지사의 원고 청탁이었습니다. 에세이 한 편을 부탁했고 역시 흔쾌히 응해 제 에세이가 실렸답니다. 불과 하루 차이로 두 개의 제안을 받으니 다양한 감정이 들었어요. 신기함, 놀라움, 뿌듯함, 만족감 등. 두 곳 모두 금전적 대가를 받았습니다. 타자의 요청으로 제 글이 쓸모 있게 사용되고 수익도 생긴 첫 경험이었죠. 무엇보다 제 글이 가치 있는 글로 인정받았다는 점이 중요했습니다. 당시 전 삶의 방향에 대해 깊이 고민하는 시기였기 때문이죠. 내가 잘 하고 있구나, 제대로 가고 있구나, 설정한 방향이 틀리지 않았음을 확인받는 순간이었어요. 마음이 놓였습니다. 이대로 계속 가보자는 생각이 들었거든요. 깨달은 것도 있었죠. 기회는 가만히 있는 자에게 오지 않는다는 것. 기회는 노력하고 시도하는 자에게 주어진다는 것. 기회는 발견하고 기획하는 것. 만약 제가 브런치에 도전하지 않았다면? 한 번 탈락하고 재도전하지 않고 포기했다면 어땠을까요? 네, 당연히 위 두 가지 일(제안)은 일어나지 않았을 겁니다. 제 인생이란 영화에 한 컷도 차지할 수 없었겠죠. 제가 움직이고 행동했기 때문에 가능했던 일입니다. 떨어져도 좌절하지 않고 다시 시도했기에 가능했던 일이에요. 기회는 준비된 자만 잡을 수 있습니다. 기회는 스스로 발견하고 만들어 나가는 거예요. 이스라엘 경영 구루 엘리 골드렛은 다음과 같은 말을 했습니다. "행운은 기회가 준비를 만났을 때 찾아오고 불운은 준비의 부재가 현실을 만났을 때 찾아온다." 여기서 준비란 실력뿐만 아니라 기회를 잡았을 때 최상의 컨디션으로 일할 수 있는 체력과 건강을 포함해요. 완벽한 준비가 되어 있으면 언젠가 반드시 기회가 옵니다. 하지만 준비가 되어 있지 않다면 기회를 볼 수도 없고 설령 봤다고 해도 잡을 수 없어요. 그림의 떡, 가까이할 수 없는 당신이죠. 기회는 언제 어디서 어떻게 찾아올지 아무도 모릅니다. 그러니 우리는 매일 준비하고 있어야 해요. 하루하루를 허투루 의미 없게 보내는 게 아니라 농밀하고 충만하게 보내야 합니다. 그래야 짠! 하고 나타난 기회를 포착했을 때 미끄러지지 않게 손에 콱 움켜잡을 수 있습니다. 한 번 잡으면 절대로 놓치면 안 돼요. 기회란 녀석은 자주 오지는 않거든요. 어쩌면 영원히 오지 않을 수도 있어요. 특히 준비되지 않은 자에게는 말이죠. 앞선 두 경험(제안)을 가지고 제가 확대 해석한다고 생각한다면 큰 오산입니다. 단순히 글이 실리고 끝나는 일이 아니에요. 기회는 기회를 낳습니다. 기회가 또 다른 기회를 불러와요. 선순환이자 기회의 확장입니다. 두 경험은 제게 소중한 이력으로 남습니다. 경력이 되죠. 어느 회사든 신입보다 경력직을 선호하고 우대하는 게 사실입니다. 왜일까요? 확률적으로 경력직이 일을 더 잘하니까요. 능숙하니까요. 검증되었으니까요. 유명 잡지에 글이 실린 이력, 주 1회 정기적인 글 기고(게재) 이력은 제 글 실력을 검증해 주는 역할을 해줍니다. 믿을 만한 사람으로 만들어주죠. 권위가 생기는 겁니다. 더 많은 기회를 얻게 되죠. 제게 제안해 주셨던 분이 또 다른 분에게 저를 소개해 새로운 일을 시작할 수 있습니다. 이게 연결이고 인적 네트워크입니다. 사람이 중요한 이유죠. 세상은 좁고 한 업계는 더욱 좁아서 인적 네트워크의 중요성은 결코 무시할 수 없습니다. 이러한 측면에서 브런치 작가가 된 것으로 많은 걸 얻었어요. 하길 참 잘했죠. '그때 할 걸 그랬다.', '그때 그걸 했더라면.'의 삶을 살지 마세요. '그때 하길 잘했다.', '그때 안 했으면 어쩔 뻔했어.'의 삶을 사세요. 하지 않고 후회하는 것보다 해보고 후회하는 게 훨씬 낫습니다. 해보면 사실 후회하는 일은 거의 없어요. 하지 않으면 아쉬움과 미련이 자주 출몰해 마음을 괴롭힙니다. 일단 하세요. 그게 현명해요.

7. 서점에서 내 이름으로 된 책을 만나다

블로그와 글쓰기를 시작할 땐 제가 종이책을 낼 거라곤 시쳇말로 1도 생각하지 못했습니다. 그저 열심히 쓰다 보면 여러 좋은 기회가 생기겠거니 하는 막연한 바람과 기대는 있었죠. 매일 쓰고 또 쓰고, 주위 분들과 소통하고 교류하며 정보도 교환하고, 그들이 성장하는 모습을 보며 긍정적인 자극과 동기부여를 받았어요. 나도 할 수 있겠다, 나도 해봐야겠다는 가능성과 희망을 봤죠. 도장 깨기처럼 하나씩 미션을 처리하다 보니 라디오 사연 채택, 전자책 발간, 브런치 작가까지 되었습니다. 만족스러웠어요.

그러던 어느 날 블로그에서 자주 소통하며 지내던 이웃에게 쪽지를 받았습니다. 종이책이 아닌 전자책으로 낸 이유에 관해 물으셨죠. 이유를 설명해 드렸어요. 첫째, 전자책은 진입 장벽이 종이책보다 상대적으로 낮아서. 둘째, 내용 전체가 Q&A(질문과 답변) 형식이라 종이책이 될 수 있을 거란 생각을 못 했음. 셋째, 글쓰기 시작한 지 얼마 되지 않았기 때문에. 이렇게 답변을 드리는 순간 자문했습니다. '전자책으로 쓴 글을 종이책으로도 낼 수 있지 않을까?', '시도도 안 해봤잖아?', '우선, 시도해 보자. 손해 볼 건 없잖아?' 바로 출판사 이메일 주소를 얻을 방법을 검색했습니다. 그렇게 얻은 출판사 이메일 주소로 투고했어요. 100군데가 넘은 걸로 기억합니다. 이메일 주소가 정확하지 않은 곳도 많아 제대로 발송된 건 그보다 훨씬 적었을 거예요.

5곳 내외의 출판사로부터 긍정적인 회신을 받았어요. 서로 메일을 주고받으며 의견을 조율하다 최종적으로 한 곳의 출판사와 계약을 했죠. 기존 전자책 내용을 수정, 보강하고 별도의 내용을 추가하기로 했습니다. 열심히 원고 작업을 하고 퇴고, 교열, 교정, 윤문, 표지 및 내지 디자인, 인쇄를 거쳐 마침내 제 첫 책『할퀴고 물려도 나는 수의사니까』가 세상 속으로 나왔어요. 해당 출판사 잡문집 시리즈의 첫 번째 책이었죠. 지금 생각해도 꿈만 같은 일입니다. 과정 하나하나가 잘 짜인 각본 같았죠. 어떻게 이렇게 퍼즐 조각이 잘 맞춰졌을까 싶을 정도로 신기했어요. 인생 책을 만나고 블로그를 시작하고 전자책을 썼습니다. 좋은 이웃에게 힌트가 담긴 질문을 받고, 즉시 종이책 출간 도전을 해 결국 종이책 출간 작가가 되었어요. 이 중 어느 하나만 빠졌어도 전혀 다른 시나리오로 전개되었을 겁니다.

우연을 가장한 필연처럼 느껴지기도 했습니다. 모든 과정이 우연처럼 보이지만 사실은 우연이 아닌 저의 노력과 행동과 운이 만난 필연적 사건이었던 거죠. 스티브 잡스가 스탠퍼드 졸업식에서 말한 "커넥팅 더 닷츠.(connecting the dots.)"와 일맥상통합니다. 그는 이렇게 말했죠. "미래를 내다보며 점을 연결할 수 없다. 뒤를 돌아보며 연결할 수밖에 없다. 점이 어떻게든 미래에 연결될 것이라는 믿음을 가져야 한다. 배짱, 운명, 인생, 인연같이 내가 살아가면서 해 온 것들을 연결한다면 인생이 정말 뒤바뀔 것이다." 제가 그동안 이룬 것이 모두 하나의 점이었습니다. 당시엔 그게 점인 줄 몰랐죠. 인생 책이라는 점, 블로그라는 점, 전자책이라는 점, 브런치 작가라는 점. 뒤를 돌아보니 다 점이었어요. 그 점들이 모여 연결되더니 종이책 출간 작가라는 근사한 선과 모양이 되었어요. 놀라운 일이죠. 깨달았습니다. 의미 없는 점은 없다. 의미 없는 일은 없어요. 실패했던 일, 실수했던 일, 어설펐던 일, 못했던 일 모두 의미가 있습니다. 다 의미 있는 점이에요. 당시엔 알기 어렵죠. 잘하고 성공한 일만 의미 있어 보여요. 하지만 그렇지 않아요. 최선을 다했다면 성공과 실패, 잘함과 못함을 떠나 나름의 의미가 있습니다. 점 하나하나가 소중해요. 생각해 보세요. 선이 만들어지려면 무수히 많은 점이 이어져야 합니다. 그중 하나의 점만 빠져도 끊어져 선이 되지 못해요. '내가 지금 이걸 해서 뭐해?', '이거 한다고 내게 무슨 의미가 있겠어?', '이거 한다고 크게 달라질 거 없잖아?' 이런 생각은 바로 휴지통에 넣으세요. 당장에 쓸모없어 보여도 나중에 언제 어떻게 유용하게 사용될지 모릅니다. 어떤 기회로 이어질지 몰라요. 사소한 일이라도 최선을 다해야 하는 이유입니다. 공병호 작가는 『나는 탁월함에 미쳤다』에서 이렇게 말합니다. "문제는 기회가 자주 오지 않고, 어떤 사람에겐 영원히 오지 않을 수 있다는 것이다. 때문에 부든 명성이든 권력이든 간에 세상에 자신을 드러낼 수 있는 미세한 기회라도 주어지면 절대로 놓치지 않아야 한다." 그렇습니다. 내가 가만히 있다면 기회가 '나 기회니 어서 잡으렴.' 하고 오지 않아요. '이게 기회니 가지렴.' 하고 누가 주지도 않죠. 치열하게 노력하고 준비해야 기회가 보입니다. 적극적으로 기회를 만들어야 해요. 작은 기회, 미세한 기회라도 주어지면 잡고 놓치지 말아야 합니다. 저는 미세한 기회가 주어질 때마다 주저하지 않고 잡았습니다. 인생 책을 읽을 기회, 블로그를 할 기회, 라디오에 사연을 보낼 기회, 전자책을 쓸 기회, 브런치 작가로 도전해볼 기회, 전자책을 토대로 종이책 출간을 시도해 볼 기회, 이런 기회들을 놓치지 않고 꽉 움켜쥐었어요. 그 결과 종이책 출간 작가가 되었습니다. 이것이 끝이 아니죠. 이제 시작입니다. 제2의 인생이 시작됐어요. 뭐든 처음이 어렵고 그다음부턴 쉬워집니다. 수월해지죠. 이뤄놓은 업적이 새로운 업적을 쌓는 데 도움을 줍니다. 경험과 경력이 그래서 좋은 거죠. 첫 책을 낸 덕분에 다양한 기회를 얻었습니다. 추천사 요청을 받아 추천사도 써드리고, 책을 쓴 작가라는 프로필을 보고 여러 협업도 요청받아 진행했어요. 그리고 이렇게 두 번째 책도 내게 됐죠. 스노우볼 효과, 나비효과입니다. 작은 도전과 성취, 성공이 쌓이면 나중에 무시할 수 없는 큰 결과를 얻습니다.

다시 강조하지만, 아무것도 하지 않으면 아무 일도 일어나지 않아요. 알베르트 아인슈타인은 이런 말까지 했습니다. "어제와 똑같이 살면서 다른 미래를 기대하는 것은 정신병 초기 증세이다." 어제와 다른 오늘, 오늘과 다른 내일을 바란다면, 전과 다른 삶을 살고 싶다면 내가 달라져야 합니다. 새로운 것에 끊임없이 도전해야 해요. 경험하고 부딪혀야 합니다. 경험이 쌓여야 내 기준과 관점이 생겨요. 선택의 질이 좋아지죠. 의사 결정과 문제 해결의 질이 좋아져요. 제가 글쓰기가 두려워 블로그를 하지 않았다면 지금의 저는 없습니다. 어설픈 글을 올렸다가 괜히 놀림과 창피함만 당하는 거 아닌가 하며 글을 쓰지 않았다면 아무 일도 생기지 않았을 거예요. 출판사에 거절당하는 게 두려워 100여 곳에 투고하지 않았다면 전과 같은 삶을 살고 있을 겁니다. 두려움 뒤엔 근사한 선물이 숨겨져 있어요. 두려움 대신 용기란 친구를 데려오세요. 용기 있는 자가 미래를 얻습니다. 고민하고 생각하는 시간에 움직이고 행동하세요. 장고 끝에 악수를 둔다는 말을 가벼이 흘려듣지 마세요. 에르빈 롬멜도 말합니다. "생각이 많아지면, 용기는 줄어든다. 적당한 생각은 지혜를 주지만, 과도한 생각은 결국 나를 겁쟁이로 만드는 잡념에 불과하다." 한 번이라도 더 시도하고 시행착오를 겪고 피드백을 받아 보완하며 앞으로 나아가는 게 가장 빨리 원하는 걸 성취하는 방법입니다. 결론은 행동이에요. 첫째도 둘째도 셋째도 행동. 잊지 마세요.

생각은 짧게.
결정은 신속하게.
실천은 즉시.
행동은 꾸준히.

2장

부업은 선택이 아닌
필수다

1. 100세 시대는 옛말, 120세 · 역노화 · 영생을 말한다

'호모 헌드레드'라는 말 들어보셨나요? '사람, 인류'를 뜻하는 라틴어 '호모(homo)'와 숫자 '100'을 뜻하는 영어 '헌드레드(hundred)'가 결합한 신조어입니다. 이 용어는 국제연합(UN)이 2009년 작성한 「세계 인구 고령화(World Population Aging)」 보고서에서 처음 사용되었다고 합니다. 100세 시대 도래를 전망하며 나온 말이겠죠. 이 말이 처음 나왔을 땐 평균 수명이 80세쯤이었을 겁니다. 그러니 인간이 100세까지 산다는 말에 적잖이 놀라거나 쉽게 믿지 않는 분위기였을 거예요.

그런데 지금은 어떤가요? 100세 시대란 말은 매우 흔한 말이 되었습니다. 큰 질병이나 사고가 없는 한 너도나도 100세까지 살 거라는 걸 기정사실로 받아들이며 살죠. 그런 100세 시대가 이젠 옛말이 되어갑니다. 뉴욕 알베르트 아인슈타인 의과대학 연구팀은 인간의 최대 수명을 115세라고 발표하였고, 미국과 러시아, 싱가포르 공동 연구진은 2021년 국제학술지 「네이처 커뮤니케이션스」에서 인간 수명을 120세에서 150세까지 가능하다 말했어요. 이뿐만이 아닙니다. 노화를 지연시키고 멈추고 심지어 시간을 거슬러 더 젊게 만드는 안티에이징, 역노화 연구도 이뤄지고 있습니다.

결국 궁극의 단계인 영원히 죽지 않는 영생에 관한 관심과 연구로 이어질 것이며 실제 영생에 대해 깊은 관심을 보이는 유명 인사들도 있습니다. 피터 틸, 일론 머스크, 레리 페이지가 대표적이죠. 진시황이 불로초로 불로장생을 꿈꿨듯 현대판 불로초 찾기가 이뤄지고 있습니다. 인간의 자연스러운 본능에 의한 결과죠. 죽고 싶은 사람은 없으니까요. 짤막하면서 재미난 이야기 하나 들려드릴게요. 사람들에게 지옥에 가고 싶은지 물으면 돌아오는 대답은 '아니요'입니다. 사람들에게 천국에 가고 싶은지 물으면 '네'라고 대답합니다. 그런데 지금 당장 천국에 가고 싶은지 물으면 대답은 '아니요'입니다. 그렇습니다. 인간은 누구나 저승이 아닌 이승, 현실 세계에 살고 싶어 해요. 아무리 힘들어도 천국보다는 이승이 낫다는 거죠. 이렇듯 인간은 죽음을 두려워하고 거부합니다. 살고 싶어 하고 오래 살길 원하죠. 이런 본성과 바람 덕분에 눈부시게 기술이 발전했고 호모 헌드레드, 120세, 역노화, 영생이란 말까지 나오는 지금에 이르렀습니다.

100세 또는 그 이상 사는 걸 모든 사람이 반길까요? 모든 사람이 간절히 원할까요? 모든 사람에게 축복일까요? 여러분은 어떤가요? 내가 100세 또는 더 오래 살 수 있다고 가정하면 어떤 기분이 드나요? 즐겁고 행복하나요? 아니면 싫고 두려운가요? 각자 입장과 생각이 다르니 다양한 답이 나올 겁니다. 즐겁고 행복할 것 같다. 아니다, 생각만 해도 끔찍하다. 의견이 갈리는 이유는 무엇일까요? 여러 이유가 있겠지만 크게 두 가지입니다. 첫째, 단순 기대 수명이 길어지는 건 사실 큰 의미가 없어요. 정작 중요한 건 건강 수명입니다. 건강 수명도 같이 길어져야죠. 예컨대 70세에 중증 치매에 걸렸는데 120세까지 산다고 상상해 보세요. 본인과 가족에겐 절대 행복하지 않은 50년이 될 겁니다. 죽기 전까지 건강해야 길어진 수명의 혜택을 즐길 수 있어요. 둘째, 죽기 전까지 건강하기만 하면 100세, 120세까지 즐겁고 행복하게 살 수 있나요? 아니죠, 반드시 하나가 더 있어야 합니다. 업(業)입니다. 수익을 창출할 수 있는 직업, 일이 있어야 합니다. 젊을 때 벌어 놓은 돈과 모아 둔 자산이 많은 극소수 사람을 제외하면요. 우리같이 평범한 사람은 부모 세대보다 최소 이삼십 년 이상을 더 일해야 합니다. 생존을 위한 생존 노동이죠. 50세에 은퇴나 정년퇴직 후 재취직을 못해 백수로 100세, 120세까지 산다고 상상해 보세요. 어떤가요? 끔찍하고 참담하고 불행한 삶이 떠오릅니다. 호모 헌드레드가 모두가 기다리고 모두에게 선물인 세상은 아니에요. 건강하냐 건강하지 않느냐, 계속 돈을 벌 수 있느냐 벌 수 없느냐에 따라 천국이 될 수도 지옥이 될 수도, 행복과 축복이 될 수도 고통과 불행이 될 수도 있습니다.

2. 고성장 시대여 굿바이

　윗세대가 들으면 동의하지 않거나 기분 나빠할 수도 있지만 과거는 지금보다 살기 좋은 시대였습니다. 왜 그럴까요? 그땐 지지 않는 해, 꾸준히 성장하는 고성장 시대였기 때문입니다. 비교적 일자리를 쉽게 구할 수 있고 은행 금리가 높아 별다른 투자 없이 예·적금만으로도 쉽게 돈을 불릴 수 있었어요. 불린 돈으로 자기 집 마련도 어렵지 않았죠. 돈을 더 모아 더 큰 집으로 옮기는 것 역시 어렵지 않았습니다. 요즘의 부동산 투자, 집 갈아타기 개념과는 사뭇 달랐어요. 보통 사람들의 자연스러운 삶의 과정 중 하나였죠. 급여 상승률은 물가 상승률보다 높은 편이었습니다. 정직하게 착실히 일하면 돈 모으기가 쉬웠죠. 그러니 근면·성실이 시대의 아이콘일 수밖에요. 성실하지 않은 자, 열심히 일하지 않은 자는 먹지도 말라는 말이 딱 어울릴 때였습니다. 자기가 일한 만큼 가져갈 수 있었어요. 열심히 일하지 않을 이유가 없었습니다. 열심히 일할 동기가 명확했죠. 은퇴 후엔 꼭 재취직하지 않아도 괜찮았습니다. 은퇴 후 여생이 지금처럼 길지 않으니 모아놓은 돈과 퇴직금 등으로 살아가기에 충분했어요. 평생 하나의 직장, 하나의 직업만 가지고 사는 게 일반적이었습니다. 평생직장이란 말이 통용되던 시절입니다.

지금은 어떤가요? 청년층에게 연애, 결혼, 출산을 포기한 3포 세대란 말이 유행합니다. 5포 세대는 내 집 마련과 인간관계 포기가 추가되죠. 7포, 9포, N포 세대도 있습니다. 왜 그들은 포기를 할까요? 무엇이 그들을 포기하게 할까요? 경제적 어려움이 가장 큽니다. 윗세대가 누린 고성장 시대는 끝났거든요. 저성장 시대입니다. 마이너스 성장이 오지 않으리란 보장도 없죠. 이 말은 앞서 언급한 시대 특징과 모두 반대되는 현상을 겪는다는 말이기도 합니다. 절대적인 일자리가 부족해요. 기업이 성장하지 못하니 투자와 고용을 하지 않습니다. 좋은 일자리는 더 부족합니다. 내가 가고 싶은 곳은 남도 가고 싶어 하니까요. 일자리 쏠림 현상, 병목현상이죠. 돈을 모으기도 어렵습니다. 제로 금리라는 말이 나올 정도로 은행 금리는 낮아 예·적금만으로는 사실상 돈을 불릴 수 없어요. 남은 건 투자. 투자하려면 목돈이 필요합니다. 목돈이 없는 사람과 있는 사람의 빈부 격차는 더 커지죠. 목돈이 없는 일반 시민은 무리하게 대출받아 투자하다 낭패를 보는 일도 많습니다. 내 집 마련은 요원한 꿈이에요. 받은 급여를 단 한 푼 쓰지 않고 수십 년을 모아야 수도권에 집을 마련할 수 있습니다. 현실성이 없는 얘기죠. 연애할 땐 데이트 비용이 들고 결혼엔 목돈이 듭니다. 경제적 여유가 없는데 결혼하기란 쉬운 일이 아니죠. 출산도 마찬가지입니다. 육아에도 꾸준히 돈이 드니까요. 사람을 만나는 일도 돈이 듭니다. 커피 한 잔 값이 어지간한 밥값보다 비싸기도 하죠. 그러니 사람도 덜 만나거나 안 만나게 됩니다. 인간관계를 포기하는 이유의 하나입니다. 이렇듯 모든 출발, 원점은 돈입니다.

이것을 바람직한 현상이라 보진 않아요. 포기한다는 게 문제 해결의 최선책은 아니니까요. 하지만 그만큼 청년층이 삶을 꾸려나가는 게 전 세대보다 쉽지 않다는 사실은 인정해야 합니다. 문제의 원인을 '그들이 나약하고 의지가 부족해서'로 몰아세우면 안 돼요. 시대 상황을 정확히 꿰뚫어 보고 인정할 건 인정해야 합니다. 지금은 어느 때보다 어려운 시대인 건 확실해요. 첨단 기술이 발달하고 생활이 편해진 것과 실제로 살기 좋아진 것과는 다른 문제입니다. 청년층의 우울증 환자가 계속 증가하는 것도 사실 전혀 이상할 일이 아니에요. 정신적으로 여유를 가질 틈이 없습니다. 경제적으로 불안정한데 마음의 여유를 갖는 건 어려운 일이에요. 게다가 승자독식, 능력주의는 날이 갈수록 더 심해지고 있습니다. 저도 누구보다 이를 체감했어요. 동물병원 운영할 당시 해가 바뀔 때마다 저성장 시대의 갖가지 어려움이 피부에 와 닿았습니다. 사는 게 더 팍팍해지고 어려운 방향으로 변했어요. 개인의 잘못이 아닙니다. 국가의 책임도 있고 시대가 변한 탓도 있습니다. 그렇다고 나라 탓, 시대 탓만 하고 있을 순 없어요. 그건 자신에게 무책임한 행동입니다. 내 탓만 해서도 안 되지만 남 탓만 해서도 안 됩니다. 남 탓한다고 변하는 건 없어요. 해결책을 찾아야죠. 더 나아질 수 있는 방법을 강구해야죠.

3. 평생직장은 고대 유물이 되었다

과거엔 이삼십 대에 한 직장에 취직해 쭉 다니다가 오육십 대에 은퇴를 하고 남은 노후를 편히 쉬면서 생을 마감하는 게 평범한 삶의 패턴이었습니다. 직장을 다니며 겸업이나 부업을 할 필요가 없었죠. 일생에 하나의 직장, 하나의 직업으로도 충분했어요. 첫 직장이 마지막 직장인 시대, 평생직장이 통하던 시대였습니다.

지금은 상황이 달라졌습니다. 평생직장 개념은 이미 사라졌어요. 첫 직장이 마지막 직장이 될 가능성은 거의 없습니다. 첫 직장에서 언제 퇴사 통보를 받을지 몰라요. 퇴직 나이는 갈수록 앞당겨지고 있습니다. 잡코리아에서 직장인 1,205명을 대상으로 설문 조사한 결과에 따르면 직장인 81%가 "내 일, 평생 직업 아니야."라고 대답했어요. 이젠 첫 직장 후 여러 직장을 거치며 살아갑니다. 명예퇴직도 흔한 일이 되었죠. 예전보다 연령대도 낮아지고 있어요. 말이 명예퇴직, 권고사직이지 반강제 퇴사나 다름없습니다. 정은상 작가는 『창직하라 평생직업』에서 "평생직장의 꿈과 희망은 사라진 지 오래다. 이제는 자신의 미래를 스스로 준비해야 하고, 창직을 통해 평생 직업을 만드는 일은 삶의 질을 결정하는 가장 중요한 요소"라고 말합니다. 한 기사에 따르면 중장년 구직자들의 평균 퇴직 연령은 50.5세로, 이들이 희망하는 경제활동 지속 기간인 평균 68.9세에 크게 못 미치는 것으로 조사되었습니다. 또한 중장년들의 퇴직 유형 중 비자발적 퇴직(권고사직, 명예퇴직, 정리해고 등)이 56.5%로 높은 비중을 차지했고, 정년퇴직은 9.7%에 그쳤습니다. 이를 통해 현재 한국의 평균적인 실제 퇴직 나이는 과거에 비해 낮은 수준이며, 많은 중장년이 비자발적으로 조기 퇴직하고 있음을 알 수 있습니다. 정년 연장 등 제도적 개선이 필요한 상황입니다.

제도적 개선뿐만 아니라 개인 차원에서의 준비도 필요합니다. 직장을 다니며 겸업과 부업 시도, 비자발적 퇴사를 대비해 미리미리 자발적 퇴사를 준비해야 해요. 사회의 빠른 변화에 맞춰 직업을 유연하게 바꾸거나 추가할 수 있도록 실력과 능력, 자질을 키워야 합니다. 만화『미생』엔 이런 내용이 나옵니다. "회사가 전쟁터라고? 밀어낼 때까지 그만두지 마라. 밖은 지옥이다." 자신이 얼마나 어떻게 준비하느냐에 따라 이 말은 맞을 수도, 틀릴 수도 있어요. 직장에만 매몰되어 직장 밖 삶을 전혀 준비하지 않는다면 맞는 말입니다. 소위 잘리기 전까지 직장에서 하루하루 버티는 삶이죠. 그 삶도 지옥이겠지만 밖은 더 지옥입니다. 하지만 직장을 다니며 착실히 직장 밖 삶을 준비한 사람이라면, 언제든 자유롭게 떠날 준비가 되어 있는 사람이라면 얘기는 달라져요. 내가 주도적으로 직장 생활을 해나갈 수 있습니다. 자신감이 있죠. 언제 잘려도 상관없습니다. 어디든 갈 곳이 있으니까요. 직장을 하루라도 더 다니기 위해 안간힘을 쓰지 않아도 됩니다. 쩔쩔맬 필요가 없죠. 직장 밖은 지옥이 아닙니다. 새로운 인생을 선물해 줄 파라다이스죠. 내가 준비되어 있는 여부에 따라 직장 안과 밖 삶 모두 극명하게 갈립니다.

여러분은 어느 쪽 삶을 살고 싶으신가요? 직장만 바라보며 사는 삶, 직장이 나를 언제 내칠지 모르는 두려움과 불안함에 매일 좌불안석인 삶, 직장에서 떠밀려 직장 밖으로 나와 앞으로 어떻게 살아야 할지 무엇을 해야 할지 막막해하는 암담한 삶을 살고 싶으신가요? 아니면 직장을 다니며 부지런하게 겸업과 부업, 제2의 직업을 준비해 을이 아닌 갑인 삶, 언제든 회사가 나를 밀어내도 괜찮은 삶, 언제든 내가 원할 때 떠날 수 있는 삶, 직장 밖에서도 내가 꿈꿨던 일을 하는 삶을 살고 싶으신가요? 당연히 후자일 겁니다.

한 기사에 따르면 최근 직장인 사이에서 본업 외에 2개 이상의 부업을 가진 N잡러가 늘고 있어요. 2022년 기준 국내 부업 인구는 약 54만 명으로 전년 대비 7.9% 증가했고, 직장인 10명 중 8명이 N잡을 하고 있거나 경험이 있는 것으로 나타났습니다. N잡으로 얻는 월평균 수입은 20대 53만 원, 30대 69만 원, 40대 92만 원, 50대 이상 105만 원입니다. 추가 수입, 여가 시간 활용, 새로운 경험, 퇴사/은퇴 후 준비, 자아실현, 고용 불안이 부업 하는 주요 동기입니다. 한국 직장인들 사이의 N잡러 열풍, 부업을 통한 추가 수입 창출의 보편화는 어쩌면 당연한 사회적 현상입니다. 저는 생존을 위한 바람직한 현상으로 봐요. 미래를 위해 열심히 준비하고 노력하는 건 올바른 태도죠. 아무런 준비와 노력 없이 안일하게 지금의 직장이 평생 나를 보호해 주고 지켜줄 거라 생각하며 사는 건 나태하고 위험한 태도입니다. 한 치 앞을 내다볼 수 없는 미래를 대비하고 준비하세요. 그 준비의 시작, 첫걸음은 직장을 다니며 부업과 겸업을 준비하는 겁니다. 자발적 퇴사를 꼼꼼하게 준비하는 거예요.

　서문에서 밝혔듯 저는 동물병원 운영을 그만두고 한 동물병원에 입사했습니다. 그러던 어느 날 비자발적 퇴사를 당하죠. 남의 일로만 여기던 일이 예고도 없이 제게 찾아오니 적잖이 당황했습니다. 지친 심신이 다 회복되지 않았던 상태라 더 충격이 컸죠. 그나마 전문직이다 보니 새로운 동물병원에 입사하는 건 그리 어렵지 않았습니다. 만약 제가 일반 직장인이었다면 충격은 훨씬 더 컸을 겁니다. 당장 일자리를 구하지 못하면 한 가정을 책임지는 가장으로서 체면도 안 서고 경제적으로도 곤란한 상황에 부닥쳤을 테니까요. 그때 깨달았습니다. 전문직도 비자발적 퇴사에서 완전히 자유롭지 못하구나. 언제 또 이런 상황이 닥칠지 모르니 미리 준비하고 대비해야겠다. 무엇을 어떻게 준비하면 좋을까? 당장 본업을 그만두는 건 현실적으로 봤을 때 리스크가 크다. 그러니 본업을 유지하면서 수익 창출을 할 수 있는 겸업, 부업거리를 찾아보자. 본업 외 파이프라인을 구축하자. 그러려면 우선 본업 외 내가 무엇을 할 수 있고, 좋아하고, 잘하는지를 알아야 했습니다. 더불어 남에게 제공할 수 있는 가치 중 제가 할 수 있는 걸 찾기 시작했어요. 타자에게 '도움'이 되는 것, 타자의 '문제를 해결'해 주는 것이 가치가 있습니다. 예컨대 콘텐츠 생산입니다. 콘텐츠에 도움이 되는 지식, 정보, 경험, 비결, 비법, 원리, 노하우, 꿀팁, 인사이트, 지혜, 통찰, 교훈, 시사점, 재미, 감동이 담겨 있으면 됩니다. 콘텐츠에 타자의 문제, 요구, 욕구, 부탁, 불만, 불만족, 불평, 불편을 해결해 줄 수 있는 솔루션이 담겨있으면 돼요. 이 중 어느 것이라도 해당하면 가치 있는 콘텐츠입니다.

타자가 원하는 것과 내가 제공할 수 있는 것과의 교집합을 분석했고, 글을 써보기로 결심했어요. 글쓰기는 내가 할 수 있고 남에게 가치를 전달해 줄 수 있다고 생각했죠. 그 선택은 신의 한 수였습니다. 본업을 유지하면서 첫 번째 책을 내고 뒤이어 지금 이렇게 두 번째 책을 쓰고 있으니까요. 오모이 토루 작가는 말했습니다. "평생 한 직장에서 근무하기란 쉽지 않다. 더 나은 인생을 위해 현재의 직장에 있는 동안 장래 어딜 가더라도 쓸 수 있는 능력을 갈고닦을 필요가 있다." 예전처럼 한 직장에 뼈를 묻겠다는 각오로 일하진 마세요. 여기 아니면 절대 안 된다고, 다른 곳은 내 사전에 없다고 생각하지 마세요. 유연한 생각과 태도가 필요합니다. 현 직장에서 열심히 일하되 언제든 자발적으로 퇴사할 수 있게끔 미리 준비하세요. 실력과 능력, 자질과 역량의 준비를 말합니다. 준비가 철저하면 직장에서의 하루가 전과는 전혀 달라져요. 더 이상 나는 을이 아닙니다. 회사와 동등한 위치죠. 눈치 볼 필요가 없고 자신감이 넘치니 일의 효율이 좋아집니다. 인간관계도 더 부드러워지죠. 마음의 여유가 생겼기 때문입니다. 언제 절벽 아래로 떨어질지 모르며 불안하게 지내던 직장 생활에서 절벽이 사라진 거죠. 끌려가던 인생이 내가 이끌어가는 인생으로 바뀝니다. 삶을 주도적으로 사는 거예요. 이 점이 대단히 중요합니다. 강물에 떠밀려 굴러가는 조약돌처럼 떠밀리는 인생을 사는 것과 내가 삶의 주인공이 되어 주도적으로 사는 건 삶의 질이 완벽히 달라요. 우리가 직장을 다니며 제2, 제3의 직업을 준비해야 하는 이유입니다. 앨빈 토플러는 『미래의 충격』에서 직업의 변화를 언급했어요. "평생 직업이라는 관념보다는 여러 직업의 연속이라는 관념을 갖게 될 것이다." 그의 예측은 현실이 되었습니다. 우리는 동시에 여러 직업을 갖거나 일생에 거쳐 다양한 직업을 가지며 살아갈 거예요.

4. 안녕하지 못한 직장과 직업

SNS를 하다 인공지능 아나운서에 대한 기사 하나를 접했습니다. 제주특별자치도가 행정업무의 효율성을 높이기 위해 인공지능(AI) 아나운서를 신입 직원으로 채용했다는 내용이었어요. 이름은 제이나로 월급 60만 원을 받는 것으로 알려졌습니다. 제이나를 사용하는 데 드는 비용이 월 60만 원 내외인 거죠. 대본을 입력하면 음성이 출력되는 방식이며 의상이나 간단한 손 모양도 선택할 수 있다고 합니다. 인공지능 아나운서를 활용해 시간과 장소의 제약이 사라지고 비용 절감 효과를 누릴 수 있는 장점이 언급됐어요. 불과 얼마 전까진 상상도 할 수 없는 일입니다. 아나운서 역할을 인공지능이 대체할 거라고 누가 상상이나 했을까요?

이건 빙산의 일각에 불과합니다. 이미 많은 일자리에 인공지능이 침투해 있어요. 예컨대 네이버에서는 기사 작성에 인공지능을 활용하고 있습니다. 미술 분야를 볼까요. 미국에서 열린 미술전에서 인공지능(AI)이 생성한 그림이 우승을 차지해 논란이 일기도 했습니다. 보도에 따르면 '콜로라도 주립 박람회 미술대회'의 디지털아트 부문에서 게임 기획자인 제이슨 M. 앨런이 AI로 제작한 작품 '스페이스 오페라 극장'(Theatre D'opera Spatial)이

1위에 올랐어요. 논란이 된 이유는 해당 작품이 인간이 그린 그림이 아니라 텍스트로 된 설명문을 입력하면 몇 초 만에 이미지로 변환시켜 주는 '미드저니(Midjourney)'라는 AI 프로그램으로 생성한 작품이었기 때문입니다. 앨런은 이 프로그램을 이용해 얻은 작품 3개를 출품했고 이 중 하나가 1위를 차지했어요. 이 사실을 접한 사람들은 갑론을박을 벌였죠. 사람이 직접 그린 그림이 아니니 예술 작품으로 인정하면 안 된다. 아니다, 사람이 직접 명령어를 입력하여 얻은 작품이다, 명령어를 생각하는 것은 인간의 창의성이 요구되는 작업이므로 예술 작품으로 봐야 한다. 쉽게 결론 내릴 수 없는 문제이며 앞으로 이러한 논쟁은 끊임없이 발생하고 더 뜨거워질 전망입니다.

음악 분야도 예외가 아니죠. 며칠 전 김형석 작곡가가 X(구. 트위터)에 남긴 글이 뜨거운 감자입니다. "엊그제 모 기관의 의뢰로 작곡 공모 심사를 했다."고 말하며 "1위로 뽑힌 곡이 제법 수작이었다. 그런데 오늘 주최 측으로부터 AI를 사용해서 텍스트만 치고 만들어진 곡이라는 통보를 받았다."는 말을 남겼어요. "이걸 상을 줘야 되나 말아야 되나⋯.", "그리고 이제 난 뭐 먹고살아야 되나. 허허."라는 말도 덧붙였죠. 앞으로 인공지능과 함께 살아가야 할 창작자의 고뇌가 엿보였습니다. 인공지능은 반복적이고 규칙적인 작업을 요구하는 직종을 가장 먼저 위협하고 대체할 거라는 인간의 예상은 보기 좋게 빗나가고 있어요. 인간만이 지녔다고 굳게 믿었던 창의와 감성 분야를 가장 먼저 치고 들어오고 있는 형국입니다. 더 놀랍고 무서운 건 인간이 만든 곡보다 수준이 낮지 않아요. 인공지능의 곡이라는 티도 나지 않습니다. 전문가도 모를 정도로 감쪽같죠. 심지어 사람이 만든 노래보다 더 훌륭하다는 평까지 듣습니다.

문학 분야는 어떨까요. 인공지능이 만든 장편 소설도 나왔다고 합니다. 어느 정도 인간의 개입이 있었다고는 하지만 놀라워요. 호모 사피엔스가 인공지능이 쓴 글로부터 희로애락을 느끼고 위안을 받는 현상이 아이러니하기까지 합니다.

인공지능의 창작물은 알고리즘, 머신러닝, 딥러닝을 통해 생산됩니다. 인간의 창작물과 비교 시 이질감이 크지 않아요. 전문가도 인간이 만든 건지 인공지능이 만든 건지 구별하기 어렵습니다. 완성도와 작품성도 높게 평가되며 감동받는 사람도 있죠. "인공지능이 만든 창작물은 인간의 마음을 움직일 수는 없다."는 주장은 설득력을 잃고 있습니다.

여기서 꼭 짚고 넘어가야 할 사실은 과정의 간편함과 용이성입니다. 어려운 절차나 방법을 거치지 않고 단지 짧은 명령어만 입력하면 누구나 창작물을 만들어 낼 수 있다는 거죠. 이 점이 놀라우면서 한편으론 앞으로 다가올 세상이 무서운 이유입니다. 단순히 신기하다, 편한 세상이다, 살기 좋은 세상이라고 치부할 성격이 아니에요. 왜일까요? 네, 나의 생존이 걸린 문제이기 때문입니다. 인공지능이 내 일자리를 빼앗지 않을 거라는 보장이 없습니다. 남의 일로만 생각할 문제가 아니에요. 누구의 일도 될 수 있습니다. 우리 모두의 일이 될 수 있어요. 아니, 모두의 일이 될 겁니다. 인간의 예측이 허무할 정도로 틀린 것을 보세요. 가장 안전할 거라 여긴 문화 · 예술 · 창작 분야가 인공지능의 공격 대상 0순위로 타깃팅되어 업계 근간이 흔들릴 정도로 위협받고 있습니다. 앞서 김형석 작곡가의 짧은 탄식 섞인 한마디에 사태의 심각성을 그대로 느낄 수 있죠. 짧게는 수일에서 수주 길게는 수개월에서 수년의 힘겨운 작업을 거쳐 한 곡이 탄생했던 게 이젠 누구나 짧은 시간에 도깨비방망이를 휘두르듯 곡을 만들어내니까요. 관련 업계 종사자의 당혹감과 위기감, 불안감은 이루 말할 수 없을 거라고 생각합니다. 생존에 직접적인 타격을 받는 일이니까요. 하루아침에 돈줄, 밥줄이 끊길 수도 있는 시대가 되었습니다. 인간의 창의성과 감성이 요구되는 직종도 상황이 이러한데 단순 작업을 하는 업종은 불 보듯 뻔한 결과가 예상됩니다. 우리가 상상하는 그 이상의 속도로 인공지능이 일자리를 대체할 거예요. 직종 대부분이 영향을 받습니다. 먼저냐 나중이냐, 시간문제일 뿐이죠.

ChatGPT를 시작으로 각종 인공지능 툴이 쏟아져 나오고 있습니다. 짧고 간단한 명령어만 입력하면 원하는 콘텐츠를 쉽게 얻을 수 있죠. 번역, 문서 요약은 기본이고 새로운 형태로 가공도 해줍니다. 글, 그림, 사진, 영상 원하는 건 다 얻을 수 있어요. 시간과 에너지를 거의 들이지 않고 말이죠. 최근 많은 사람을 충격의 도가니로 몰아넣었던 사건은 소라(SORA)라는 인공지능이 아닐까 생각해요. 저도 SNS에서 소라(SORA)가 만든 영상을 보고 소름이 돋아 몇 번이나 영상을 반복해서 봤습니다. 그 정도로 임팩트가 강했죠. 간단한 명령어로 만들어진 영상이라는데 인공지능이 만든 거라고는 전혀 생각이 안 들 정도였어요. 짧은 한 편의 영화 같았죠. 영상에 나온 배경, 인물 등 모든 건 실존하지 않는 가상의 것이었습니다. 그런데 실제 같아 보였어요. 아니 실제, 현실이었어요. 바로 영상 산업이 떠올랐죠. 드라마, 영화, 뮤직비디오, 애니메이션, 광고. 기존엔 수많은 사람의 시간과 노력을 들여야 하나의 영상(작품)이 탄생할 수 있었습니다. 감독, 연출, 카메라, 조명 등 각종 스태프와 주·조연 배우, 엑스트라, 컴퓨터 그래픽 디자이너의 고뇌와 땀이 녹아 있었죠. 막대한 자본도 투입되어야 했고요. 하지만 소라(SORA)는 그 모든 게 필요치 않았습니다. 단지 텍스트로 된 명령어만 필요했죠. 이 엄청난 간극이 느껴지시나요?

소라에 대해 좀 더 부연 설명해 드리면 고급 비디오 생성 인공지능 모델로, 사람이 텍스트 프롬프트(명령어)를 입력하면 이를 바탕으로 고품질의 비디오를 신속하게 생성합니다. 기존의 비디오 생성 인공지능 서비스와 차이점은, 간단한 텍스트 입력만으로도 높은 수준의 비디오를 재빠르게 제작할 수 있다는 점입니다. 이것은 양면의 의미가 있습니다. 하나는 긍정적인 측면으로 저처럼 컴퓨터나 프로그램을 잘 다루지 못하는 사람도 얼마든지 텍스트로 된 명령어만 입력하면 높은 수준의 영상을 얻을 수 있다는 점이죠. 얻은 영상은 개인의 목적에 따라 다양하게 활용하면 됩니다. 일반인에게 크리에이터로 다가설 수 있는 문턱을 낮춰 새로운 기회의 문을 열어주었어요. 인공지능이 주는 혜택이죠. 다른 하나는 부정적인 측면으로 영상 제작 관련 종사자는 일자리를 빼앗길 수 있다는 점입니다. 지금까진 전문가가 많은 시간과 에너지, 비용을 들여 영상을 제작했지만 이젠 그럴 필요가 없습니다. 소라(SORA)가 시간과 에너지, 비용을 대폭 절감해 줘 이른바 가성비가 압도적으로 높기 때문이죠. 인공지능이 누군가에겐 새로운 가능성과 기회를 제공하고 누군가에겐 그것을 박탈하는 모습입니다.

다음은 몇 개의 기사에서 발췌한 내용입니다. 한 영상업계 종사자는 "지금 발전 속도로 보면, 내가 일자리를 잃을 수 있겠다는 두려움이 피부로 와 닿는다."며 "현재 소라(SORA)가 내놓는 영상의 완성도를 보면, 스톡 영상(단일 주제 영상 클립)이나 광고에서 짧게 쓰이는 영상을 만드는 제작 업체들은 머지않아 소라(SORA)에게 잡아먹힐 수 있지 않을까 싶다."고 말했다. 드라마·영화 업계 관계자는 "소라(SORA)가 생성한 영상들을 보며 인공지능 발전 속도가 정말 무섭다는 걸 느꼈다."며 "영상 완성도가 더 높아진다면 오티티(OTT) 드라마·영화 작업물도 대체할 수 있을 것 같다."고 했다.(숏폼)이나 광고 영상을 제작하는 업체들이 "직격탄을 맞을 것"이라는 전망이 나온다. '제작 현장에 AI가 도입되면서 상당수 스태프도 일자리를 잃게 될 것이란 전망이 나온다. 월스트리트저널(WSJ)은 "특수효과나 비용 절감 등에서 AI는 이미 상당한 역할을 하고 있다."며 "할리우드의 많은 기업이 영화 자막에 AI 툴을 사용하고 있으며, 그 시장 규모가 26억 달러에 달한다."고 보도했다.'

한쪽에서는 울고 다른 한쪽에서는 웃는 상황이 벌어질 겁니다. 아니, 이미 벌어지고 있어요. 인공지능을 얼마나 잘 활용하느냐에 따라 앞으로 우리 인생은 크게 달라집니다. 인공지능이 사람을 살리기도 죽이기도 한다는 말이죠. 의료계와 수의계에도 인공지능이 도입되고 있습니다. 막대한 데이터를 학습한 인공지능에게 방사선 사진을 보여주고 감별 진단 목록을 뽑아내는 식으로 진료에 활용해요. 아직까진 의료진의 일자리를 위협하는 수준은 아니고 협업하는 방향으로 활용되고 있습니다. 하지만 언제 의사와 수의사의 일자리를 침범할지는 아무도 알 수 없어요. 이제 안전지대는 없으니까요.

  인공지능 말고 또 무엇이 인간의 일자리를 위협할까요? 네, 로봇입니다. 공장 자동화와 맞물려 각종 산업과 직종에 로봇이 스며들고 있죠. 아마존은 로봇 기술을 물류 및 창고 운영에 활용하고 있습니다. 로봇은 상품을 저장하고, 이동시키며, 주문을 준비하는 등의 업무를 담당합니다. 물류 작업의 자동화 및 효율화를 추구하고 있죠. 2023년 4월엔 자율 픽킹 로봇인 '로빈'을 활용해 10억 개 이상의 물품을 처리했다고 합니다. 이 로봇은 창고 내에서 물품을 자동으로 분류하고 운반하는 역할을 수행해 작업 효율성을 크게 향상했습니다. 로봇 기술을 활용한 드론 배송 서비스도 개발 중입니다. 로봇이 기존에 사람이 해왔던 일을 하나씩 하나씩 대체하고 있어요. 단순 노동 분야에선 압도적인 효율을 자랑하기에 당연한 순서로 보입니다. 최근 테슬라의 인간을 닮은 로봇 즉, 휴머노이드인 옵티머스가 핫합니다. 사람처럼 이족 보행이 가능하고 자연스럽기까지 하죠. 관련 영상이 공개된 날 하루 만에 조회 수 200만 회 이상을 달성할 정도로 관심이 뜨거웠습니다. 로봇이 이족보행을 자연스럽게 할 수 있다는 건 단순히 신기하고 대단하다는 느낌으로 그칠 일이 아닙니다. 이는 곧 사람의 업무 대부분에 투입할 수 있다는 의미이기 때문이죠. 생산, 물류 등 산업 전반에 큰 변화가 예상되는 이유입니다. 게다가 당시 약 30초짜리 영상에서 옵티머스는 바구니에 담긴 셔츠를 손가락으로 꺼내 테이블에 펼친 뒤 개는 데 성공하는 모습을 보였습니다. 이 또한 놀라움을 자아냈죠. 다섯 손가락도 부드럽게 움직일 수 있습니다. 계란을 엄지와 집게손가락으로 집어 냄비에 옮기는 섬세한 동작도 가능했죠. 머스크는 옵티머스를 3~5년 내로 2만 달러(약 2,600만 원)

이하 가격으로 주문받을 수 있게 하겠다고 말했습니다. 이 로봇이 전 세계에 보급되면 공장과 가정에서 인간의 노동을 상당 부분 대체할 것으로 보입니다. 공장 근로자, 가정 도우미의 일자리 감소를 의미합니다.

요즘 식당에 가면 바뀐 모습을 목격합니다. 커다란 키오스크뿐만 아니라 테이블 키오스크가 보편화되고 있어요. 손님은 직원에게 주문하지 않고 각 테이블에 설치된 테이블 키오스크를 터치하며 주문합니다. 가게마다 직원 수가 확 줄어든 게 보여요. 대형마트 캐셔도 눈에 띄게 줄었습니다. 기계를 이용한 셀프 계산대가 대폭 늘었기 때문이죠. 무인점포도 늘고 있습니다. 무인 편의점, 무인 아이스크림 할인점, 무인 카페 등 종목도 다양해요. 모두 사람이 했던 일입니다. 대규모의 실업자 양산, 고용 감소가 사방에서 목격되고 있어요. 한 연구보고서에서 고용정보원은 2025년이 되면 인공지능과 로봇의 발달로 국내 취업자 일자리 중 61.3%가 기계로 대체될 수 있다는 분석을 내놨습니다. 사라질 수 있는 일자리는 단순노무직, 사무직, 관리직만 아니라 의사, 변호사 등 직종 대부분이 포함된다고 밝혔죠. 인간의 일자리를 향한 인공지능과 로봇, 기계의 침략은 이미 시작됐어요. 우리는 각자 이 전쟁에서 어떻게 살아남을지를 진지하게 고민하고 대책을 마련해야 합니다.

5. 알고 나면 소름 돋는 미래 직업 전망

2017년 서울대 유기윤 교수님 연구팀이 발간한 『2050 미래 사회 보고서』
에는 다음 그림과 같은 내용이 나옵니다.

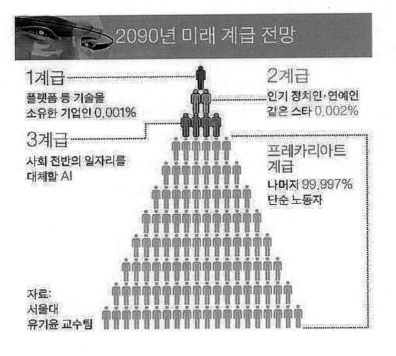

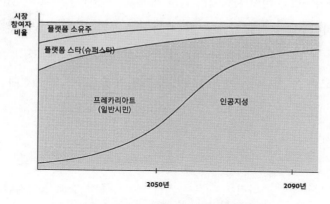

▲ 네 개의 계급으로 나뉜 미래의 시민들

프레카리아트(Precariat)란 이탈리아어 '불안정하다(Precario)'와 노동자를 뜻하는 영어 '프롤레타리아트(Proletariat)'의 합성어로 영국의 경제학자 가이 스탠딩이 처음으로 주창했다. 인간의 노동이 대부분 AI로 대체된 미래 사회에서 임시 계약직 · 프리랜서 형태의 단순 노동에 종사하면서 저임금으로 근근이 살아가는 계층을 말한다.

– 네이버 지식백과, 프레카리아트 [Precariat] (매일경제, 매경닷컴)

이 자료를 보고 어떤 기분이 드셨나요? 저는 흥미로우면서 동시에 암울했어요. 인간의 편의와 삶의 질 향상을 위해 만든 인공지능에 의해 인간의 설 자리가 줄어들 걸 생각하니 역설적입니다. 자료에 의하면 인공지능이 인간의 많은 일자리를 대신하게 될 거예요. '내 직장은 미래에도 안전할 거야.', '나와는 상관없는 일이야.'와 같은 안일한 생각은 착각이며 위험합니다. 사실상 안전지대는 없어요.

프레카리아트는 미래 사회에서 임시 계약직, 프리랜서 형태의 단순노동에 종사하며 저임금으로 근근이 살아가는 계층을 말합니다. 여러분은 인공지능보다 계급이 낮은 프레카리아트로 살고 싶으신가요? 아니죠, 1, 2계급에 속하고 싶을 겁니다. 1계급은 플랫폼 기업의 소유주로서 예컨대 구글, 아마존, 애플의 소유주입니다. 우리가 이러한 기업의 오너가 되는 건 현실적으로 어렵습니다.

2계급은 플랫폼 스타라는 새로운 계급으로 대중적 호소력을 지닌 정치 엘리트, 예체능 스타, 로봇 설계자 같은 창의적 전문가입니다. 플랫폼에서 최대의 성과를 내는 소수의 엘리트 집단이죠. 상상력과 창의력을 무기로 무언가를 창조해 내는 능력을 소유한 자들입니다. 미래에 상상력과 창의력이 중요한 이유가 여기에 있습니다. 인플루언서도 2계급에 속한다고 볼 수 있어요. 영향력이 클수록 존재감과 대체 불가능성은 커지고 입지가 탄탄해집니다. 미래 사회에 대체 불가능성은 생존을 위해 꼭 지녀야 할 필수 요소예요. 인플루언서가 되기 위해서는 자신만의 개성과 매력, 특기, 차별성을 찾고 이것을 극대화해야 합니다. 2계급은 1계급에 비해 상대적으로 문턱이 낮아 우리가 도전해 볼 수 있는 계급입니다. 남과 다른 본인만의 정체성, 아이덴티티를 최대한 빨리 파악하고, 이를 콘텐츠화하고, 브랜드화하는 작업이 필요해요. 만약 이러한 준비와 대비가 되어 있지 않은 상태로 미래 사회를 맞이한다면, 인공지능에 지배받는 가장 하위 계급인 프레카리아트에 속하게 될 게 자명합니다.

다시, 우리는 2계급에 승부를 걸어야 해요. 2계급 중에서도 인플루언서를 노리는 게 가장 확률이 높습니다. 본업을 당장 그만두라 말씀을 드리는 게 아니에요. 다짜고짜 본업을 관두고 인플루언서에 뛰어드는 건 리스크가 큽니다. 더군다나 혼자가 아닌 책임져야 하는 가정이 있다면 무모한 도전은 지양하고 리스크 관리를 해야 해요. 본업은 중요합니다. 생계를 책임져 주기 때문입니다. 본업을 그만두지 않고도 얼마든지 인플루언서로 활동할 수 있어요. 김호 작가는 『직장인에서 직업인으로』에서 다음과 같이 말합니다. "직장에 다니는 동안 직장에만 집중할 것이 아니라 자신 안에 개인기, 즉 직업을 만들어야 한다는 뜻이다. … 직장은 나를 보호할 수 없지만(그럴 생각도 능력도 없다!), 직업은 내 삶을 보호할 수 있다." 제가 강조하고 싶은 내용이 잘 드러나 있습니다. 직장을 다니는 동안 직장 생활에 충실하세요. 동시에 직업인이 되기 위한 준비를 하세요. 보험을 든다고 생각해도 좋습니다. 준비가 잘 되어 있다면 직장 생활과 일상생활의 질이 높아져요. 그렇지 않다면 하루하루가 가시밭길을 걷는 심정이죠. 미래에 대한 불안감 때문입니다.

6. 나처럼 부업 작가가 돼라

작가는 부업, 인플루언서, 직업인 모두를 충족합니다. 전업 작가보다 부업 작가의 비중이 더 높아요. 2020년 기준으로 발간된 문화체육관광부의 자료를 보면, 전체 작가 수는 24,105명인 반면, 전업 작가는 3,372명, 부업 작가는 20,733명으로 나타났습니다. 전체 작가 중 전업 작가는 약 14%에 그치고, 작가 대부분은 부업 작가로 활동하고 있죠. 일반 직장인, 가게 사장님, 승무원, 운동선수, 의사, 변호사 등 직장과 직업을 가리지 않고 누구든지 부업 작가가 될 수 있습니다.

저 역시 본업인 임상 수의사 일을 하며 작가 겸 인플루언서로 활동하고 있어요. 우선 본업의 기반을 공고히 하세요. 동시에 본업에 큰 지장을 주지 않는 부업 작가가 되세요. 작가는 100세까지 일할 수 있는 몇 안 되는 직업입니다. 작가는 인공지능에 쉽게 대체되지 않을 거예요. 인공지능도 글을 쓰지만 한계는 명확합니다. 인간에겐 있지만 인공지능엔 없는 게 존재하기 때문이죠. 바로 경험입니다. 인간의 각자 경험은 다 다릅니다. 그러한 경험을 토대로 느낀 점, 아쉬운 점, 배운 점, 깨달은 점, 미래에 대한 계획을 글에 녹여낼 수 있어요. 하지만 인공지능은 불가능합니다. 수많은 데이터와 그것의 연결이 있을 뿐 인간과 같은 경험은 없습니다. 경험은 흉내 내기도 어렵죠. 경험은 늘 강조됐고 앞으로 더 강조될 겁니다. 인간만의 강력한 무기니까요. 다양한 경험을 하세요.

앞으로 인공지능엔 없고 인간에게만 있는 것의 가치가 상승합니다. 그것에 길이 있고 답이 있어요. 글쓰기는 분명 인간의 필살기입니다. 글쓰기 능력을 벼리고 벼리세요. 그러면 미래에도 충분히 승산이 있습니다. 전 본업을 소홀히 하지 않으면서 부업 작가의 삶도 충실히 살고 있어요. 작가의 본분은 글쓰기와 책 쓰기죠. 하루도 빠짐없이 책을 읽고 글을 씁니다. 뒤에서 자세히 다룰 테지만 책을 읽어야 글을 쓸 수 있어요. 글은 주로 온라인에 씁니다. 블로그, 브런치, 포스타입, X(구. 트위터), 스레드, 페이스북, 인스타그램에 하루에도 여러 개의 글을 올려요. 매일 적게는 한두 개에서, 많게는 수십 개를 올리죠. 짧은 글 긴 글 가리지 않습니다. 이렇게 매일 꾸준히 써야 하는 이유 중 하나는 글쓰기 근육을 키우기 위해서입니다. 몸 근육도 가끔 한두 번 운동해서 생기지 않듯이 글쓰기 근육도 마찬가지입니다. 꾸준히 지속해서 써야 글쓰기 근육이 생기고 커져요. 근육이 커질수록 글을 밀고 나가는 힘이 생겨 글쓰기가 수월해지죠. 책 쓰기는 일반 글쓰기보다 난도가 훨씬 높습니다. 아무리 얇은 단행본도 기본적으로 채워야 할 분량이 있는데 일반인에겐 절대 적지 않죠. 글쓰기 근육, 글쓰기 지구력이 없다면 책 쓰기는 불가능해요. 그래서 매일 쓰고 또 씁니다. 꾸준히 책을 쓰기 위해.

글과 책을 써서 부업 작가가 되면 본업 외 수입이 생깁니다. 작가라고 하면 책 판매에서 나오는 인세만 떠올릴 수 있는데 인세 말고도 수입 채널은 많아요. 예컨대 강의, 강연, 교육, 워크숍, 세미나, 기업 연수, 컨설팅, 코칭, 카운슬링, 기고, 자문, 방송을 통한 수입이 있습니다. 생각보다 다양해서 놀라셨을 거예요. 저도 작가에 관해 관심이 없을 땐 몰랐습니다. 뭐든 관심을 가져야 자세히 알게 되고 깊숙이 이해합니다. 부업 작가의 좋은 점은 들어가는 비용이 거의 제로라는 겁니다. 종이와 펜 또는 컴퓨터만 있으면 되죠. 비용 리스크가 없다는 건 큰 매력입니다.

부업 작가가 되기 위해서는 꼭 필요한 게 세 가지 있어요. 첫째, 시간입니다. 시간을 꼭 통으로 내어야 하진 않아요. 틈틈이 시간 날 때마다 글을 쓸 수 있으니까요. 자주 쓰고 수시로 쓰세요. 나중에 수정하고 보완하면 돼요.

둘째, 꾸준함입니다. 글쓰기야말로 진정한 마라톤입니다. 매일 글이 잘 써지는 게 아니에요. 늘 글감이 있고 영감이 떠오르는 게 아닙니다. 잘 써질 때 말고 잘 써지지 않을 때도 일단 써야 해요. 단 한 줄이라도 써야 합니다. 그래야 글쓰기 근육이 빠지지 않아요. 감을 잃지 않습니다. 꾸준함은 모든 일에 필요하지만, 글쓰기엔 특히 중요해요.

셋째, 체력입니다. 글쓰기는 우아하고 고상한 작업이 아닙니다. 장시간 엉덩이를 붙이고 사투를 벌여야 하는 고된 육체노동이죠. 게다가 스트레스도 만만치 않아 정신노동의 강도도 강해요. 체력이 받쳐주지 않으면 절대 오래 글을 쓸 수 없습니다. 무라카미 하루키의 하루는 루틴의 정석으로 널리 알려졌어요. 그는 매일 새벽 4시에 일어나 5~6시간 글을 쓰고 오후에는 10km를 달리거나 1,500m 수영을 합니다. 달리기와 수영 둘 다 할 때도 있고요. 수십 년간 매일 이 루틴을 지켜왔다고 하니 존경스럽기까지 합니다. 그가 오랜 세월 글을 쓸 수 있었던 비결은 하루도 빠짐없이 운동한 덕분이라 생각해요. 저는 체력을 기르기 위해 주 1~2회 계단 오르기를 하고 있습니다. 10층 계단을 10회 올라 총 100층을 오르죠. 한 번은 한계 테스트 겸 200층을 오르기도 했어요. 그리 힘들지 않더군요. 주위에 말하면 다들 놀랍니다. 5층 10층도 어려운데 100층을 어떻게 하느냐고 묻죠. 해보지 않아서 그렇습니다. 막상 해보면 할 만해요. 숨이 좀 찰 뿐이죠. 따분할 것 같으면 SNS에 글을 쓰거나 유튜브 음성을 들으며 오릅니다. 오디오북을 듣는 것도 좋을 것 같아요. 잊지 마세요. 글쓰기는 체력 싸움입니다.

글쓰기는 영향력을 빚어내는 행위입니다. 우린 일상 대부분을 어떤 형태로든 글을 읽으며 살아가기 때문이죠. 글쓰기는 모든 콘텐츠의 씨앗으로 범용성, 확장성이 무한합니다. 예컨대 유튜브 영상이나 인스타그램의 콘텐츠도 텍스트 즉, 글이 있어야 완성할 수 있어요. 평범한 사람도 쉽게 도전해 볼 수 있는 게 글쓰기입니다. 문턱이 낮아 누구나 도전할 수 있죠. 하지만 아무나 도전하지 않아요. 바꿔 말해 내가 일단 시도만 하면, 꾸준히만 하면 성공 가능성이 그만큼 높습니다.

스테르담 작가는 『나를 관통하는 글쓰기』에서 당장 시작하기에 큰 준비가 필요하지도 않고 본업에 전혀 영향을 주지 않기 때문에 글쓰기를 '감당 가능한 도전'이라 말합니다. 그렇습니다. 글쓰기는 감당 가능한 도전입니다. 직장을 다니면서 부업하는 게 쉬운 일이 아닙니다. 하지만 글쓰기는 상대적으로 도전해 볼 만해요. 글 쓰는 시간만 확보하면 얼마든지 매일 쓸 수 있으니까요. 저도 수의사로 일하며 작년에 첫 책을 출간했습니다. 참고로 출판 형태는 자비가 전혀 들지 않은 기획 출판이었어요. 틈틈이 매일 글을 썼기 때문에 가능했습니다. 시간 관리를 잘하면 본업에 전혀 지장을 주지 않으면서 매일 글을 쓸 수 있어요.

　이쯤 되면 가장 많이 받는 질문이 있습니다. "전혀 글을 써 본 적이 없는데 가능할까요?" 네, 물론입니다. 저도 마흔 전까지 글쓰기는 어렸을 적 독후감 쓴 게 전부였어요. 그런 제가 22년 11월 11일 블로그를 개설하고 매일 글을 쓰기 시작했습니다. 그저 묵묵히 쓰고 또 썼어요. 그리고 1년도 채 안 되어 출간 작가가 되었죠. 글쓰기 경험도 재능도 없던 제가 해냈는데 당연히 여러분도 충분히 해낼 수 있습니다. 다음 장부터 본격적으로 글쓰기에 관한 내용이 시작됩니다.

3장

글을 쓰려면
책부터 닳도록 읽어라

1. 책 포비아에 빠진 대한민국

우리나라 독서율을 살펴볼까요? 독서율은 한 해 동안 일반도서를 한 권이라도 읽거나 들은 사람의 비율을 뜻합니다.

"문화체육관광부가 발표한 '2019년 국민 독서실태조사'에 따르면, 지난 1년 간(2018년 10월 1일~2019년 9월 30일) 성인의 종이책 독서율은 52.1%로 10년 전인 2009년 대비 약 20% 감소했습니다. 독서율 52.1%는 성인 절반가량만이 1년에 책을 한 권 이상 읽었다는 의미입니다." – 『제발 이런 원고는 투고하지 말아주세요』, 김태한, 마인드빌딩.

2년이 지난 2021년도는 어떨까요?

"문화체육관광부(장관 황희, 이하 문체부)는 만 19세 이상 성인 6,000명과 초등학생(4학년 이상) 및 중·고등학생 3,320명을 대상으로 2021년 국민 독서 실태를 조사하고 그 결과를 발표했다. 조사 결과에 따르면 지난 1년간 (2020. 9. 1.~2021. 8. 31.) 성인의 연간 종합 독서율은 47.5%, 연간 종합 독서량은 4.5권으로 19년에 비해 각각 8.2% 포인트, 3권 줄어든 것으로 나타났다. 다만 20대 청년층(만 19세 이상~29세 미만)의 독서율은 78.1%로 2019년에 비해 0.3% 포인트 소폭 증가했고, 모든 성인 연령층과 비교해 높은 독서율과 많은 독서량을 보였다. (중략) 성인들은 독서하기 어려운 가장 큰 이유로 '일 때문에 시간이 없어서'(26.5%)를 꼽고 다음으로 '다른 매체·콘텐츠 이용'(26.2%)이라고 응답했다. 2019년에 가장 큰 장애 요인으로 꼽았던 '다른 매체·콘텐츠 이용'의 응답 수치가 다소 하락(2019년 29.1% → 2021년 26.2%)했지만 학생들은 '스마트폰, 텔레비전, 인터넷 게임 등을 이용해서'(23.7%)를 가장 큰 독서 장애 요인으로 응답해 디지털 환경에서의 매체 이용 다변화가 독서율 하락에 영향을 주고 있는 것으로 파악됐다. (중략) 지난 2년 사이 50세 이상 중장년층과 고령층의 종합 독서율 변화 추이를 살펴보면 50대는 35.7%(2019년 대비 9.2% 포인트 하락), 60세 이상은 23.8%(2019년 대비 8.6% 포인트 하락)로 중장년·고령층의 독서율은 지속적인 하락 경향을 보였다." - 2022년 1월 문화체육관광부 보도자료

최근에는 좀 나아졌을까요?

문화체육관광부 자료에 따르면 만 19세 이상 성인 5,000명과 학생(초등 4학년 이상) 2,400명 대상으로 '2023년 (2022.9.1~2023.8.31) 국민 독서실태'를 조사한 결과 성인 10명 중 6명은 1년간 읽은 책이 0권으로 나왔습니다. 뒤에 나오는 그래프를 보시면 해마다 독서율이 감소하는 추세입니다. 또 하나 눈여겨볼 것은 소득 격차에 따라 독서율도 현저히 차이 난다는 점입니다. 월 500만 원 이상 소득인 사람은 절반 넘게 독서하는 데 반해 월 200만 원 이하 소득인 사람은 10명 중 9명이 책을 읽지 않습니다. 독서에도 빈익빈 부익부가 존재하는 거죠. 부의 대물림만 아니라 교육의 대물림도 큰 사회적 문제입니다.

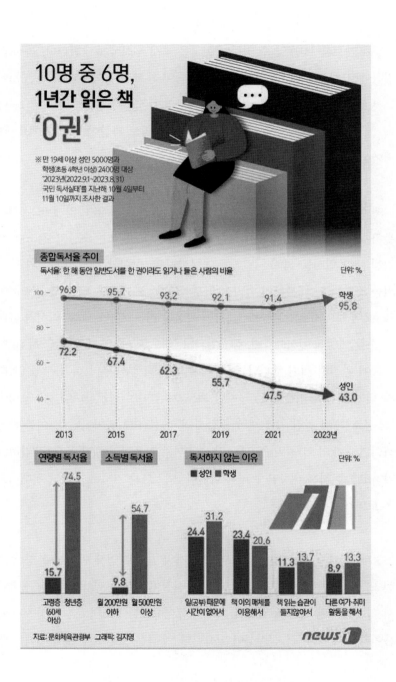

10명 중 6명, 1년간 읽은 책 '0권'

※만 19세 이상 성인 5000명과 학생(초등 4학년 이상) 2400명 대상 '2023년(2022.9.1~2023.8.31) 국민 독서실태'를 지난해 10월 4일부터 11월 10일까지 조사한 결과

종합독서율 추이

독서율: 한 해 동안 일반도서를 한 권이라도 읽거나 들은 사람의 비율

단위: %

	2013	2015	2017	2019	2021	2023년
학생	96.8	95.7	93.2	92.1	91.4	95.8
성인	72.2	67.4	62.3	55.7	47.5	43.0

연령별 독서율

- 고령층 (60세 이상): 15.7
- 청년층: 74.5

소득별 독서율

- 월 200만원 이하: 9.8
- 월 500만원 이상: 54.7

독서하지 않는 이유

단위: %

■ 성인　■ 학생

	일(공부) 때문에 시간이 없어서	책 이외 매체를 이용해서	책 읽는 습관이 들지않아서	다른 여가·취미 활동을 해서
성인	24.4	23.4	11.3	8.9
학생	31.2	20.6	13.7	13.3

자료: 문화체육관광부　그래픽: 김지영

news1

통계 자료를 보면 알 수 있듯이 한국은 독서 후진국에 속합니다. 독서 선진국에선 책을 손에 들고 이동하는 모습이 흔한 광경이지만 한국은 보기 드문 광경이죠. 앞선 통계 자료에서 평균의 함정이란 걸 고려한다면 1년에 책 한 권 읽지 않는 사람이 50%가 넘는다는 말도 과장이 아닐 거예요. 형편없이 낮은 부끄러운 수치죠. 심각합니다.

왜 이렇게 되었을까요? 무엇이 이토록 우리를 책을 읽지 않게 또는 읽지 못하게 만들었을까요? 첫째, 입시 위주의 교육입니다. 초중고 청소년 시기엔 대학 입시를 위해 치열하게 공부합니다. 방대한 양의 교과서와 학습지를 소화하죠. 대부분이 암기식 공부입니다. 책 내용을 달달 외우는 식이죠. 끝이 보이지 않는 활자와 지난한 싸움을 하는 기간입니다. 입시가 끝나는 순간 어떻게 될까요? 네, 해방입니다. 책으로부터의 해방이죠. 책에, 텍스트에 완전히 질린 겁니다. 공부에 질려 대학생 때부터 더 공부를 안 하게 되는 이유와 비슷해요. 글자만 봐도 치가 떨려 멀리합니다. '책 포비아(책 공포증)'에 걸린 거죠. 자연스럽게 책과 점점 더 멀어집니다. 이를 해결하려면 현재의 입시 위주 교육, 암기식 위주 교육이 변해야 해요. 생각하고 말하고 토론하는 비중을 늘려야 합니다. 텍스트를 기피하지 않고 친해지도록 도와줘야 해요.

둘째, 문해력 감소입니다. 스마트 기기의 발달로 언제 어디서나 영상 콘텐츠를 즐길 수 있습니다. 걸으면서, 지하철이나 버스 안에서, 약속 장소에서 기다리며 등 상황과 장소를 가리지 않아요. 주로 소비되는 콘텐츠가 숏폼이라는 데에 더 큰 심각성이 있습니다. 숏폼은 짧은 시간에 소비되는 영상 콘텐츠로 유튜브, 틱톡, 인스타그램(릴스)에 많습니다. 한 번 보기 시작하면 내 의지와는 상관없이 짧게는 수십 분에서 길게는 수 시간씩 보죠. 숏폼을 계속 보다 보면 긴 분량의 영상은 점점 더 보기 힘들어지고 숏폼만 더 찾게 됩니다. 느리고 약한 자극에는 반응 안 하는 뇌로 바뀌죠. 숏폼 콘텐츠 시청은 도파민 분비를 자극해 일시적인 쾌감을 주지만, 장기적으로는 중독성을 유발해요. 이런 상황에서 텍스트로 된 책을 읽는 걸 기대하기란 불가능에 가깝습니다. 영상은 떠먹여 주는 것, 즉 수동적인 행위로 힘이 들지 않아요. 눈과 귀만 열어두면 되죠. 하지만 독서는 떠먹는 것, 즉 능동적인 행위로 힘이 듭니다. 생각하고 이해하기 위해 머리를 굴려야 하니까요. 사람은 쉽고 편한 걸 택하기 마련입니다. 쉽고 편하고 재밌는 숏폼을 제쳐 놓고 어렵고 힘이 드는 책 읽는 수고를 선택하길 바라는 건 어쩌면 욕심일 수도 있겠다 싶어요. 상당한 각오와 의지, 노력이 필요합니다. 책을 읽지 않으면 문해력이 낮아지고, 문해력이 낮아지면 책이 어렵게 느껴져 더 읽지 않습니다. 책 포비아(책 공포증)에 빠지는 순간입니다. 악순환이죠. 요즘 낮아지는 문해력 때문에 웃지 못할 일화가 종종 화제입니다. '심심한 사과'라는 표현의 의미를 지루한 사과로, 사흘을 3일이 아닌 4일로, 금일을 오늘이 아닌 금요일로 이해하는 경우가 있다네요. 평소 책을 읽었다면 쉽게 이해할 수 있는 표현과 단어임에도 불구하고 정확한 의미를 모른다는 건 그만큼 독서량이 현저히 떨어진다는 방증입니다. 이를 해결하기 위해서는 스마트폰 사용을 줄여야 해요. 특히 숏폼 시청 시간을 줄여야 하죠. 이른바 '도파민 디톡스'를 실천해야 합니다. SNS 계정을 비활성화하거나 관련 앱을 삭제하는 방법도 있어요. 스마트폰을 정해진 시간만 사용하는 것도 괜찮습니다.

셋째, 전반적인 사회 분위기입니다. 사람은 주위 환경에 영향을 많이 받아요. "당신이 가장 많은 시간을 보내는 다섯 명의 평균이 바로 당신이라는 사람이다." 미국의 유명한 동기부여 강연자이자 작가인 짐 론이 한 말입니다. 사람이 환경 중 사람의 영향을 얼마나 많이 받는지 알 수 있는 대목이에요. 만약 내가 가장 많은 시간을 보내는 사람 중에서 책을 즐겨 읽는 사람이 한 명도 없다면 나 역시 그럴 가능성이 높습니다. 친한 사람들도 책을 안 읽으니 나도 안 읽어도 된다고 생각하죠. 유유상종입니다. 이는 부모와 자녀 사이를 통해 더 분명하게 알 수 있어요. 부모가 늘 휴대폰을 보면서 말로만 자녀에게 책 읽으라고 잔소리하는 것과 부모가 솔선수범해 책 읽는 모습을 자녀에게 보여주는 것을 비교했을 때 어느 게 자녀의 독서 교육에 효과적일까요? 네, 후자입니다. 자녀는 부모의 등을 보고 자란다는 말처럼 자녀는 부모의 행동과 모습에 영향을 많이 받습니다. 어디를 가도 사람들이 손에 책을 들고 다니고 잔디밭, 벤치, 카페, 바닷가 등 장소를 불문하고 책 읽는 모습이 일상이라면 나 역시 그들처럼 행동하게 될 가능성이 높습니다. 자연스럽게 동화되는 거죠. 언제 어디서든 책을 펼쳐 보는 게 당연한 거고 이상할 게 없어요. 지인을 만나 "최근 어떤 책을 읽었는데 너도 읽어봤니, 너는 어땠니, 나는 어땠다." 이런 식의 책에 관한 대화와 토론이 일상화되어 있다면 책을 가까이할 가능성이 높습니다. 하지만 한국은 아직 이런 문화가 정착되어 있지 않죠. 책 읽기 좋은 환경이 아니에요. 해결 방법은 주위 환경부터 바꾸세요. 책을 좋아하는 사람들로 내 주위를 채우세요. 독서 모임을 나가는 것도 좋습니다. 책과의 접점을 늘려가세요. 한 사람 한 사람이 변하기 시작하면 많은 사람이 변합니다. 그렇게 우리가 사회 전체를 바꿀 수 있습니다.

"만 권의 책을 읽으면 신의 경지에까지 통한다." – 소동파

"만 권의 책을 읽으면 글을 쓰는 것도 신의 경지에 이른다." – 두보

이제부터 본격적으로 글쓰기를 다룬다고 하고서 독서에 관한 얘기부터 꺼내 의아해할 분도 계실 겁니다. 모든 일에는 순서가 있는 법이죠. 글쓰기의 순서를 따지자면 읽기가 먼저입니다. 책은 읽기 위해 읽는 게 아니라 쓰기 위해 읽는다, 쓰기는 읽기의 시작이자 완성이다. 라는 말이 있을 정도로 읽기와 쓰기는 밀접한 사이입니다. 한 몸과 마찬가지죠. 아는 만큼 쓸 수 있습니다. 많이 알려면 많이 읽어야 해요. 요리를 맛있게 잘하려면 다양한 식자재가 필요하듯 맛있는 글, 좋은 글을 쓰려면 다양한 책을 읽어야 합니다. 당송팔대가(唐宋八大家)(중국 당(唐)나라와 송(宋)나라의 뛰어난 문장가 여덟 명을 가리키는 말) 중 한 명이었던 구양수는 위문삼다(爲文三多)에서 글 잘 쓰는 비결로 다문다작다상량(多聞多作多商量)을 꼽았고 이것은 현대에 다독다작다상량(多讀多作多商量)으로 널리 알려졌습니다. 많이 읽고 많이 쓰고 많이 생각하고 토론하라는 의미예요. 예나 지금이나 글을 잘 쓰려면 많이 읽어야 하는 건 변함이 없습니다. 제아무리 뛰어난 사람이라도 머릿속에 가지고 있는 것만으로 글을 쓰는 건 한계가 있어요. 결국 밑천이 드러나기 마련이죠. 끊임없이 책을 읽어 머릿속을 채워야 합니다. 곳간 채우듯이 말이죠. 글쓰기가 아웃풋이라면 독서는 인풋입니다. 인풋이 있어야 아웃풋을 기대할 수 있어요.

최재천 교수는 책 읽기에 대해 강연할 때 코끼리가 똥 누는 사진을 띄우

며 이렇게 얘기한다고 합니다. 엄청나게 들어간 게 있으니 어마어마하게 나오는 거라고. 그러면서 많이 읽은 사람이 글을 잘 쓴다고. 유시민 작가는 많이 읽어야 잘 쓸 수 있다는 걸 글쓰기 철학으로 꼽습니다. 덧붙여 많이 읽어도 글을 잘 쓰지 못할 수는 있지만, 많이 읽지 않고도 잘 쓰는 건 불가능하다고 말하죠. 글을 잘 쓰려면 독서가 시작이자 필수입니다. 책을 통해 정보와 지식을 얻고 다양한 어휘를 습득해요. 사유와 사색도 하죠. 이를 토대로 나만의 언어, 나만의 문장으로 글을 씁니다. 다시, 쓰기의 시작은 뭐다? 네, 독서입니다.

2. 성공한 사람들의 공통점, 독서광

위인, 현인, 성공한 사람, 부자는 보통 책을 즐겨 읽습니다. 다독가, 독서광이 많죠. 모든 독서광이 부자가 되는 건 아니지만, 그들은 입 모아 말합니다. 책이 멘토라고. 그들이 하는 말을 들어보죠.

"남이 쓴 책을 읽는 것에 시간을 보내라. 남이 고생한 것을 가져와서 나 자신의 삶을 개선할 수 있다." – 소크라테스

책은 저자의 정수가 담겨있습니다. 수년 수십 년간 고생해서 갈아 넣은 저자의 피땀을, 독서로 쉽게 얻을 수 있죠. 무임승차나 다름이 없어요. 저자에게 고마움을 넘어 미안한 마음마저 듭니다.

"책은 위대한 천재가 인류에게 남겨주는 유산이며 그것은 아직 태어나지 않은 자손들에게 주는 선물로서 한 세대에서 다른 세대로 전달된다." – 에디슨

한 분야의 전문가 또는 오랫동안 그 분야를 파고든 저자가 온 힘을 기울여 책을 씁니다. 저자가 힘들게 만든 음식을 독자에게 떠먹여 주는 셈이죠. 이보다 더 감사한 일이 또 어디 있을까요. 책은 불타거나 손상되지 않는 이상 오래도록 보존되어 후세에게 전달됩니다. 지성의 세대 이동이죠. 제가

책을 쓰는 이유 중 하나이기도 합니다. 저의 기록을 후손에게 물려주고 싶어서 책을 씁니다. 후손에게 도움이 되길 바라는 마음으로 책을 씁니다.

"모든 양서를 읽는다는 것은 지난 몇 세기 동안에 걸친 가장 훌륭한 사람들과 대화하는 것과 같다." – 르네 데카르트

책이 아니면 내가 만나지 못했을 사람들과 책을 통해 대화를 나눌 수 있습니다. 대화를 통해 그들의 생각, 시대상을 알 수 있어요.

"사람들은 죽어도 책은 결코 죽지 않는다. 어떤 힘도 기억을 제거할 수는 없다. 책은 무기이다." – 루스벨트

펜이 칼보다 강하다는 말처럼 펜으로 쓴 책은 어떤 무기보다 강력합니다. 사람의 마음과 머리를 조종하고 움직일 수 있으니까요. 머릿속 기억으로 남아 한 사람의 일생뿐만 아니라 후손에게까지 영향을 미칩니다.

"책 읽는 습관은 인생의 모든 불행으로부터 스스로를 지킬 피난처를 만드는 것이다."– 윌리엄 서머싯 몸

책에서 습득한 지식과 정보는 나를 현명하고 지혜롭게 만듭니다. 의사 결정력과 문제 해결력이 좋아지고 이는 불행을 막아줘요.

"대화는 재치 있는 사람을 만들고 글쓰기는 정확한 사람을 만들며 독서는 완성된 사람을 만든다." – 프랜시스 베이컨

글쓰기는 내가 무엇을 알고 무엇을 모르는지 알게 해줍니다. 메타인지를 높여주죠. 한 강사의 인상 깊은 메타인지의 정의. "메타인지는 주파수다.

주제 파악 수준." 독서는 나의 부족함을 채워줌으로써 완성된 인간으로 거듭나게 합니다.

"사람은 책을 만들고 책은 사람을 만든다." – 신용호

사람은 글을 써서 책을 만들고, 책을 읽음으로써 사람다워집니다. 여백을 독서로 채우며 더욱 완성된 사람에 가까워지죠.

"자식에게 천금을 주는 것은 한 가지 재주를 가르치는 것만 못하고 자식에게 황금을 주는 것은 좋은 책 한 권을 읽게 하는 것만 못하다." – 반 고흐

황금보다 귀한 게 책입니다. 사실 정확히 값을 매길 수 없어요. 같은 책이라도 읽는 사람마다 얻는 것에 차이가 있기 때문이죠. 아무런 통찰을 얻지 못하는 사람에겐 책의 값어치가 고물 값과 같을 것이며, 여러 통찰을 얻은 사람은 황금보다 귀할 겁니다. 책 한 권에서 단 하나의 문장, 단 하나의 인사이트만 얻어도 그 책은 충분히 소임을 다했습니다.

"독서같이 값싸게 주어지는 영속적인 쾌락은 또 없다." – 몽테뉴

전적으로 동의합니다. 경제적 취약 계층에겐 책 한 권이 비쌀 수 있지만, 보통 사람에겐 부담되지 않는 저렴한 금액입니다. 소위 가성비 최고죠. 만 원대의 비용으로 책이 닳아 없어질 때까지 즐거움을 선물 받을 수 있는 게 바로 책입니다.

"책을 사느라고 돈을 들이는 것은 결코 손해가 아니다. 오히려 훗날 만 배의 이익을 얻을 것이다." – 왕안석

만 배도 적을 수 있습니다. 십만 배, 천만 배 이익을 얻을 수 있는 게 독서입니다.

"무엇보다 내가 독서를 가장 사랑하는 이유는, 책 읽기를 통해 더 높은 곳으로 향할 수 있는 능력을 얻을 수 있기 때문이다. 독서는 우리가 계속 위로 올라갈 수 있는 디딤돌이 되어준다." – 오프라 윈프리

책에 나온 실패담을 통해 반면교사로 삼고 성공담을 통해 정면교사로 삼습니다. 이는 합리적 선택과 현명한 결정을 하는 데 큰 도움이 됩니다.

"얼마나 많은 사람이 독서를 통해 인생의 새 장을 열어왔는가!" – 헨리 데이비드 소로

'인생 책'이라는 말이 있죠. 한 사람의 인생을 바꾼 책, 인생에 큰 전환점, 티핑 포인트를 마련해준 책을 뜻해요. 저도 인생 책을 만나 글쓰기를 시작해 작가가 됐습니다. 단 한 권의 책이 아니더라도 그동안 읽은 책이 점진적으로 영향을 끼쳐 삶의 방향이 바뀌기도 합니다. 책은 인생에 새로운 계기를 마련해주는 훌륭한 도구입니다.

"당신이 절대적으로 알아야 할 유일한 것은 당신의 도서관 위치입니다." – 아인슈타인

그는 어린 시절부터 독서를 매우 즐겼습니다. 유명한 일화로 어느 날 아인슈타인의 아버지가 아들에게 "도서관에서 빌린 책을 모두 돌려보내라."고 말씀하자 아인슈타인은 "그렇다면 도서관에서 새로운 책을 빌리러 가야겠지요!"라고 대답했다고 합니다. 도서관은 수많은 책을 만나 꿈과 상상을

펼칠 수 있는 훌륭한 곳입니다.

"독서는 인생을 바꾸는 힘이 있고, 새로운 아이디어와 관점을 제공한다", "나는 책을 통해 세상을 이해하고 있다.", "오늘의 나를 있게 한 것은 우리 마을 도서관이었다. 하버드 졸업장보다 소중한 것이 독서하는 습관이다." – 빌 게이츠

그 역시 독서광으로 유명합니다. 일 년에 약 50~60권 책을 읽는다고 하죠. 책은 넓은 세상을 들여다볼 수 있는 창문이자 렌즈입니다. 저자의 관점과 시각에 따라 다양한 모습으로 세상을 바라보고 이해할 수 있어요.

"내가 세계를 알게 된 것은 책에 의해서였다." – 장 폴 사르트르

책을 읽기 전과 읽은 후의 사람은 전혀 다릅니다. 전자가 하나의 세계에 갇혀 사는 사람이라면 후자는 계속해서 세계의 외연을 넓혀가는 사람입니다.

"독서는 복리의 힘을 발휘한다. 복리는 시간이 지날수록 엄청난 이익을 가져온다.", "매일 500쪽씩 읽어라. 이것이 바로 지식이 작동하는 방법이다. 그러면 지식이 복리 이자처럼 차곡차곡 쌓인다.", "성공하려면 독서량을 보통 사람의 5배로 올려라. 나는 여가의 80%를 독서로 보낸다.", "먼저 원대한 꿈과 목표를 세우세요. 이를 달성하기 위한 닥치는 대로 책을 읽으세요. 나는 10세 때 오마하 도서관에서 투자 관련 서적을 모두 읽었습니다. 어떤 책은 여러 번 읽었습니다. 19세 때 읽은 책을 지금도 읽고 있습니다. 19세 때 책에서 얻는 사고의 틀을 지금도 그대로 유지하고 있습니다.", "인생을 바꿀 가장 위대한 비책은 독서." – 워런 버핏

그는 하루 5~6시간 독서를 하며 매년 500여 권의 책을 읽는다고 해요. 복리의 힘을 강조하기로도 유명하죠. 전에 읽었던 책의 내용이 지금 읽는 책, 다음 읽을 책에 긍정적인 영향을 미칩니다. 내용이 서로 연결 융합되고 확장되죠. 독서에도 복리의 마법은 적용됩니다.

"독서하면 자기 학습 능력이 향상되고, 자유로운 사고가 가능해진다."
– 일론 머스크

그는 학교 도서관과 마을 도서관 책을 다 읽었다고 해요. 하루에 10시간 씩 책을 읽고 주말에는 하루에 두 권도 읽었답니다. 지금의 일론 머스크를 있게 한 것은 독서의 힘이 아니었을까요.

"우리는 경험할 수 없는 것을, 다른 사람이 써 놓은 책으로부터 배웁니다.",
"오늘의 나로 만든 것은 '시련'이었다. 나는 기도와 독서로 시련을 극복했다."
– 손정의

그는 한때 간염에 걸려 3년간 입원을 했는데 당시 3~4천 권의 책을 읽었 다고 합니다. 우리는 모든 걸 직접 경험하며 살 수는 없어요. 체험에 한계 가 있죠. 독서라는 간접 경험을 통해 그 빈 부분을 메꿀 수 있습니다.

"성공하려면 독서하라." – 제프 베조스

그는 열렬한 독서광으로 종종 자신의 성공을 수년 동안 접한 책들 덕분 이라 말합니다. 그의 책에 대한 사랑이 아마존 설립을 이끌었다고 해요. 아 마존의 성공 비결은 무엇인지 묻는 말에 "저는 매일 책을 읽습니다."라고 답했다고 하니 독서를 얼마나 중요하게 여기는지 잘 알 수 있습니다.

"좋은 책을 읽는 것은 멘토와 대화하는 것과 같다." – 마크 저커버그

그는 라틴어, 고대 그리스어, 히브리어 등 다양한 언어권의 책을 읽습니다. 2015년에는 페이스북에 '2주 1권 책 읽기' 목표를 세우고 'A Year of Books' 페이지를 열기도 했어요.

"독서가 정신에 미치는 영향은 운동이 육체에 미치는 영향과 다름없다." – 조지프 애디슨

운동이 육체에 미치는 영향이 절대적이듯 독서가 정신에 미치는 영향도 절대적입니다.

"사람은 음식물로 체력을 발육케 하고 독서로 정신력을 배양한다." – 쇼펜하우어

육체엔 음식과 운동이 필요하고 정신엔 명상과 독서가 필요합니다.

"약으로 병을 고치듯이 독서로 마음을 다스린다." – 율리우스 카이사르

마음이 혼란스러울 때 독서만 한 진정제가 없습니다. 마음이 차분해지고 고요해지죠. 한 조사에 의하면 6분의 독서만으로 스트레스가 68% 감소한다고 해요. 그다음 순위로는 음악 감상, 커피 마시기, 산책입니다. 마음이 어지러울 땐 책을 읽으세요.

"한 시간 정도 독서를 하면 어떠한 고통도 진정된다." – 몽테스키외

독서는 마음을 치유하는 효과 좋은 약입니다. 마음의 통증까지 줄여주는 진통제죠.

"한 인간의 존재를 결정짓는 것은 그가 읽은 책과 그가 쓴 글이다." – 도스토
옙스키

"우리는 우리가 읽은 것으로부터 만들어진다." – 마르틴 발저

작가 개브리얼 제빈의 『섬에 있는 서점』에는 이런 구절이 나와요. "어떤
사람에 관해 알아야 할 모든 것은 한 가지만 물어보면 알 수 있어. '가장 좋
아하는 책은 무엇입니까?'" 살면서 읽은 책은 그 사람의 성격, 품성, 가치
관, 태도를 결정하는 데 큰 역할을 합니다. 그가 읽은 책을 통해 어떤 사람
인지 자연스럽게 유추할 수 있죠.

"언제고 괴로운 환상을 위로하고자 한다면, 너의 책으로 달려가라. 책은 언
제나 변함없는 친절로 너를 대한다." – T. 풀러

책이 고마운 이유입니다. 내가 기쁠 때, 슬플 때, 외로울 때, 괴로울 때
언제나 나를 반겨주고 위로해 주죠. 사람에게 받는 위로와는 달라요.

"내가 인생을 안 것은 사람과 접촉했기 때문이 아니라 책과 접촉했기 때문이
다." – 아나톨 프랑스

책을 통해 인생을 배웁니다. 책에는 온갖 인생사와 희로애락이 담겨 있
어요. 다양한 인간 군상과 상황을 통해 현실에서 취할 적절한 반응, 대응,
태도, 자세를 알 수 있죠.

"하루라도 책을 읽지 않으면 입에 가시가 돋는다." – 안중근

매일 책을 읽어야 함을 강조하고 있어요. 한근태 작가는 책『다 이유가

있다』에서 안중근 의사의 말에 대해 이런 해석을 내놓습니다. "난 이 말을 '책을 읽지 않으면 가시 돋친 말을 많이 하게 된다.'로 재해석한다. (중략) 책을 읽지 않으면 늘 아집에 독선에 빠진다. 자신의 틀린 생각을 더욱 굳히면서 다르게 생각하는 사람을 미워하고 가시 박힌 말을 마구 던진다." 저는 다른 관점으로 해석했어요. 하루라도 책을 읽지 않으면 입에 가시가 돋칩니다. 책을 읽지 않을수록 입속은 가시덤불이 되어가죠. 무얼 먹지도 못하며 통증과 고통으로 시달려요. 장기간 지속되면 결국 아사합니다. 책을 오래도록 읽지 않으면 내면의 양식과 충만함도 고갈되어 결국 나란 존재는 영영 사라질지 몰라요. 이처럼 책을 읽지 않으면 내외부적으로 곤궁에 빠집니다. 꾸준히 책을 읽어야 하는 이유에요.

"독서는 사람이 음식을 먹는 것과 같다." – 헤르만 헤세

사람은 매일 하루 두세 번 생존을 위해 음식을 먹죠. 독서도 마찬가지입니다. 인간답게 살려면 매일 독서를 해야 해요. 게을리하면 인간다운 삶을 포기하는 겁니다.

"기록을 살펴보면 사람이 늙어가며 겪는 생활의 가치는 그 사람이 사는 동안에 얼마나 책을 읽었는가에 따라서 달라진다." – 매튜 아널드

책을 읽지 않는 사람은 늙어갈수록 티가 납니다. 말과 행동에서 티가 나고 경제력에서도 티가 나죠. 책을 읽지 않으면 뇌와 재산 모두 빈곤해져요.

"책은 청년에게는 음식이 되고 노인에게는 오락이 된다. 부자일 때는 지식이 되고, 고통스러울 때면 위안이 된다." – 키케로

책은 성별, 나이, 기분, 재산의 적고 많음에 상관없이 모두에게 유익합니다. 입장에 따라 유익한 면이 달라질 뿐이죠.

"마음속의 아름다움이란 그대의 지갑에서 황금을 끄집어내는 것보다, 그대의 서재에 책을 채우는 것이다." – 존 릴리

책을 사랑하는 사람치고 내면이 아름답지 않은 사람은 없어요. 책을 읽을수록 그 사람에겐 좋은 향기가 납니다.

"돈이 약간 생기면 나는 책을 산다. 그러고도 남는 것이 있으면 음식과 옷을 산다." – 에라스무스

저도 비슷합니다. 옷을 사 입은 지 오래됐어요. 옷 살 돈으로 책을 삽니다. 식비와 함께 유일하게 아깝지 않은 지출이에요.

"낡고 오래된 코트를 입을지언정, 새 책을 사는데 게을리하지 말라." – 오스틴 펠프스

비싼 옷으로 외모를 꾸밀 생각하지 말고 저렴한 금액으로 내면을 아름답게 가꿀 생각을 하세요.

"책이 없는 백만장자가 되느니보다 차라리 책과 더불어 살 수 있는 거지가 되는 것이 한결 낫다." – 로즈 애콜리

책이 없는 삶은 지옥과 다름없습니다. 삶의 큰 낙이 없어지는 것이니까요. 책 읽는 경험은 돈과도 바꿀 수 없이 귀합니다.

"자신의 책이 없다는 것은 가난의 심연과 같다. 거기서 벗어나라." – 존 러스킨

독서를 뛰어넘어 자신의 책을 가지세요. 책 쓰기는 자아실현 방법의 하나입니다. 저 역시 책 쓰기를 통해 자아실현을 경험했어요.

"사랑을 배워라. 특히 좋은 책을 사랑하는 것을 배워라. 세상의 모든 돈을 주고도 살 수 없는 보물이 좋은 책 안에 들어 있다. 배우고 노력하고 애쓰지 않는다면 그 보물을 찾을 길은 없다." – 로버트 잉거솔

책 속엔 정보, 지식, 경험, 통찰 등 온갖 보물로 가득합니다. 만 원대의 금액으로 이 많은 걸 얻을 수 있다는 건 복권 당첨과 견줄 만해요.

"책은 위험할 수 있다. 최고의 책들은 '이것이 당신의 인생을 바꿀 수 있습니다.'라고 표시되어야 한다." – 헬렌 엑슬리

책은 인생의 전환점을 마련해 주기도 합니다. 이른바 '인생 책'을 만나는 거죠. 저도 인생 책을 만나, 전과 다른 새로운 인생을 살고 있습니다.

한 조사에 의하면 성공한 CEO들은 연간 평균 60권의 책을 읽는다고 해요. 한 달에 5권, 한 주에 한 권 조금 넘네요. 1주일에 한 권은 아무리 바쁜 자영업자나 직장인이라도 충분히 읽을 수 있다고 생각합니다. 그들만 가능하고 우리는 못 할 일이 아니라는 거죠. 하지만 현실은 어떤가요? 시간이 없고 바쁘다는 등 각종 핑계와 변명으로 책을 멀리하며 삽니다. 이는 자신을 가난으로 몰아넣는 행위에요. 토마스 콜레이의 『부자의 습관』에 따르면 88%의 부자들이 매일 30분 이상 책을 읽지만, 가난한 사람은 오직 2%

만 책을 읽는다고 합니다. 30여 년간 약 1,200명의 부자를 인터뷰한 스티브 지볼드는 『부자들이 생각하는 법』에서 자수성가한 부자들은 책을 통해 스스로 배운다고 말해요. 중산층은 대학이나 세미나를 통해 교육을 받으려 하지만 세계적인 부자들은 집에서 책을 통해 배운다고 합니다.

성공하고 부를 이루고 존경받는 많은 사람이 이처럼 한결같이 독서를 강조하는데도 책을 읽지 않을 건가요? 88%의 부자들에 속하지 않고 가난한 사람의 98%가 될 건가요? 일주일에 한 권도 읽을 시간이 '정말로' 없나요? 곰곰이, 진지하게 생각해 보시길 바랍니다.

3. 그래서 글 쓰는데 책을 왜 읽어야 하는데? 뭐가 좋은데!

"만약 당신이 작가가 되고 싶다면, 반드시 두 가지를 해야 한다. 많이 읽고, 많이 써라." –『유혹하는 글쓰기』, 스티븐 킹, 김영사.

"책을 읽는다는 것은 나의 뇌에 무수히 많은 길을 내는 것과 같다. (중략) 그래서 나는 글을 쓰는 사람에게 가장 필요한 것은 독서라고 생각한다." –『책은 도끼다』, 박웅현, 북하우스.

"우리는 읽은 것을 통해 배우고, 배운 것을 통해 쓴다. 그러므로 좋은 글을 쓰고 싶다면, 먼저 좋은 글을 많이 읽어야 한다." –『작가 수업』, 도러시아 브랜디, 공존.

혹시 '그래 좋아, 책을 읽으면 인생에 도움이 된다는 건 알겠어. 그런데 글쓰기엔 어떻게 도움이 되는 건데?'라는 의문이 드나요? 이제부터 그 궁금증을 말끔히 풀어드리겠습니다.

독서는 어떻게 글쓰기에 도움을 주나?

책을 통해 아이디어, 영감, 쓸거리, 글감을 얻습니다. 세상에 대한 이해의 폭이 넓어져 글쓰기 소재가 다양해지죠. 어떤 단어나 문장에서 연상된 생각이 글의 좋은 재료가 되기도 해요. 독서를 통해 새로운 아이디어에 노출되고, 이는 창의적이고 독창적인 글을 쓰는 데 도움이 됩니다. 제임스 볼드윈 작가는 책에서 영감을 받아 나만의 아이디어로 발전시켜야 한다고 말합니다. 예컨대 문학 작품을 읽으며 문학적 영감을 얻어 자신만의 문학 작품을 창작할 수 있죠. 영감은 글쓰기의 출발점이 되며, 새로운 작품을 창조하는 데 중요한 역할을 합니다. 이처럼 읽기와 쓰기는 톱니바퀴처럼 맞물려 돌아가요. 쓰기 위해 읽고 읽다 보니 쓰고, 쓰다 보니 더 읽게 되고 더 읽다 보니 더 쓰게 되고. 아름다운 톱니바퀴, 선순환입니다. 매일 꾸준히 읽어야 하는 이유이기도 하죠. 강원국 작가는 "글쓰기는 공부로 장만한 재료로 집을 짓고 음식을 만드는 일이며, 공부로 짜낸 실로 옷을 짓는 일이다. 공부 없는 글쓰기는 불가능에 가깝다."라고 말합니다. 글쓰기에서 인풋의 중요성을 강조하고 있죠. 공부는 글쓰기에 필수며 가장 대표적인 공부법이 독서입니다. 글을 쓰려면 재료가 필요하고, 재료를 얻는 방법의 하나가 독서죠. "책은 세상을 보는 창이다."라고 말한 프랜시스 베이컨의 말처럼 읽는 만큼 세상을 보는 시각이 넓어집니다. 그리고 쓰는 만큼 세상에 대한 이해는 깊어집니다.

어휘가 풍부해집니다. 글을 쓸 때 어휘 선택이 중요해요. 어휘 하나 차이로 글의 맥락과 뉘앙스가 전혀 다르게 전달되죠. 얼마나 풍부한 어휘를 알고 있느냐는 곧 작가의 능력과 직결됩니다. 책을 많이 읽어야 하는 이유에요. 독서는 새로운 단어와 문장을 배우는 효과적인 방법입니다. 다양한 어휘를 사용해 글을 쓰면 글이 생동감 있고 풍성하며 다채로워요. 표현의 정확성도 높죠. "언어의 한계는 세계의 한계를 의미한다."라는 비트겐슈타인의 말처럼 다양한 언어를 사용한 글에는 다양한 세계가 담겨 있습니다. 반면 제한적인 언어를 사용한 글은 납작해요. 단순히 책을 눈으로만 읽어서는 어휘력이 늘지 않습니다. 새로운 단어를 발견할 때마다, 단어의 뜻과 사용법을 완벽히 이해하려고 노력해야 해요. 국어사전을 펼치고 예문도 확인하고 내 글에 즉시 사용해 완전히 내 것으로 체화하는 과정이 필요합니다. 유시민 작가는 『유시민의 글쓰기 특강』에서 다음과 같이 말합니다. "지식과 정보, 논리 구사력, 자료 독해 능력, 어휘와 문장, 논리적 글쓰기에 필요한 모든 것을 우리는 남한테서 받는다. 그 모든 것을 가장 효과적으로 받을 수 있는 경로는 책이다." 그러면서 박경리 선생의 소설을 예찬하죠. "어휘를 늘리는 동시에 단어와 문장의 자연스러운 어울림을 즐기고 익힐 수 있는 책으로는 박경리 선생의 소설 『토지』만 한 것이 없다고 생각한다. 나는 『토지』를 우리말 어휘와 문장의 보물 창고라고 생각한다." 여러 장르의 책 중 특히 소설이 어휘량 늘리기에 큰 도움이 됩니다. 상대적으로 다양한 어휘가 사용되기 때문이죠.

독해력이 좋아져요. 유시민 작가는 『유시민의 글쓰기 특강』에서 다음과 같이 말합니다. "글을 잘 쓰고 싶다면 독서광이 되어야 한다. 책을 읽지 않고 타고난 재주만으로 글을 잘 쓰는 사람은 없다." 많이 읽으면 많이 알게 되고, 많이 알면 더 많이 더 빨리 읽어 더 많이 알게 됩니다. 아는 게 많을수록 글쓰기가 수월해지죠. 읽기와 쓰기의 선순환이자 쓰려면 많이 읽어야 하는 이유입니다.

문해력도 늘어요. 독서는 문해력의 핵심 요소입니다. 문해력은 문자를 읽고 이해하는 능력뿐만 아니라, 글의 숨은 의미, 저자의 의도, 맥락 등을 파악하는 능력까지 포함해요. 책을 읽으면 다양한 어휘와 문장 구조를 접해 문해력이 높아지죠. 문해력이 향상되면 글쓰기 능력도 함께 발전합니다. 문해력이 높은 사람은 다른 사람의 글을 더 잘 이해하고 분석할 수 있으며, 이를 토대로 자기 글을 더욱 효과적으로 구성하고 표현할 수 있어요. 독서, 문해력, 글쓰기는 상호 보완적입니다.

이 외에도 독서는 상상력과 호기심을 자극합니다. 무수히 많은 사건과 인물, 배경을 통해 상상하고 자신을 대입해 보기도 하죠. 이는 뇌 발달에도 도움이 됩니다. 상상력과 호기심은 창의적 글쓰기를 촉진해요.

사고력을 높입니다. 책을 읽다 보면 내게 말을 걸어오는 문장을 만나요. 그 문장은 내게 질문을 던집니다. 나는 질문에 답하기 위해 사유와 사색을 하죠. 이 과정에서 사고력이 높아집니다. 높아진 사고력은 글쓰기에 도움이 돼요.

시야와 시각이 넓어집니다. 책을 읽지 않으면 자기만의 생각과 세계에 갇혀 편협한 글을 써요. 독서는 다양한 관점을 제공해 더욱 입체적인 글을 쓸 수 있습니다.

지식을 확장하는 효과적인 방법입니다. 글쓰기에서 풍부한 배경지식은 논리적 근거를 제공하고, 주제에 대한 깊이 있는 이해를 가능하게 합니다.

다양한 문화와 역사를 이해합니다. 이를 통해 자신의 글쓰기에 다양한 문화적 배경을 반영할 수 있죠. 예컨대 역사 소설을 통해 역사적 사건과 인물을 이해하고 글쓰기에 활용할 수 있어요.

다양한 문체를 습득해 자신의 글쓰기에 적용할 수 있습니다. 계속 읽고 쓰다 보면 결국 자신의 문체가 생기죠.

여러 작가의 글쓰기 기술을 보고 글쓰기 실력을 키웁니다.

생생한 묘사가 돋보이는 책을 읽으면서 시각, 청각, 후각, 촉각 등 감각적인 묘사 능력을 배웁니다.

다양한 표현법을 터득합니다. 사실 열거만 하는 글은 딱딱하고 재미가 없어요. 근사하고 참신한 비유가 곁들여지면 읽는 맛이 생기고 독자의 머릿속에 오래 남죠. 시 같은 문학 작품을 많이 읽으면 좋아요. 좋은 문장도 수집할 수 있죠. 울림을 준 문장, 색다른 문장, 물음표와 느낌표를 던지는 문장을 만나는 건 행운입니다. 남이 쓴 좋은 표현을 내 식으로 변주해 사용함으로써 글의 단조로움을 피할 수 있어요.

글의 신뢰도를 높입니다. 독서를 통해 알게 된 권위 있는 자의 말과 자료를 인용하면 내 글의 신뢰도와 설득력이 높아집니다.

감정 이입 능력과 공감 능력이 향상합니다. 이 둘은 글쓰기 필수 덕목이에요. 글은 독자와의 소통이고 소통은 공감과 이해를 바탕으로 이뤄지기 때문이죠.

독서를 통해 글쓰기에 관한 관심이 증가하고, 규칙적인 글쓰기 습관이 형성됩니다. 쓰려는 욕구가 증가하죠. 책을 읽다 보면 어느 순간 이런 생각이 들어요. '나도 이렇게 글을 쓰고 싶다.', '나도 이 정도는 쓸 수 있을 것 같다.' 독서는 글쓰기 욕구를 자극하고 촉진하며 책 쓰기 욕구로 발전합니다.

자기를 반성하고 성찰합니다. 책 속 이야기를 통해 자신을 돌아보죠. 그렇게 얻은 교훈을 바탕으로 성찰적인 글쓰기가 가능해집니다.

4. 다독 vs 소독, 누구 말이 맞을까?

영상 매체의 중독시대입니다. 유튜브, 숏츠, 넷플릭스(OTT) 등 영상 콘텐츠 시청에 많은 시간을 할애하죠. 시공간을 가리지 않습니다. 낮과 밤도 따로 없어요. 눈과 귀만 열어두면 되니 에너지가 거의 들지 않습니다. 뇌도 쓰지 않죠. 남는 건 거의 없고 시간은 어느새 저만치 흘러가 있어요. 한두 시간 보내는 건 예삿일입니다. 자제력, 절제력이 부족한 청소년은 더 취약해요. 그나마 '유익한' 영상을 보고 '글로 기록을 남기면' 소득이 있지만 그런 사람은 극소수입니다.

반면 독서는 상대적으로 많은 에너지가 투입됩니다. 활자를 읽으며 집중해야 하고, 해석하고 이해하고 질문하고 답을 찾는 과정에서 뇌를 활발히 쓰죠. 글의 길이가 길수록 난도가 높을수록 에너지는 더 많이 듭니다. 따라서 숏폼 영상에 길든 사람에게 독서는 큰 벽으로 느껴질 수밖에 없어요.

문해력은 갈수록 떨어지고 그럴수록 책과 더 멀어지는 악순환을 끊어야 합니다. 영상 시청을 줄이거나 끊고 책으로 넘어와야 해요.

그런데 책을 무조건 많이 읽는 게 좋을까요? 다독이 진리고, 항상 옳을까요? SNS와 블로그에서 나는 한 달에 책을 이만큼 읽었다, 1년에 100권 읽었다, 몇 년에 걸쳐 만 권에서 수 만권을 읽었다고 자랑하는 글을 심심치 않게 봅니다. 심지어 그런 내용을 담은 책도 서점에서 팔리고 있죠. 책 빠르게 읽는 법, 단기간에 많이 읽는 법에 관한 책도 쉽게 볼 수 있어요. 결론부터 말하면 다독이 정답은 아닙니다. 책은 많이 읽는 것보다 어떻게 읽느냐가 중요해요.

독서의 필요성과 유익함에 대해서는 앞서 자세히 다뤘으니, 여기선 가볍게 짚고 넘어갈게요. 『역행자』에서 자청 작가는 이렇게 말합니다. "수백 권의 책을 읽으면서 '책 읽기와 글쓰기가 성공으로 가는 최고의 지름길'이란 결론을 내렸다. 최악의 조건에서 최고의 인생을 만든 사람들의 공통적인 행위이기도 했다." 다독은 생각의 지평을 넓힙니다. 사고의 깊이는 깊어지죠. 한마디로 뇌가 좋아져요.

하지만 단순히 책만 많이 읽는 행위로 큰 변화를 기대해선 안 됩니다. '제대로' 읽지 않고 맹목적으로 읽기를 위한 읽기, 다독을 위한 다독을 한다면 오히려 손해일 수 있어요. 아인슈타인은 "일정 연령이 지나면 독서는 창의적인 추구로부터 마음을 너무 멀어지게 만든다. 너무 많이 읽고 자신의 뇌를 적게 쓰는 사람은 누구나 게으른 사고 습관에 빠진다."라고 말하며 다독의 맹점을 경고합니다. 단순히 마지막 페이지를 읽기 위한 독서는 큰 의미가 없어요. 시간 낭비죠. 뇌를 써야 해요. 머리를 굴리고 궁리하고 사고를 해야 합니다. 내 생각과 의견을 만들어 내야 해요. 그렇지 않고 그냥 읽기만 반복하면 뇌는 굳습니다. 저자의 생각을 그대로 받아들여 내 생각, 철학, 가치관, 인생관, 세계관은 없어지죠. 나의 정체성도 사라집니다. 창의성은 고갈되고 남의 생각과 의견을 내 것인양 그대로 따라 말하는 앵무새가 돼요.

그렇다면 다독보단 소독이 더 낫다는 의미일까요? 사람마다 의견이 달라요. 저는 이렇게 권유합니다. "다독의 시간을 충분히 보낸 후 소독하세요." 이정훈 작가의 말을 한번 들어볼까요. "잡학적인 정보를 생각 없이 욱여넣는 것은 삶의 생산성과 거리가 멀다.… 책은 효율이다. 혁신이 독서의 목표라면 닥치는 대로 읽는 행동을 멈춰라. 비즈니스는 시간을 가진 자가 이기는 게임이다. 무엇을 읽을 것인지 이유가 분명한 책을 선정하는 것부터가 필승 전략이다. 책 무덤 앞에서 지금 반드시 읽어야 할 한 권의 책을 주저 없이 뽑아낼 수 있다면 그 책은 당신 인생을 구원할 것이다." 참고로 박웅현, 김종원 작가도 소독을 강조하는 걸로 알려졌습니다. 소독을 강조하는 분들의 공통점은 한때 본인 역시 다독가였다는 점입니다. "나도 수많은 책을 읽어 봤는데 결국 소독이 맞더라, 낫더라."가 공통분모죠.

이 지점이 중요해요. 독서와 글쓰기 인생에서 초반 일정 기간 다독이 꼭 필요합니다. 초반에 많은 양의 인풋이 필요해요. 다양한 지식과 정보를 얻고 글쓰기에 도움 되는 기술을 배울 수 있습니다. 이것이 충분히 누적되고 축적되어야 기본적인 글쓰기 역량을 갖춥니다. 기본기를 다지는 데 필수인 시기죠. 절대적인 기간은 없어요. 개인차가 있으니 이 정도면 책 읽는 양을 서서히 줄여도 되겠다, 하는 시점은 본인이 판단합니다.

평생 인풋 독서로만 끝나면 안 돼요. 반드시 아웃풋 독서를 병행해야 합니다. 궁극적으로 인풋 독서보다 아웃풋 독서의 비중이 더 높아야 하고요. 아웃풋은 쓰기(글쓰기, 책 쓰기)와 실천(행동)입니다. 다독 기간을 충분히 보냈다면 소독으로 전환하세요. 서서히 독서량을 줄이고 생각하는 시간, 글 쓰는 시간을 늘리세요. 안상헌 작가의 『생산적 책읽기 50』에 따르면 창의적 책 읽기엔 3단계가 있습니다. 1단계, 많이 읽고 많이 기억하려는 단계. 2단계, 적게 읽고 많이 생각하는 단계. 3단계, 적게 읽고 많이 쓰는 단계입니다. 이상은 바람직한 독서 방법입니다. 우선은 많이 읽으세요. 얻은 지식과 정보를 기억하고 저장하세요. 그래야 나중에 잘 써먹을 수 있습니다. 점차 독서 시간을 줄이고 생각하는 시간과 글 쓰는 시간을 늘리세요. 결국엔 생각하고 글 쓰는 시간이 더 많아야 합니다. 재차 강조하지만 읽기 위해 읽는 게 아니라 생각하고 쓰고 실천하려고 읽습니다.

독서와 글쓰기 입문자가 처음부터 소독한다면 득보다 실이 많아요. 다독 기간에 얻을 수 있는 이점을 충분히 얻지 못하기 때문이죠. 반드시 다독 후 소독으로 넘어가세요. 하지만 맹목적인 다독은 지양하세요. 차라리 1년에 한 권의 책을 읽고 자기 생각을 글로 남기는 게 낫습니다. "책은 마지막 장을 보기 위해 읽는 것이 아니다. 책은 멈추기 위해 읽는다. 읽다가 내가 생각하고 질문할 내용이나, 실천할 내용이 보이면 읽는 것을 멈춘다. 생각하고 질문하고 또는 실천하고, 그리고 다시 책을 읽는다. 멈추지 않고 계속 책을 읽는 것은 읽는 것이 아니다." 김종원 작가의 말입니다. 책 한 권을 읽더라도 그냥 읽지 말고 '제대로' 읽으세요. 사유 사색하며 읽으세요. 나를 떨리게 하는 문장, 울림을 주는 문장, 말을 거는 문장을 만나기 위해 읽으세요.

중간마다 멈추며 계속 질문하고 답을 찾으세요. 읽고 난 후 반드시 아웃풋을 만드세요. 읽기의 시작과 완성은 쓰기이며 쓰기의 완성은 책 쓰기입니다.

5. 책, 제대로 읽자

책을 읽는 방법은 정독, 속독, 통독, 낭독, 계독, 남독 등 다양합니다. 하나씩 살펴보죠.

속독

빨리 읽는 방법이에요. 책의 전체적인 내용을 빠르게 훑어봅니다. 제목, 소제목, 목차, 서론, 결론, 강조된 단어 등을 통해 책의 전체적인 흐름을 파악해요. 새로운 주제를 접할 때 유용합니다. 책의 내용을 대략 파악하거나 전체적인 흐름을 빨리 익히고 싶을 때 활용하면 좋아요. 빨리 많은 양의 정보를 습득하는 데 효과적입니다. 시간을 절약하고, 정보 습득 능력을 향상할 수 있어요. 단점은 내용을 깊이 있게 이해하기 어렵고, 중요한 정보 놓칠 수 있습니다. 시간이 부족하거나 많은 양의 자료를 빠르게 검토해야 할 때 활용하세요. 예컨대 시험공부나 연구 자료 검토 시 적합합니다. 신문 기사, 잡지, 인터넷 자료 등 많은 양의 정보를 빠르게 파악해야 할 때도 유용해요.

정독

　천천히 꼼꼼히 읽는 방법이에요. 단순히 글자 읽는 걸 넘어, 글의 숨은 의미, 저자의 의도, 맥락을 파악하며 비판적으로 사고합니다. 깊이 있는 이해를 통해 지식을 내면화하고, 통찰력과 사고력을 키우는 게 목표죠. 꾸준히 실천하면 글에 대한 이해력과 비판력이 향상됩니다. 저자의 주장, 근거, 논리 전개 방식을 비판적으로 분석하면서 비판적 사고력을 키울 수 있어요. 책 읽기 전에 저자, 배경지식, 관련 정보를 조사하면 이해도를 높일 수 있습니다. 중요한 개념을 각 단락에서 알아내고, 강조 내용과 관련된 부연 설명을 주의 깊게 읽습니다. 중요한 내용, 궁금한 내용, 자기 생각 등을 밑줄 긋거나 메모도 하죠. 모르는 단어나 개념은 사전을 찾아 정확하게 이해합니다. 필요한 경우 천천히 여러 번 반복해서 읽고 글의 내용을 요약하고 정리하고, 글의 내용을 다른 사람에게 설명하는 게 도움이 됩니다. 주로 깊은 학습과 이해를 위해 사용되며, 세부적인 내용을 파악하고자 할 때 효과적입니다. 시험 준비나 논문 작성, 깊은 이해가 필요한 내용을 공부할 때 적합해요. 유사한 독서법으로 숙독(熟讀)과 열독(熱讀)이 있습니다. 단점은 시간이 오래 걸리고, 집중력이 필요해요. 모든 책을 정독하기에는 시간적, 체력적 한계가 있습니다. 학술 서적, 전문 서적, 고전 문학 등 내용이 어렵거나 중요한 책을 읽을 때 추천해요. 자기 계발이나 전문 지식 습득을 목표로 할 때도 사용하면 좋습니다.

통독

책의 처음부터 끝까지 전체적인 흐름을 파악하며 읽는 방법입니다. 나무보다 숲을 보는 거죠. 책의 전체적인 구조와 내용을 파악하는 데 중점을 둡니다. 세부적인 내용보다는 책의 전반적인 이해, 큰 줄기와 핵심 메시지를 파악하는 것이 목표죠. 장점은 빨리 책의 전체적인 내용을 파악할 수 있어 시간을 절약할 수 있어요. 책의 구성, 주제, 전개 방식 등 전체적인 흐름을 파악하면서 책에 대한 이해도를 높일 수 있죠. 책의 전체적인 내용을 파악한 후, 필요한 부분을 선별하여 정독할 수 있습니다. 책의 주요 내용을 스캔하고 관심 있는 부분을 찾아내는 게 가능해요. 이를 통해 전체 내용을 파악한 후에 자세한 읽기에 집중할 수 있습니다. 책의 주요 사건, 인물, 주제 등을 종합적으로 파악할 수 있죠. 책의 각 부분이 어떻게 연결되어 있는지 알 수 있어요. 이럴 때 활용하세요. 논문이나 보고서의 개요를 파악할 때, 책의 내용을 빠르게 살펴보고 필요한 부분을 찾을 때. 시간이 부족하거나 많은 양의 책을 읽어야 할 때, 서점에서 책을 고를 때, 통독을 통해 책 내용과 스타일을 파악하고 자신에게 맞는 책인지 판단할 수 있습니다. 새로운 주제나 내용을 빠르게 파악하고자 할 때 특히 유용해요. 방법은 목차를 통해 책의 구성과 주제를 파악합니다. 서문과 결론을 통해 저자의 의도와 책의 핵심 메시지를 파악해요. 각 장의 첫 문단과 마지막 문단을 통해 각 장의 주요 내용을 파악합니다. 시선 이동, 훑어보기, 키워드 파악 등 속독 기술을 활용해 빠르게 읽습니다. 단점은 빠르게 읽기 때문에 세부적인 내용이나 중요한 정보를 놓칠 수 있어요. 내용을 꼼꼼하게 분석하지 않기 때문에 깊이 있는 이해가 어려울 수 있습니다. 세부적인 내용에 대한 깊은 이해를 원하면 다른 독서법을 추가로 활용하세요.

낭독

책을 소리 내 읽는 방법입니다. 집중력을 높이고 내용을 더 잘 기억할 수 있어요. 발음 연습에도 도움이 되죠. 최재천 교수가 낭독하는 분으로 유명합니다. 한 영상에서 이렇게 말했어요. "제가 책 읽는 속도가 장난 아니게 느리거든요. 전 한 번도 독서법을 배우지 못했어요. 눈으로 뭐 이렇게 읽는 방법이 많더라고요. 그걸 배우지 못했어요. 그래서 저는 소리 내서 읽어요. 지금도요. 대화가 많은 책은 아주 큰일이에요. 제가 그 모든 대화를 다 하거든요." 낭독의 단점은 시간이 오래 걸리고, 주변 환경의 영향을 받습니다.

계독(系讀)

다독의 한 종류로 한 분야나 주제에 관련된 책을 여러 권 읽는 방법입니다. 특정 분야에 대한 깊이 있는 지식과 통찰력을 얻는 방법으로 사용하죠. 한 분야에 집중적으로 독서함으로써 해당 분야에 대한 전문 지식을 쌓을 수 있어요. 여러 저자의 다양한 관점과 해석을 접하면서 사고의 폭을 넓힐 수 있고요. 여러 책을 비교하며 읽으면서 비판적 사고력과 분석력을 기를 수 있습니다. 방법은 관심 있는 분야나 깊이 알고 싶은 주제를 선택합니다. 해당 주제와 관련된 책을 여러 권 선정하여 독서 목록을 만듭니다. 입문서부터 전문 서적까지 난도를 고려하여 읽는 순서를 정합니다. 독서 후 내용 요약, 감상, 질문을 기록하여 정리합니다. 책에서 언급된 내용이나 참고 문헌을 찾아보며 지식을 확장합니다. 자기 계발과 특정 주제나 분야에 대한 전문 지식을 획득하고자 할 때 유용해요. 주의할 점은 너무 어려운 책을 선택하거나 지나치게 많은 책을 읽으려 하면 쉽게 지칠 수 있습니다. 저자마다 관점과 주장이 다를 수 있으므로 열린 마음으로 읽는 게 중요해요. 계독은 특히 책 쓰기에 필요합니다. 저도 이 책을 집필하기 전 계독을 했습니다. 독서, 글쓰기, 책 쓰기와 관련된 책을 수십 권 봤어요. 같거나 비슷한 주제의 책을 여러 권 보면 공통으로 말하는 내용이 보입니다. 반대로 이 책에는 있는데 저 책에는 없는 내용도 보이죠. 이점을 참고해 나만의 스타일로 글과 책을 씁니다.

남독(濫讀)

다독의 한 종류로 특정 주제나 목적에 얽매이지 않고, 호기심과 흥미에 따라 자유롭게 책을 선택해 읽는 방법입니다. 흥미 위주의 독서를 통해 독서에 대한 거부감을 줄이고, 자연스럽게 독서 습관을 형성할 수 있어요. 다양한 분야의 책을 접하면서 견문을 넓힙니다. 풍부한 지식을 습득하고 통찰력을 키우며, 새로운 아이디어나 관점을 발견합니다. 창의적이고 유연한 사고에도 도움이 되죠. 다양한 분야의 지식과 교양을 쌓고 싶을 때 유용해요. 스트레스 해소, 여가 활동, 재미 추구를 위한 취미 독서로 활용할 수 있습니다. 단점은 특정 분야에 대한 체계적인 학습이 어려워요. 깊이 있는 지식을 얻기 힘들죠. 취향에 따라 책을 선택하다 보면 편향된 정보만 얻을 수 있습니다. 이를 방지하려면 취향에 맞는 책만 읽지 말고 소설, 시, 에세이, 논픽션, 과학, 역사, 철학 등 다양한 장르의 책을 골고루 읽으세요. 남독은 독서의 즐거움을 느끼고, 다양한 지식과 정보를 습득하며, 사고의 폭을 넓히는 데 효과적입니다.

발췌독

관심 있는 내용이나 핵심, 중요한 부분을 발췌해 읽는 방법입니다. 모든 책을 처음부터 끝까지 정독하면 좋겠지만 우린 늘 시간이 부족해요. 발췌독은 필요한 정보만 빠르게 얻을 수 있어 시간을 효율적으로 사용합니다. 시간 소요가 적어 여러 책을 읽음으로써 다양한 관점과 지식을 얻을 수 있어요. 방법은 필요한 정보나 지식이 담긴 책을 선정하고 목차를 훑어보며 읽을 부분을 찾아 읽습니다. 서문과 결론에는 저자의 주장이나 핵심 내용이 요약된 경우가 많아 주요 읽기 대상이죠. 전자책은 키워드 검색 기능을 활용해 필요한 정보를 빠르게 찾을 수 있어요. 바쁜 현대인에게 좋은 독서법이지만, 전체 맥락을 파악하지 못하고 일부 내용만 읽어 저자의 의도를 잘못 이해하거나 내용을 왜곡해 받아들일 가능성이 있으므로 주의가 필요합니다. 계독과 마찬가지도 발췌독은 책 쓰기에 유용해요. 한 권의 책을 쓰려면 자료 조사가 필수이며 그중 독서도 포함됩니다. 보통 적게는 30여 권 많게는 100여 권의 책을 읽죠. 이 많은 책을 정독하는 건 무리입니다. 목차를 토대로 필요한 부분만 발췌해 읽는 게 일반적이에요. 주로 내 주장을 뒷받침할 자료와 인용할 문구를 얻습니다. 목적과 상황에 맞게 활용하세요.

재독

　한 권의 책을 여러 번 읽는 방법입니다. 『독서의 신』의 저자 마쓰오카 세이고는 "책은 두 번 읽지 않으면 독서가 아니다."라고 말하며 재독의 중요성을 강조해요. 같은 책을 반복해서 읽으면 더 깊은 이해와 통찰력을 얻습니다. 처음 읽을 때 놓친 부분이나 이해하지 못한 내용을 다시 읽으면서 더 깊이 이해할 수 있어요. 시간이 지나고 경험이 쌓이면서 같은 책을 읽어도 다르게 해석하고 새로운 관점을 발견할 수 있죠. 반복해서 읽으면 내용이 자연스럽게 뇌리에 남고 삶에 적용하기 쉬워집니다. 방법은 첫 번째 읽고 난 후, 시간 간격을 두고 다시 읽습니다. 읽을 때마다 집중하는 부분(전체적인 내용, 세부 내용이나 특정 주제, 표현 방식 등)을 달리하면 책을 더 다양한 측면에서 이해할 수 있어요. 유시민 작가는 『유시민의 글쓰기 특강』에서 재독에 대해 이렇게 말합니다. "어떤 책과 친구가 되려면 한 번 읽고 말 것이 아니라 여러 번 읽어야 한다. 시간이 들지만 손으로 베껴 쓰는 것도 괜찮은 방법이다." 세종대왕의 재독은 소위 끝판왕이라 불릴만하죠. '백 번 읽고 백 번 익힌다'는 뜻의 백독백습(百讀百習)은 세종대왕의 독서법을 상징하는 말입니다. 그는 같은 책을 여러 번 읽으면서 내용을 깊이 이해하며 암기했어요. 중요한 내용은 직접 손으로 쓰면서 내용을 익히고 자기 생각을 정리했습니다. 뒤에 나올 독서법인 필사도 실천하신 겁니다. 그의 뛰어난 업적 뒤에는 이러한 노력이 있었습니다. 비슷한 의미로 '독서백편의자현'이 있습니다. 책이나 글을 백 번 읽으면 그 뜻이 저절로 이해된다는 의미죠. 한 권의 책을 여러 번 읽는 재독은 시간과 노력이 필요하지만, 그만큼 얻는 게 많습니다.

필사

책의 내용을 직접 손으로 베껴 쓰면서 읽는 방법입니다. 옛 선비들이 즐겨 사용했던 독서법으로, 지금도 많은 사람이 필사하며 책을 읽어요. 한 글자 한 글자 정성스럽게 쓰다 보면 자연스럽게 집중력이 늡니다. 눈으로 읽을 때보다 더 꼼꼼하게 내용을 살펴보게 되므로 내용을 더 깊이 이해할 수 있죠. 쓰면서 읽으면 내용이 머릿속에 오래 남아요. 다양한 어휘와 문장 표현을 직접 쓰면서 어휘력과 문장력이 풍부해집니다. 마음을 차분하게 하고 스트레스를 없애는 데도 도움이 돼요. 방법은 자신의 관심 분야나 좋아하는 작가의 책, 또는 좋은 문장이 많은 책을 선택합니다. 연필, 펜, 만년필 등 편하게 쓸 수 있는 필기구를 고르세요. 손 필사 대신 키보드 타이핑으로 대신할 수도 있습니다. 전 시간 때문에 주로 후자를 선호합니다. 처음에는 짧은 분량부터 시작해서 점차 늘려가는 게 좋아요. 일회성이 아닌 꾸준히 필사해야 효과를 제대로 볼 수 있습니다. 좋아하는 작가의 문체를 배우거나, 명문장을 익히고 싶을 때 활용하세요. 단점은 시간이 오래 걸리고, 체력 소모가 큽니다.

손 필사와 타이핑을 비교해 볼까요? 여러 연구에서 손 필사가 타이핑보다 기억력 향상에 더 효과적이라는 것이 밝혀졌습니다. 2014년 프린스턴 대학교와 UCLA 연구팀의 연구에 따르면, 강의 내용을 노트북으로 타이핑한 학생들보다 손으로 필기한 학생들이 내용을 더 잘 이해하고 오래 기억하는 것으로 나타났죠. 중요한 내용을 학습하거나 오래 기억하고 싶다면 손 필사를 하는 게 좋습니다. 하지만 상황과 목적에 따라 타이핑을 활용하는 것도 추천해요. 사람마다 학습 스타일과 선호도가 다르므로, 자신에게 맞는 방법을 선택하는 게 중요합니다. 앞서 언급했지만 전 시간 선호도 측면에서 타이핑을 활용하고 있습니다.

조선 후기 실학자 정약용의 초서(법)는 발췌독과 필사의 혼합형입니다. 방대한 저술 활동을 통해 실학사상을 집대성할 수 있었던 것, 18년간의 긴 유배 생활 동안 엄청난 양의 독서와 저술을 할 수 있었던 것 모두 초서 덕분입니다. 초서는 글을 베껴 쓰는 걸 뜻해요. 단순히 책을 그대로 베끼는 게 아니라, 중요한 내용을 선별해 간략하게 옮겨 적습니다. 정보를 요약하고 정리하는 가공 과정을 거치죠. 빠른 속도의 글쓰기, 핵심 내용만 선별 발췌해 옮겨 적기, 자기 생각과 의견, 비판을 함께 기록하기가 특징입니다. 정약용은 초서한 내용을 주제별, 분야별로 분류하고 재구성해 자신의 학문 체계를 세우는 데 활용했습니다. 이는 정보 과잉 시대를 살아가는 현대인에게 시사하는 바가 큽니다. 넘쳐나는 정보 속에서 중요한 정보를 선별하고, 자기 생각을 추가해 새로운 지식을 창출하는 능력이 중요해지고 있기 때문이죠. 초서는 이러한 능력을 키우는 데 도움이 됩니다. 처음 시작할 땐 몰랐지만 지금 생각해 보면 저도 예전부터 초서를 실천하고 있었어요. 블로그를 시작하면서 '내게로 온 책_내가 그은 밑줄'이란 카테고리를 만들고 꾸준히 글을 올려왔죠. 책을 읽으며 와 닿고 울림을 준 문장, 말을 걸어온 문장을 적고 제 생각을 보탰습니다. 이 과정에서 내용이 오래 기억에 남고 생각이 깊어지며 책에 대한 이해도가 높아졌어요. 문장력, 필력도 좋아졌죠. 신은영 작가의 『이젠 블로그로 책 쓰기다!』에는 이런 내용이 나옵니다. "'베껴 쓰기가 바로 필사고 필사는 손을 움직이는 운동이자 마음에 문장을 새기는 공부라 할 수 있다. 그런 측면에서 필사는 적극적인 독서이면서 동시에 글쓰기인 셈이다." 필사는 품이 가장 많이 드는 능동적인 독서법입니다. 그만큼 얻는 게 많죠. 시간적 여유만 된다면 꾸준히 필사하세요.

청각 독서(오디오북)

책을 눈으로 읽는 대신 귀로 듣는 방법입니다. 스마트폰 앱이나 전용 장치를 사용해 손쉽게 언제 어디서나 들을 수 있어요. 시간과 장소에 구애받지 않아 인기가 좋습니다. 출퇴근 시간, 산책, 운동, 집안일 할 때, 대중교통 이용 시 활용하면 허비되는 시간을 줄일 수 있죠. 자투리 시간을 효율적으로 쓸 수 있습니다. 눈이 피로하거나 시력이 좋지 않은 사람도 부담 없이 독서할 수 있어요. 단점은 시각적인 자극이 없어 집중력이 떨어질 수 있습니다. 밑줄을 그을 수 없어 특정 부분을 다시 찾아보는 등 정보 검색이 어렵습니다. 정독이 필요한 책은 종이책이나 전자책으로 읽고, 오디오북은 가볍게 읽을 수 있는 책에 활용하세요. 오디오북 플랫폼으로는 윌라 오디오북, 밀리의 서재, 네이버 오디오클립, 스토리텔, 오디블(Audible)이 있습니다. 저는 밀리의 서재 이용 중입니다.

시간제한 독서

일정 시간 동안 최대한 집중해서 읽는 방법입니다. 휴대폰과 같이 집중력을 분산시키는 요소를 제거하고, 조용하고 집중할 수 있는 환경에서 독서합니다. 집중력, 몰입도, 책의 이해도가 높은 게 장점이죠. 요즘 '15분 글쓰기'처럼 '15분 독서'가 유행이라는 말을 들었어요. 15분을 정해 놓고 밀도 있게 독서하는 거죠.

　"어떤 책은 맛보고, 어떤 책은 삼키고, 소수의 어떤 책은 잘 씹어서 소화해야 한다."라는 베이컨의 말처럼 독서법은 책에 따라 유연하게 활용하세요. 때로는 여러 방법을 혼합해 사용하세요. 예컨대 새로운 분야의 책을 읽을 때 처음엔 통독으로 전체적인 구조를 파악한 후, 중요한 부분은 정독으로 깊이 있는 이해를 하고, 속독과 정독을 번갈아 가며 독서의 효율을 높입니다. 독서법에 정답은 없어요. 자신에게 맞는 독서법을 찾아 꾸준히 읽는 게 중요합니다. 다양한 독서법을 시도해 보세요.

6. 독서, 이렇게 하라!

　최승필 독서교육 전문가는 책을 100% 흡수하는 독서법으로 3가지를 강조합니다. 정독하기, 나라면 어땠을까 생각하기, 작가의 의도 읽기. 독서를 책 읽는 시늉으로만 그친다면 시간과 에너지 낭비입니다. 이왕 읽으려면 제대로 읽어야죠. 책을 효율적이고 생산적으로 읽는 법에 대해 알려드릴게요.

하나, 목적 있는 독서를 하세요

"목적이 없는 독서는 산책이지 학습이 아니다." - B.리튼

　모든 독서의 목적이 같지 않습니다. 어떤 책은 재미와 휴식을 위해 읽고, 어떤 책은 지식 습득이나 문제 해결, 자기 계발을 위해 읽습니다. 독서의 목적을 분명히 하면 어떤 책을 선택할지, 어떤 방식으로 읽을지 결정하는 데 도움이 돼요. 예컨대 '마케팅 전략에 대한 지식 습득', '글쓰기 방법 배우기' 등 구체적인 목표를 세우는 게 좋습니다. 목표를 세웠다면 그에 맞는 책을 선택하세요. 서평, 추천 도서 목록, 전문가의 조언을 참고해도 좋습니다. 단순히 읽는 데 그치지 않고, 밑줄 긋기, 생각과 의견 메모하기, 질문하기 등 능동적으로 읽으세요. 독서 후에는 내용을 정리하세요. 책의 내용을

간략하게 요약하고 내 생각을 추가해 보세요. 주제, 저자가 말하고자 하는 메시지를 한 줄로 요약해 보세요. 총괄적인 서평도 좋습니다. 한 권의 책에서 단 하나라도 실생활에 적용해 볼 수 있는 걸 찾고 행동으로 옮기세요. 전쟁에 전술이 필요하듯 독서에도 전략이 필요합니다. 뚜렷한 전략을 가지고 필요와 목적에 의한 전략적 독서를 하세요.

둘, 쓰기 위한 독서를 하세요

"읽기는 쓰기의 기초이며 쓰기는 읽기의 연장이다. 읽기와 쓰기는 본래 하나이며, 서로 보완하는 개념이다. 양쪽 모두 균형 있게 공부해야 좋은 성과를 거둘 수 있다." – 마크 트웨인

독서의 시작이자 완성은 쓰기이고 쓰기의 완성은 책 쓰기입니다. 읽기는 쓰기를 촉진하고 쓰기는 읽기를 필요로 하죠. 둘은 절친입니다. 독서의 최종 목표를 책 쓰기로 잡으세요. 책을 쓸 때 처음엔 어디서부터 시작해야 할지 막막합니다. 이때 '책을 쓰기 위한 독서'가 큰 도움이 돼요. 자신의 책 주제와 관련된 배경지식을 쌓고 시장 트렌드를 파악하고 창작의 영감을 얻을 수 있기 때문이죠. 책 읽기 전 쓰고자 하는 책의 주제와 내용을 명확히 하세요. 그것과 관련 있고 도움 될 만한 책을 고르세요. 보통 한 권의 책을 집필할 때 적게는 수십 권 많게는 100권 이상 책을 읽습니다. 각각의 책을 비교하며 읽으면서 장단점을 파악하세요. 계독을 하세요. 저자의 주장이나 관점을 비판적으로 분석하고, 자기 생각과 비교하며 읽으세요. 이를 통해 새로운 시각과 관점을 얻습니다. 글의 구성, 문체, 어휘, 표현 방식 등을 분석하고 좋은 문장이나 표현은 메모하세요. 시간은 한정돼 있고 읽을 책은

많으니 책 전체를 정독하지 않고, 필요한 부분만 선택적으로 읽으세요. 중요한 내용은 발췌하고, 이를 자신의 책 쓰기에 어떻게 활용할지 생각하며 정리하세요.

강원국 작가는 이런 말을 했습니다. "나의 독서 목적은 딱 하나로 분명하다. 글을 쓰기 위해서, 글감을 찾기 위해서 책을 읽는다. 재미를 위해서 읽지 않는다. 그래서 시나 소설은 거의 읽지 않는다. 거기서 글감을 찾기란 쉽지 않기 때문에. 편협하고 편식이다. 절대 자랑도 아니고 부끄러운 일이긴 한데 나는 그렇다." 책을 쓰기 위한 독서는 우리를 독자에서 저자로, 소비자에서 생산자로 탈바꿈해 줍니다.

셋, 실천하는 독서를 하세요

"거듭 말하지만, 반드시 많은 지식을 쌓거나 많은 책을 읽는다고 해서 당신의 꿈이 이루어지는 것은 아니다. 변화는 이 책의 내용을 이해하고 실생활에 적용함으로써만 이루어진다."– 밥 프록터

아무리 많은 책을 읽어 지식과 정보를 머리에 넣어도 실천하지 않으면 무용지물입니다. 실천해야 내가 변하고 삶이 변해요. 책에서 얻은 지식과 교훈을 실천하고 적용할 때 비로소 독서의 진정한 가치가 드러나죠. 독서를 통해 달성하고자 하는 목표를 구체적으로 설정하세요. 구체적인 계획도 함께 세우세요. 작은 것부터 시작해 점차 실천 범위를 넓혀가는 게 좋습니다. 한 번 실천하고 그치는 게 아니라, 지속해서 실천해야 습관이 되고, 삶의 변화를 끌어낼 수 있어요. 예컨대 시간 관리 관련 책을 읽었다면, 일의 우선순

위를 정하고 다이어리를 활용해 시간을 효율적으로 관리하세요. 건강 관련 책을 읽었다면 식단 관리와 규칙적인 운동을 하세요. 재테크 관련 책을 읽었다면, 가계부 작성 및 저축과 투자 계획을 세워 실천하세요. 인간관계 책을 읽었다면, 경청하고 공감하고 배려하는 등 원만한 인간관계를 위해 노력하세요. 단순히 책을 덮기 위해 읽지 마세요. 마지막 장을 보기 위해 읽지 마세요. 책에서 하나라도 실천해 더 나은 내가 되기 위해 읽으세요.

"아는 것만으로는 충분하지 않다. 이를 적용해야 한다. 의지만으로는 충분하지 않다. 이를 실천에 옮겨야 한다." – 괴테

"지식은 소유하는 것이고, 지혜는 실천하는 것이다." – 『책 제대로 읽는 법』, 정석헌, 씽크스마트.

"내가 발견한 것을 말하는 걸세. 지식은 전달할 수 있어도 지혜는 전달할 수 없다는 것을." – 『싯다르타』, 헤르만 헤세, 문예출판사.

책만 봐서는 정보와 지식은 얻을 수 있으나 지혜는 얻을 수 없습니다. 실천하고 적용하고 경험하세요. 성장하고 발전하며 지혜로운 사람이 됩니다.

넷, 문제 해결을 위한 독서를 하세요

"무턱대고 읽지 말고 먼저 자기 문제부터 객관화하자. 그다음 드러난 문제를 주체적으로 해결하기 위해 이유 있는 책을 주체적으로 선택하자." – 『쓰려고 읽습니다』, 이정훈, 책과강연.

삶은 문제의 연속이고 답을 찾는 여정입니다. 책 속에 길이 있어 독서는 훌륭한 문제 해결 도구죠. 독서를 통해 다양한 분야의 지식을 습득할 수 있어요. 얻은 지식은 문제를 다른 관점에서 바라보게 하고, 때로는 예상치 못한 해결책을 제시합니다. 고정관념에 사로잡히지 않고, 창의적이고 유연한 사고를 할 수 있게 도와주죠. 해결하고자 하는 문제를 명확하게 정의하고 문제 해결에 도움 되는 책을 고르세요. 논문, 기사, 전문가의 의견 등 다양한 자료를 참고하세요. 핵심 내용을 파악하고 다양한 관점을 비교 정리하며 문제 해결에 적용할 수 있는 아이디어를 찾으세요. 저자의 주장이나 정보의 신뢰성을 비판적으로 평가하세요. 자기 경험과 지식을 바탕으로 정보를 재해석하고, 문제 해결에 적합한 방법을 선택하세요. 문제 해결을 위한 계획을 수립 후 실제로 적용하고 실천하세요.

다섯, 다양한 독서법을 활용하세요

정독, 속독, 통독, 발췌독, 계독, 남독, 필사, 오디오북 등 다양한 독서법이 있습니다. 각각의 독서법은 장단점이 있으므로, 책의 종류와 자신의 독서 목적에 맞게 적절한 방법을 선택하세요. 예컨대 깊이 있는 이해가 필요한 책은 정독을, 많은 정보를 빠르게 습득해야 하는 책은 속독과 발췌독을 활용하세요. 앞서 이에 대해 자세히 다뤘으니 참고하세요.

여섯, 능동적으로 읽으세요

끊임없이 질문하고 답하고 생각하며 읽으세요. 책 내용을 비판적으로 분석하고 자기 생각과 경험을 연결해 보세요. 밑줄을 긋고 메모하는 것도 좋습니다.

일곱, 책을 지저분하게 읽으세요

여섯째의 연장선입니다. 많은 사람이 책을 깨끗하게, 밑줄 하나 긋지 않고 읽어야 한다는 강박이 있습니다. 저도 그런 사람 중 한 명이었죠. 책을 최대한 깨끗하게 보는 게 책에 대한 예의라고 생각했어요. 어리석은 생각이란 걸 마흔이 되어서야 깨달았습니다. 책을 지저분하게 읽으세요. 책이 지저분할수록 능동적으로 읽었다는 증거입니다. 중요한 문장, 마음에 드는 구절, 이해가 안 되는 부분에 밑줄을 치세요. 여백에 자기 생각, 질문, 감상을 자유롭게 적으세요. 중요한 페이지는 접어 표시하세요. 핵심 키워드나 문장은 형광펜을 칠하세요. 내용과 관련된 그림이나 도표를 그려도 좋습니다. 책을 지저분하게 읽는 건 장점이 많아요. 밑줄을 긋고 메모하면서 읽으면 내용에 더 집중합니다. 중요 부분을 표시하고 자기 생각을 적으면서 읽으면, 내용을 더 깊이 이해하고 비판적으로 분석할 수 있어요. 기억에도 오래 남죠. 밑줄, 메모, 접힌 페이지는 나만의 독서 경험입니다. 재독할 때 독서 경험 덕분에 당시 생각과 감정을 떠올릴 수 있어요. 책에 메모하거나 그림을 그리면서 읽으면, 창의적인 생각을 자극하고 새로운 아이디어를 떠올릴 수 있습니다. 책을 깨끗하게 읽어야 한다는 강박을 버리고 자유롭게 책과 대화하며 지저분하게 읽으세요.

여덟, 아웃풋 독서를 하세요

"책은 읽되 전부 삼켜버리지 말고, 무엇에 이용할 것인가를 새겨두어야 한다." – H.입센

"좋은 책을 읽고 내 삶으로 만들어라. 독서하는 데 있어 입으로만 읽고 마음

으로 느끼지 아니하며 몸으로 행하지 않으면 그 글은 다만 글자에 지나지 않는다." – 율곡 이이

'지난주 읽은 책 내용이 기억나지 않아요.', '지난달 읽은 책 제목도 기억나지 않아요.', '책을 읽기는 읽었는데 남는 게 없는 것 같아요.', '1년에 책을 평균 100권 넘게 읽는데 저는 크게 성장하지 않고 그대로예요.' 책 읽는 사람들이 흔히 하는 말입니다. 이유가 뭘까요? 인풋 독서만 해서 그렇습니다. 단순히 읽기 위한 읽기, 독서를 위한 독서를 해서 그래요. 읽기에서 그치는 독서는 그만! 이제부터 아웃풋 독서를 하세요. 아웃풋 독서는 단순히 읽는 것에 그치지 않고, 읽은 내용을 다양한 방식으로 표현하고 활용하는 겁니다. 독후감이나 서평을 쓰고, 토론하고, 책 내용을 실생활에 실천 적용하세요. 책 내용을 더 깊이 이해하고 오래 기억하며 온전히 나의 것이 됩니다. 내가 변하고 내 삶이 변해요. "혼자만을 위한 아웃풋은 아웃풋이 아니다. 타자를 위한 아웃풋이 진정한 아웃풋이다. 타인을 위한 것이 나를 위한 것이다." 구독자 32만 명 유튜버 렘군의 말입니다. 독서 후 쓴 독서 노트, 서평을 이왕이면 혼자만 간직하지 말고 남들도 볼 수 있는 블로그와 SNS에 공유하세요. 남들 앞에서 발표하는 것도 좋습니다. 혼자만 보는 글은 발전이 없어요. 타자에게 공유해 나를 알리고 피드백을 받으세요. 부족한 점을 보완해 성장하세요. 나아가 나의 책을 쓰세요. 요컨대 아웃풋 독서의 세 가지 핵심은 글쓰기, 책 쓰기, 삶에 적용하고 실천하기입니다. 처음부터 완벽한 아웃풋을 만들려고 하지 마세요. 간단한 메모나 짧은 글부터 시작해 점차 아웃풋의 양을 늘리고 질을 높여가세요. 중요한 건 꾸준히 하는 겁니다.

아홉, 종이책만 고집하지 말고 디지털 독서도 하세요

요즘엔 종이책 외에 디지털 형식의 전자책(eBook, PDF), 오디오북도 있습니다. 이용할 수 있는 전자기기의 종류도 다양하죠. 이런 시대에 종이책만 고집하지 마세요. 디지털 독서도 하세요. 문명의 이기를 잘 활용하는 사람이 더 빠르게 성장합니다. 물론 종이책 물성이 갖는 고유의 느낌과 감성이 있습니다. 냄새, 감촉, 손에 잡히는 그립감과 무게감은 종이책만이 지닌 매력이죠. 오랜 세월 종이책 위주로 독서를 해온 사람은 종이책 읽을 땐 책이 잘 읽히는데 디지털 독서할 때는 잘 읽히지 않는다는 하소연도 합니다. 그래서 디지털 독서를 멀리하죠. 사실 저도 종이책을 더 선호했어요. 디지털 독서는 몰입도가 현저히 떨어질 거란 강한 선입견으로 시도조차 하지 않았죠. 그러다 하루는 한 번은 경험해 보고 결정하자는 생각이 들어 전자책을 읽었는데 생각보다 잘 읽히는 겁니다. 선입견이 무너졌죠. 즉시 전자책 플랫폼을 구독했어요. 최근엔 종이책보다 전자책 독서량이 월등히 높습니다.

대표적으로 밀리의 서재, 윌라, 리디, 크레마 클럽에서 디지털 독서가 가능해요. 전자책 리더기, 태블릿 PC, 스마트폰을 이용하세요. 전자책 리더기는 눈의 피로를 줄여주는 전자 잉크 디스플레이로 종이책과 유사한 독서 경험을 제공합니다. 스마트폰은 크기도 작고 보통 늘 휴대하고 다니니 접근성이 가장 좋습니다. 저는 스마트폰으로 디지털 독서를 해요.

디지털 독서의 장점은 많습니다. 글자 크기 조절, 밤에도 눈이 편한 야간 모드, 메모 및 밑줄 기능 등 다양한 기능을 제공하죠. 궁금한 내용이나 특정 키워드를 쉽게 검색할 수 있어 정보 습득에 효율적입니다. 하이라이트 (밑줄) 부분은 자동 저장이 되고 외부로 내보내기와 공유도 가능해요. 절판된 책이나 해외 서적도 구할 수 있으며, 도서관에 가지 않아도 다양한 책을 바로 읽을 수 있습니다. 내 손 안의 도서관이죠. 여행이나 출퇴근길에도 부담 없이 독서를 즐길 수 있어요. 저는 언제 어디서든 스마트폰을 이용해 전자책을 봅니다. 갑자기 시간이 비거나 자투리 시간이 생기면 전자책을 보며 시간을 알차게 소비하죠. 법정 스님은 시간은 목숨이라고 말했습니다. 돈보다 더 귀한 게 시간인 걸 안다면 이는 엄청난 강점이에요. 도서 구매 비용을 현저히 줄일 수 있습니다. 독서량이 많을수록 비용 절감 효과는 크죠. 종이책은 공간을 많이 차지해요. 특히 이사할 때 처치 곤란입니다. 반면 전자책은 보관하는데 따로 공간이나 비용이 전혀 들지 않아요. 종이책 생산에 필요한 자원을 절약하고, 나무를 보호하는 데 기여해서 친환경적입니다. 오디오북은 눈이 피곤할 때, 운전하거나 산책할 때, 비좁은 대중교통 안에서 책을 보기 어려울 때 활용하면 좋아요.

종이책과 디지털 독서는 서로 대체하는 게 아니라 보완하는 관계입니다. 종이책의 감성과 디지털 독서의 편리함을 모두 누리세요. 예컨대 소장하고 싶은 책은 종이책으로, 실외나 이동 중에는 전자책으로 읽는 등 상황에 맞게 활용하세요. 제가 종이책을 구매하는 경우는 크게 두 가지입니다. 전자책으로 검색되지 않는 책과 소장하고 싶은 책. 종이책만 고수하지 말고 전자책도 적극 활용하세요. 저처럼 적어도 한 번은 꼭 경험해 보고 판단하세요. 그래도 늦지 않습니다. 항상 본질이 중요해요. 책의 본질은 콘텐츠, 즉 글입니다. 종이책, 전자책, 오디오북의 본질은 같아요. 단지 글을 담은 외형, 즉 컨테이너의 차이일 뿐이죠. 시간을 투자하면 사람은 보통 적응하기 마련입니다. 디지털 독서에 적응하세요.

열, 나만의 최적 독서 환경을 찾으세요

독서를 습관화하고 싶지만, 집중이 안 되거나 흐름이 자꾸 끊기나요? 문제는 여러분이 아니라 '독서 환경'일 수 있습니다. 최적의 독서 환경은 집중력을 높이고 독서의 즐거움을 배가시키는 중요한 요소입니다. 개인의 취향에 따라 다를 수 있어요. 조용한 곳, 약간의 소음이 있는 곳, 혼자만의 공간, 카페처럼 사람들로 채워진 공간 등 사람마다 선호하는 환경은 다릅니다. 정답은 없어요. 다양한 방법을 시도해 보고, 자신에게 잘 맞는 독서 환경을 찾으세요. 독서 환경이 개선되면 집중력과 효율이 높아져 독서가 더욱 즐거워집니다.

열하나, 독서 모임을 활용하세요

혼자 읽는 독서도 좋지만, 때로는 여럿이 함께 읽어보세요. 독서 모임은 같은 책을 읽은 사람들이 모여 생각을 나누고 토론하는 공동체로, 독서의 깊이와 넓이를 확장해 주는 훌륭한 방법입니다. 같은 책을 읽어도 사람마다 받아들이는 바가 달라요. 다양한 시각을 접하고, 생각의 지평을 넓힙니다. 토론을 통해 책을 더 깊이 있게 이해하고, 미처 생각하지 못했던 부분을 발견해요. 지식의 확장도 경험하죠. 혼자서는 책 읽기가 쉽지 않을 때, 독서 모임은 강력한 동기 부여가 됩니다. 책을 좋아하는 사람과 교류하며 새로운 인연을 만들고 소속감을 느낄 수 있어요. 자신의 관심 분야나 독서 수준에 맞는 모임을 찾으세요. 온라인/오프라인, 규모, 분위기 등을 고려

하세요. 단순히 듣기만 하는 게 아니라, 자기 생각과 의견을 적극 표현하세요. 다른 사람의 의견은 경청하고 존중하세요. 궁금한 점이나 이해가 안 되는 부분은 질문하세요. 비난이나 인신공격은 삼가고, 건설적인 토론을 하세요. 가까운 친구나 동료와 함께 소규모 독서 모임을 만드는 것도 좋아요. 지역 도서관에서 운영하는 독서 모임 프로그램도 있으니 참여해 보세요. 독서 모임은 혼자서는 경험할 수 없는 독서의 또 다른 즐거움을 선사합니다. 함께 읽고, 함께 생각하며, 함께 성장하는 독서 모임을 경험해 보세요.

열둘, 읽기 속도에 집착하지 마세요

'빨리 읽기'에 집착하는 사람이 많습니다. 독서의 목적은 단순히 글자를 빠르게 읽는 게 아니라, 내용을 최대한 완벽히 이해하고 자신의 것으로 만드는 거예요. 속도에 집착하면 독서의 본질을 놓치거나 내용을 제대로 이해하지 못하고 넘어갈 수 있어요. 깊이 생각하지 않고 음미하지 않아 사고의 깊이가 얕아지죠. 속도 경쟁에 빠지면 독서 자체의 즐거움도 잃어버립니다. 모든 책을 같은 속도로 읽을 필요는 없어요. 소설, 에세이, 전문 서적 등 장르에 따라 적절한 읽기 속도가 달라요. 정보 습득이 목적이라면 빠르게 읽어도 좋지만, 깊이 있는 사고나 감정적 공감이 필요한 경우 천천히 읽는 게 더 좋습니다. 쉬운 내용은 빠르게, 어려운 내용은 천천히 읽는 게 좋고요. 컨디션이 좋을 때는 빠르게 읽을 수 있지만, 피곤하거나 집중력이 떨어질 때는 천천히 읽는 게 좋습니다. 독서는 경주가 아닙니다. 독서의 목적은 '빨리 읽기'가 아니라 '잘 읽기'입니다. 속도에 대한 강박을 버리고 책 주제와 저자의 메시지에 대한 이해, 실천 및 적용, 공감에 초점을 두세요. 자신에게 맞는 적절한 속도로 책을 충분히 음미하며 읽으세요.

열셋, 어려운 책도 포기하지 마세요

"쉬운 길은 언제나 내리막길이다." – 헤르만 헤세

"자기의 전력을 다 사용하지 않으면 훌륭한 독서 행위라 할 수 없다. 만일 독서 후에 피로하지 않으면 그 독자는 상식이 없는 것이다." – A. 베네트

때로는 난해한 내용과 복잡한 구성으로 읽기 어려운 책을 만납니다. 이럴 때 쉽게 포기하고 다른 책으로 넘어가기도 할 거예요. 어려운 책일수록 우리의 사고를 자극하고 지적 성장을 이끌어준다는 걸 기억하세요. 어려운 책은 우리가 알지 못했던 새로운 지식과 시각을 제시해 줍니다. 세상을 바라보는 관점을 넓힐 수 있죠. 어려운 책을 끝까지 읽었을 때의 성취감은 훨씬 큽니다. 이는 독서에 대한 자신감과 동기 부여로 이어져요. 책이 어렵다면 한 번에 많은 양을 읽으려 하지 말고, 매일 조금씩 분량을 나눠 읽으세요. 책의 주제와 관련된 배경지식을 미리 쌓아두면 이해에 도움이 됩니다. 관련 자료를 찾아보거나 쉬운 책부터 읽어보세요. 관련 유튜브 영상을 보는 것도 좋습니다. 한 번에 완벽하게 이해하려 하지 말고, 여러 번 재독하세요. 점차 이해도가 높아집니다. 어려운 책은 성장의 기회로 삼아 포기하지 말고 도전하세요.

열넷, 베스트셀러, 추천 도서 목록에 얽매이지 마세요

"어리석은 사람은 이름난 작가의 것이라면 무엇이든지 찬미한다. 나는 오직 나를 위해서만 읽는다." – 볼테르

서점에 가면 베스트셀러 목록이 눈에 띄고, 온라인 서점에는 추천 도서 목록이 넘쳐납니다. 예컨대 '서울대학교 합격생이 추천하는 도서 목록' 같은 게 있죠. 이러한 책을 자녀에게 강제로 읽게 하는 부모도 적지 않아요. 절대 바람직하지 않습니다. 특히 어린 나이에 자기 선택권 없이 강요로 독서하면 독서 흥미를 잃어 책과 멀어집니다. 책은 자발적 동기로 읽어야 해요. 김종원 작가도 "독서는 권장하거나 추천으로 읽는 것이 아니라, 스스로 선택해서 부딪치는 것이다."라고 강조합니다.

모두가 읽는 책만 읽으면 자신의 독서 취향을 발견하기 어렵고, 사고의 폭이 좁아집니다. 베스트셀러라고 해서 다 좋은 책도 아니에요. 여기엔 상업적 요소도 개입되죠. 진정으로 좋은 책보다 마케팅이 잘 된 책이 더 많이 노출되기도 합니다. 사람마다 관심 분야와 독서 취향은 다릅니다. 타자에게 좋은 책이 나에게도 좋은 책이라는 보장은 없어요. 어떤 분야에 관심 있는지, 어떤 종류의 책을 좋아하는지 스스로 질문하세요. 서평, 추천사, 작가 인터뷰 등 다양한 정보를 참고하는 건 괜찮아요. 전자책과 도서관을 활용해 책을 훑어보는 것도 좋습니다. 중요한 건 '나만의 기준'입니다. 다양한 참고 자료를 활용하되 자신만의 기준으로 책을 선택하세요. 자신의 관심 분야, 독서 목적, 취향을 고려해 책을 읽으세요. 베스트셀러나 유명 작가의 책이 아니어도 내게 의미가 있다면, 그 책이 내게 말을 걸어온다면 주저 없이 읽으세요. 때로는 잘 알려지지 않은 책에서 더 큰 통찰을 얻습니다. 독서는 모험이에요. 남들이 만들어 놓은 길을 따라가기보다는, 자신만의 길을 개척하며 독서의 즐거움을 만끽하세요.

마크 트웨인은 "당신에게 가장 필요한 책은 당신으로 하여금 가장 많이 생각하게 하는 책이다."라고 말합니다. 가장 좋은 책은 지금 내가 읽고 싶고, 당장 내게 필요한 책입니다. 내게 필요한 책은 주로 나의 문제를 해결해 주는 책, 좋은 질문과 생각을 유도하는 책이에요. 내게 필요한 책을 읽으세요.

열다섯, 고전(古典)을 읽으세요

"누군가는 좋고 누군가는 싫을 수도 있지만, 대다수의 사람이 좋아할 확률이 가장 높은 것이 고전입니다. 세월을 이겨내고 살아남았기 때문이죠." – 『여덟 단어』, 박웅현, 북하우스.

고전(古典)은 오랜 세월 많은 사람에게 읽히며 그 가치를 인정받아 온 책입니다. 단순히 오래된 책이 아니라, 시대를 초월한 보편적인 가치와 지혜를 담고 있어요. 인간의 본성, 삶과 죽음, 사랑과 증오, 선과 악 등 삶에서 마주하게 되는 보편적인 주제를 다루죠. 인간과 삶에 관한 깊은 통찰을 얻을 수 있어요. 우리 삶을 더욱 풍요롭게 합니다. 고전은 문학적 완성도가 뛰어납니다. 아름다운 문체, 섬세한 표현, 탄탄한 구성을 통해 깊이 감동하죠. 고전은 단순한 오락거리가 아니라 깊이 있는 사고를 요구합니다. 비판적 사고력, 논리적 사고력, 창의적 사고력을 기를 수 있어요. 고전은 당대의 사회, 문화, 역사를 반영합니다. 과거를 이해하고 현재를 살아가는 지혜를 얻을 수 있어요. 고전이 어렵다고 소홀히 하지 마세요. 박경철 작가는 『시골의사 박경철의 자기혁명』에서 "고전을 소홀히 하는 것은 인류의 지혜를 쓰레기통에 처박아버리는 것과 같다."라고 말하며 고전의 중요성을 강조합니다. 처음부터 난해한 고전을 읽기보다는, 비교적 쉬운 고전부터 시작하세요. 책의 시대적 배경, 작가, 주제에 관한 배경지식을 미리 쌓아두면 이해에 도움이 됩니다. 고전은 한 번 읽고 완전히 이해하기 어려운 경우가 많아요. 여러 번 읽으며 점차 이해의 깊이를 더해가세요. 독서 모임이나 친구들과 함께 고전에 대한 의견을 나누면 다양한 시각을 접하고 이해의 폭을 넓힐 수 있습니다. 고전은 시간이 흘러도 그 가치가 변하지 않는 인류의 소중한 유산입니다. 오래도록 변하지 않는 걸 '본질'이라고 해요. 고전은 본질을 담고 있습니다. 고전을 통해 본질과 삶의 지혜를 배우고 인생의 의미를 찾아보세요.

열여섯, 질문하고 사색, 사유하며 읽으세요

"독서에 소비한 만큼의 시간을 생각하는 데 소비하라." – 베네트

독서는 단순히 글자를 읽는 행위가 아니에요. 진정한 독서는 저자와의 대화이자 자신과의 대화입니다. 질문하고 답하고 생각하며 읽어야 해요. 질문은 이해의 시작입니다. '왜?'라는 질문을 하며 읽으세요. '저자가 이 책을 쓴 이유는 무엇인가? 어떤 메시지를 전달하고자 하는가?'를 생각하세요. '어떻게?'라는 질문을 하며 읽으세요. '저자는 자신의 주장을 어떤 근거와 논리로 뒷받침하는가? 어떤 방식으로 이야기를 전개하는가?'를 고민하세요. '무엇을?'이라는 질문을 하며 읽으세요. '이 책을 통해 무엇을 배울 수 있는가? 나의 삶에 어떻게 적용할 수 있는가?'를 파악하세요. 저자의 주장에 무조건 동의하지 말고 비판적으로 생각하고 자기 의견을 정립하세요. 저자의 주장과 근거의 논리적 타당성을 검토하세요. 등장인물의 감정에 공감하고 작가의 생각에 몰입하세요. 책 내용을 자기 삶과 연결해 성찰하고,

삶의 의미와 가치를 탐구하세요. 책에서 얻은 영감을 바탕으로 새로운 아이디어를 떠올리세요. 생각하지 않는 독서는 음식을 그냥 삼키는 것과 같습니다. 생각을 통해 소화하며 책을 읽으세요.

열일곱, 반복해서 여러 번 읽으세요

"두 번 읽을 가치가 없는 책은 한 번 읽을 가치도 없다." – 베버

마치 익숙한 길을 걸으면서도 매번 새로운 풍경을 발견하듯, 반복해서 읽는 책은 우리에게 새로운 깨달음과 감동을 줍니다. 시간이 흐르고 경험이 쌓이면서 같은 책을 읽어도 다르게 해석되죠. 시대를 초월한 가치와 지혜를 담고 있는 고전은 특히 읽을 때마다 새롭습니다. 처음 읽을 땐 이해하기 어려웠지만, 다시 읽으니 더 쉽게 이해되죠. "어려운 글도 백 번이나 많이 읽으면 그 참뜻을 스스로 깨쳐 알게 된다." 주희의 말입니다. 짧은 시간 내에 다시 읽기보다는 시간 간격을 충분히 두고 읽는 게 좋아요. 처음에 종이책으로 읽었다면 다음에는 전자책이나 오디오북으로 읽는 것도 괜찮습니다. 좋은 책은 여러 번 읽을수록 그 가치가 더욱 빛납니다. 좋은 책은 닳도록 읽으세요.

열여덟, 다독(多讀)에 집착하지 마세요

"책은 어린이와 같이 소중히 다루어야 한다. 그리고 아무것이나 급히 많이 읽는 것보다는 한 권의 책이라도 여러모로 살펴 자세하게 읽는 습관을 가지는 것이 좋다. 그냥 훑어보는 것은 책을 읽는 것이라고 할 수 없다." – 존 밀턴

독서의 양, 즉 다독에 집착하는 사람이 많습니다. 다독의 함정에 빠져 있죠. SNS에는 하루에 몇 권 읽었다, 1년에 100권 읽었다, 몇 년 동안 수천 권에서 심지어 만 권 이상 읽었다고 자랑하는 글을 쉽게 볼 수 있어요. 이런 글은 사람들로 하여금 다독만이 정답이란 생각을 하게끔 하고, 비정상적인 다독 경쟁으로 내몹니다. 물론 다양한 분야의 책을 많이 읽는 건 지식과 사고의 폭을 넓히는 데 도움이 됩니다. 하지만 무작정 많은 책을 읽는 것에만 집착하면 독서의 진정한 의미를 놓칩니다. 많은 책을 읽기 위해 빠르게 읽다 보면 내용을 제대로 이해하지 못하고 넘어가는 경우가 많아요. 단순히 책의 권수를 채우는 것보다 한 권의 책이라도 제대로 이해하고 자신의 것으로 만드는 게 더 중요합니다. 깊이 생각하고 내용을 음미할 시간 없이 빠르게 읽기만 하면 사고의 깊이는 얕아집니다. 많이 읽으려고 하지 말고 제대로, 잘 읽으세요.

얼마 동안 책을 몇 권 읽겠다, 정하지 마세요. 다독이 목표가 되는 순간 독서는 일이 됩니다. 숙제나 과제가 되죠. 독서가 즐거울 리 없어요. 독서는 즐거워야 해요. 의무감이나 경쟁심으로 책을 읽으면 독서 흥미를 잃고 지속하기 어렵습니다. 많은 정보를 습득하더라도 자기 삶과 연결해 내면화하지 않으면 진정한 지식이 되지 않습니다. 책의 내용을 꼼꼼히 읽고 깊이 있게 이해하고(정독), 읽은 내용에 대해 비판적으로 생각하고 자신의 의견을 정립하며(사유, 사색), 읽은 내용을 실생활에 어떻게 적용할 수 있을지 생각하는(실천, 적용) 독서를 하세요. 양적 독서와 질적 독서의 균형, 인풋 독서와 아웃풋 독서의 균형을 잘 잡으세요.

열아홉, 완독 강박에서 벗어나세요
안 맞는 책은 덮고 재미없는 책은 던져버리세요

"완독이 책을 즐거움의 대상이 아니라 의무의 대상으로 만든다. 나는 서문을 읽은 후에 목차를 보면서 꼭 읽고 싶은 부분만 먼저 뽑아 읽는다." – 공병호

『호밀밭의 파수꾼』이란 책을 아시나요? 워낙 잘 알려진 책이라 대부분 아실 거예요. 유시민 작가는 이 책을 3번이나 읽었지만 무슨 말인지 모르겠기에 3번 모두 50페이지를 넘지 못하고 덮었다고 합니다. 저도 비슷했어요. 완독 강박증으로 힘겹게 완독은 했으나 별 감흥이 없었죠. 자신에게 맞는 책이 있다는 걸 깨달았습니다. 아무리 걸작이라도 예외가 아닙니다. 읽다가 아니다 싶으면 과감히 덮을 줄도 알아야 해요. 굳이 질질 끌며 읽을 필요가 없습니다. 우리를 기다리고 있는 책은 태산보다 크고 높아요. 완독 강박은 독서를 부담스러운 일로 만들며 독서에 대한 열정을 떨어뜨립니다. 독서는 단순히 책을 끝내는 것이 아니라, 새로운 걸 배우고 생각을 확장하는 과정이에요. 모든 책이 모든 사람에게 맞는 건 아닙니다. 모든 책이 끝까지 읽을 가치가 있진 않아요. 중단하는 걸 두려워하지 마세요. 이어령 작가도 『이어령의 마지막 수업』에서 이렇게 말합니다. "모든 책을 다 의무적으로 서문부터 결론까지 읽을 필요는 없네. (중략) 재미없으면 던져버려. 반대로 재미있는 책은 닳도록 읽고 또 읽어." 흥미를 잃었다면 던져버리고 다른 책으로 넘어가세요. 일종의 매몰 비용이 생각나겠지만 아깝다 생각하지 마세요. 반대로 재밌으면 닳도록 읽으세요. 책이 너무 어려우면 일단 중단하고 나중에 다시 도전하는 것도 좋습니다. 몽테뉴는 이렇게 말했습니다. "나는 책을 읽을 때 어려운 부분과 만났다고 해서 결코 지나치게 골똘

히 생각하지 않는다. 한두 번 고쳐 생각하다가 그냥 버려둔다. 그렇지 않고 어려운 부분을 계속 고집하면 자기 자신과 시간을 모두 잃고 만다." 반드시 완독해야만 책을 읽은 것이고 책에 가치가 생기는 게 아닙니다. 한 권의 책 에서 내게 울림을 주는 단 하나의 문장만 만나도, 나를 변화시키고 삶에 적 용할 단 하나의 문장만 건져도 유의미한 독서이며 그 책은 충분히 제값을 다한 거예요.

스물, 병렬 독서를 하세요

"여러 장르의 책 5~10권을 동시에 매일 10쪽씩 읽어라. 이를 '엉망진창 독서 법'이라 한다." – 고명환

병렬 독서는 여러 권의 책을 동시에 읽는 겁니다. 소설, 에세이, 자기계 발서, 과학책 등 장르를 가리지 않고, 마치 뷔페에서 다양한 음식을 맛보듯 여러 분야의 책을 동시에 섭렵하는 거죠. 이렇게 하면 지루할 틈 없이 독서 의 즐거움을 만끽할 수 있어요. 엉망진창이 될 것 같아 두렵겠지만, 이어 령 작가가 『이어령의 마지막 수업』에서 "그 '엉망진창'이 어마어마한 힘이라 네."라고 말한 것처럼, 오히려 엉망진창이 갖는 장점이 있답니다. 저도 처 음엔 거부감과 두려움으로 늘 한 권씩 읽었지만, 한 번 시도하고 효과를 본 뒤에는 두세 권 병렬 독서를 즐깁니다. 병렬 독서를 하면 완독 강박에서 벗 어나 독서의 재미를 되찾을 수 있어요. 서로 다른 분야의 지식이 연결되고 융합되면서 새로운 아이디어가 샘솟죠. 한 권의 책에 집중하기 어려울 때, 다른 책으로 잠시 눈을 돌리면 독서에 대한 흥미가 되살아납니다. 읽고 싶 은 책이 많을 때도 강점을 발휘해요. 지루하고 어려운 책, 소위 벽돌 책이

라 불리는 책도 부담 없이 읽을 수 있습니다. 여러분도 꼭 한 번 도전해 보세요. 거실에 한 권, 화장실에 한 권, 마루에 한 권 이런 식으로 동선마다 책을 분산해 놓는 것도 도움이 됩니다. 저는 서로 다른 종이책과 전자책을 동시에 읽어나가는 병렬 독서를 하고 있어요.

스물하나, 아카이빙하며 읽으세요

"우리 뇌는 엄청난 용량을 지녔지만, 모든 정보를 다 저장하기에는 충분하지 않다." – 『유시민의 글쓰기 특강』, 유시민, 생각의길.

아카이빙은 단순히 정보를 저장하는 것에서 더 나아가, 체계적으로 분류하고 관리해 필요할 때 쉽게 찾아 활용할 수 있도록 하는 걸 의미해요. 아카이빙 독서를 하세요. 아카이빙 독서란 책을 읽으며 얻은 지식과 정보, 감상을 기록하고 정리하여 나만의 지식 창고, 보물 창고를 만드는 걸 말합니다. 메모, 하이라이트(밑줄), 책갈피, 기록(저장)을 활용하세요. 이는 단순히 읽고 흘려보내는 독서보다 훨씬 더 큰 가치를 가져다줍니다. 읽은 내용을 기록하는 과정에서 기억에 더 오래 남습니다. 읽은 내용을 정리하고 요약하면서 내용을 더 깊이 이해하고 비판적으로 사고합니다. 다양한 지식이 체계적으로 정리되어 있으면 필요할 때 쉽게 연결하고 융합하여 새로운 아이디어를 떠올릴 수 있습니다. 아카이빙한 자료는 특히 글쓰기, 책 쓰기의 훌륭한 재료가 됩니다. 책 내용을 요약하고, 중요한 문장이나 인상 깊은 구절을 필사하며, 자기 생각과 감상을 기록하세요. 에버노트, 업노트, 노션, 옵시디언, 구글 스프레드시트 등 디지털 노트 앱을 활용하세요. 정보를 효과적으로 수집, 관리할 수 있고 특히 검색에 유용합니다. 나만의 지식 창고를 주기적으로 보면서 복습하고 새로운 영감을 얻으세요.

스물둘, 다양한 분야의 책을 읽으세요

"관점이 다른 여러 책을 다양하게 읽기를 바란다. 제일 어리석은 사람은 책을 한 번도 읽지 않은 사람이 아니라 책을 한 권만 읽은 사람이다." – 『사장학개론』, 김승호, 스노우폭스북스.

우리는 종종 음식을 편식하듯, 독서도 편식합니다. 좋아하는 장르나 작가의 책만 골라 읽고, 익숙하지 않은 분야의 책은 멀리하죠. 음식 편식이 영양 불균형을 초래하듯, 독서 편식은 지식의 불균형을 초래합니다. 좋아하는 작가의 책, 좋아하는 분야의 책만 읽으면 내 세상이 좁아져요. 편협한 사고를 하죠. 글쓰기에 도움이 될 만한 영양분도 일부만 얻습니다. 다양성이 중요해요. 다양한 작가, 다양한 분야의 책을 읽으면 폭넓은 식견과 통섭적인 사고로 좋은 글을 쓸 수 있어요. 비문학, 문학 가리지 말고 읽으세요. 철학, 역사, 예술, 과학, 의학, 인문, 교육 등 분야에 제한을 두지 마세요. 새로운 지식과 통찰을 얻습니다. 서로 다른 분야의 지식이 연결되고 융합되면서 새로운 영감을 얻어요. 다양한 관점과 생각을 접하면서 고정관념에서 벗어나 사고의 유연함이 생깁니다. 평소 읽지 않던 분야의 책을 의식적으로 선택해 읽으세요. 다양한 사람과 함께 책을 읽고 토론하는 것도 책 선택의 폭을 넓혀줍니다. 전문가나 믿을 만한 사람의 추천 도서를 참고해 독서 범위를 넓히는 것도 좋습니다.

저는 책을 이렇게 읽어요. 중요한 부분에 밑줄을 칩니다. 전자책은 밀리의 서재를 이용하고 있습니다. 하이라이트 기능이라고 해서 문장에 형광색을 칠할 수 있고 칠한 문장은 모두 자동 저장되며 백업, 공유도 가능해요. 종이책은 완독 후 밑줄 친 내용 중 중요하다고 생각되는 부분을 타이핑해 저장합니다. 전자책은 앞서 언급했듯이 플랫폼에 자동 저장되기에 복사 후 붙여 넣기를 합니다. 아카이빙 앱은 구글 스프레드시트를 이용하다가 최근 검색 기능이 더 뛰어난 업노트로 바꿨습니다. 에버노트, 노션, 옵시디언 등 본인에게 맞는 앱을 사용하세요. 중요한 건 종이로 된 독서 노트(지식 창고)만 만들지 말고 꼭 디지털 독서 노트(지식 창고)를 만들어야 한다는 겁니다. 필요할 때 언제 어디서든 쉽고 빠르게 검색, 열람, 수정, 공유, 저장이 가능하기 때문이죠. 이렇게 모은 나만의 지식 창고는 복습 자료로 활용합니다. 인간은 망각의 동물이라 시간이 지나면 머리에 남는 게 없어요. 반복해서 볼수록 기억에 오래 남습니다. 글쓰기, 책 쓰기를 할 때 참고 자료, 영감 소스, 인용구 발췌로도 활용해요. 예컨대 책을 쓸 때 주제와 소재 관련 단어로 검색해 찾은 내용 중 원하는 부분을 책에 적절하게 담을 수 있습니다. 곳간이 쌓일수록 값어치는 돈으로 환산할 수 없어요. 좋은 내용은 블로그와 SNS에 제 생각을 보태어 공유합니다. 이 과정에서 새로운 생각이 떠오르기도 하고 한 번 더 머릿속에 각인돼 장기 기억으로 전환됩니다. 타자의 피드백도 받아 다양한 관점을 확인할 수 있어요. 블로그와 SNS에 올린 글은 다 기록으로 남습니다. 이것 역시 디지털 앱의 아카이빙과 마찬가지로 검색이 용이해 언제든 글쓰기, 책 쓰기에 활용할 수 있어요. 이번 책을 준비하면서 제가 그동안 X(구. 트위터), 블로그, 포스타입에 남긴 글의 도움을 많이 받았습니다. 든든한 지원군이자 조력자 역할을 해주었어요. 2~3권을 동시에 읽는 병렬 독서를 하고 있으며 좋은 책은 재독합니다. 갑

자기 시간이 비거나 자투리 시간엔 스마트폰으로 전자책을 읽습니다. 그리고 가장 중요한 것, 매일 읽고 매일 씁니다.

"독서가 취미라는 생각을 버려라. 독서는 생존이다." 김종원 작가의 말입니다. 최재천 교수는 "독서는 일이어야만 합니다. 독서는 빡세게 하는 겁니다."라고 말하죠. 책을 축제하듯 즐기면서 읽되 가볍게 읽지는 마세요. 진지하고 치열하게 읽으세요. 독서는 생존에 필요한 무기입니다.

4장

꾸준히 쓴 글로
내 이름을 알려라

1. 글쓰기, 시작이 8할 이상이다!

> "재능이 없다고 손사래를 친다면 꾸준함으로 나아질 글쓰기의 막강한 힘을 일단 믿어보길 바란다. '시작'한다는 것은 '능력의 확장'이라는 씨앗을 심는 일이다." — 『지금 당신이 글을 써야 하는 이유』, 이윤지 외 다수 공저, 봄름.

글쓰기 문외한이 베스트셀러 작가가 된 사례가 있습니다. 김동식 작가입니다. 그는 정식으로 글쓰기를 배우지 않았어요. 가볍게 인터넷 게시판에 글을 올렸는데 예상치 못한 반응과 칭찬을 받았죠. 격려와 응원은 그에게 큰 힘이 되었고 글을 계속 써나갈 수 있는 원동력이 되었어요. 무관심이 가장 무섭다고 만약 아무도 댓글을 달지 않고 관심을 주지 않았다면 지금의 그는 아마 없을 겁니다. 당시 글쓰기 초보였던 그의 글에 칭찬 댓글이 달렸으니 얼마나 감개무량하고 긍정적인 자극을 받았을까요. 칭찬 한마디는 그런 놀라운 힘을 지닙니다. 때론 내가 나를 믿는 믿음보다 타인의 한마디가 훨씬 더 의욕을 불어넣고 자존감을 높여줘요. 자존감은 자기 인정만으로 높아지지 않습니다. 타인의 인정이라는 연료가 필요해요. 누구나 인정 욕구가 있습니다. 인정 욕구는 자연스러운 반응이지 터부시할 게 아니에요.

그는 주물 공장에서 10년 넘게 일하고 있었습니다. 그런 그가 글쓰기를 배우거나 써본 경험이 없는 상태에서 글을 쓰고 타자가 볼 수 있게 인터넷에 올리기까지 했죠. 전혀 새로운 일에 도전하는 건 쉬운 일이 아닙니다. 두려움에 주저하고 망설이고 포기하는 경우가 많죠. 새로운 도전에 대한 두려움은 왜 생기는 걸까요? 무엇이 시작을 가로막고 포기하게 하는 걸까요?

하나, '어렵다'는 생각 때문입니다. 인간은 익숙하지 않으면 어렵다고 느낍니다. 앞으로 '어렵다'와 '익숙하지 않다'를 동일어라 생각하세요. 익숙할 때까지 반복하면 어느새 두려움은 사라집니다. 어려움은 수월함으로, 수월함은 탁월함으로 변하죠. 자신감은 덤으로 생겨요. 새로운 일이 두려울 때 배우고 공부하세요. 그리고 익숙해질 때까지 반복하세요.

둘, 불확실성과 잘하고 싶은 마음 때문입니다. 경험해 보지 않아 결과를 예측할 수 없어서, 실수와 실패에 대한 걱정, 반드시 잘해야 한다는 강박, 완벽해 보이고 싶어 하는 완벽주의, '내가 잘할 수 있을까?'란 염려, 못하면 어떡하지? 란 불안감, 못할 때 남들의 시선은 어떡하지? 란 타인 의식이 그 원인이죠. 두려움을 극복하고 새로운 것에 도전해야 나의 세계가 확장됩니다. 용기를 갖고 두려움이란 포장지를 벗기세요. 근사한 선물을 만날 겁니다. 부아c 작가는 두려움에 대해 이렇게 말합니다. "진짜 실패는 두려워서 시도조차 하지 않는 것이다. 시도하는 순간 두려움은 사라진다. 어쩌면 시도 자체가 두려움을 없애는 연습이다." 두려움을 갖지 않는 게 용기가 아닙니다. 두려워도 시도하고 계속하는 게 용기입니다.

당시 김동식 작가는 글쓰기 전문가가 아니어서 맞춤법이 틀리고 어색한 문장도 보였다고 해요. 독자들은 이 점에 관해 댓글로 독설과 악평을 남겼습니다. 이때 풀이 죽고 의기소침해져 글쓰기를 그만뒀을 수도 있습니다. 글쓰기에서 자신감이란 매우 중요하니까요. 하지만 그는 달랐습니다. 비판과 비난을 겸허히 수용하고 받아들였죠. 그것을 자신에게 도움이 되는 방향으로 적용했습니다. 글쓰기 실력이 좋아졌으며 독자는 자신의 의견을 반영하고 소통하는 그와 그의 글에 더 호감을 느꼈어요. 문제를 받아들이고 대처하는 그의 태도가 빛나는 대목입니다. 태도가 사람을 만듭니다, 태도가 성공을 만들어요. 태도가 전부입니다.

작가는 항상 타자의 지적과 평가에 노출되어 있습니다. 피드백에 일희일비하면 글을 오래 쓸 수 없어요. 부정적인 반응에 침울해하거나 의욕을 잃지 마세요. 비난은 받지 말고 그대로 돌려주세요. 그럼, 그것은 그의 것이지 내 것이 아닙니다. 비판은 마음이 쓰라려도 받아들일 건 받아들이고 적용할 건 적용하세요. 그래야 성장하고 발전합니다. 이는 작가뿐만 아니라 모든 콘텐츠 생산자에게 해당합니다. 그는 글쓰기가 두려워 아직 시작을 못하는 사람, 시작은 했지만 자신감이 부족하거나 타자의 부정적인 피드백이 걱정되는 사람에게 용기를 주는 좋은 본보기입니다. 그의 첫 책 『회색인간』은 약 12만 부가 팔리는 대성공을 거두었습니다.

주위에 글 한번 써보라고 권하면 열이면 열 돌아오는 답변은 똑같습니다. "글 쓰는 거 어렵잖아. 난 못해.", "글은 아무나 쓰나. 그 어려운 걸 내가 어떻게 해." 왜 다들 글쓰기를 어려워할까요? 네, 익숙하지 않아서입니다.

선진국은 어릴 때부터 글쓰기 교육을 받아 성인이 되어서도 글쓰기에 대한 거부감과 두려움, 어려움을 느끼지 않아요. 읽기처럼 글쓰기가 자연스럽죠. 한국은 그렇지 않습니다. 글쓰기에 관한 교육이 성인이 될 때까지 사실상 없어요. 그러니 성인이 되어 막상 글을 쓰려하면 어렵다고 느끼죠. 어쩌면 당연한 반응입니다. 저 또한 그랬어요. 마흔이 될 때까지 글쓰기를 해본 경험이 없습니다. 그런데 재작년 우연한 계기로 글쓰기를 시작했고, 1년도 채 안 되어 출간 작가가 되었습니다. 어떻게 이것이 가능했을까요? 반복해서 꾸준히 묵묵히 썼기 때문입니다. 익숙해질 때까지. 사실 대부분의 어려움이란 큰 문제가 아니에요. 생각보다 쉽게 극복할 수 있어요. 글 쓰는 걸 익숙하게만 하면 그 이후부터는 어렵지 않습니다. 이해사 작가도 『내 글도 책이 될까요?』에서 익숙함에 대해 이렇게 말합니다. "글쓰기는 꾸준히 하다 보면 익숙해지고, 익숙해지면 잘하게 된다. 또한 잘하게 되면 좋아하게 되고, 그렇게 글쓰기 실력은 비약적으로 성장한다. 그래서 꾸준함이 중요하다." 하루하루 꾸준히 쓰는 게 글쓰기 두려움을 없애고 어려움을 극복하는 가장 빠른 방법입니다. 짧은 글, 단 한 줄이라도 매일 쓰는 습관을 들이세요. 계속 쓰다 보면 익숙해지고 익숙해지면 쉬워지고 쉬워지면 수월해져요. 그러다 어느 순간 탁월해집니다. 탁월해지면 자신감이 붙죠. 자신감이 붙으면 글쓰기가 재밌어져요. 재밌으니 더 쓰게 되고 실력은 일취월장합니다. 이상적이면서 바람직한 선순환이죠.

최재혁 기자는 글쓰기를 두 가지로 구분합니다.

1. 나를 표현하는 글쓰기.
2. 타인을 설득하는 글쓰기.

모든 글에 힘이 들어갈 필요는 없어요. 모든 글에 강한 메시지를 담거나 독자를 설득하려 노력할 필요는 없습니다. 가끔 힘을 빼고 가벼운 마음으로 나를 표현하는 글을 써 보세요. 나란 사람이 어떻게 살아왔고 어떻게 살고 싶고 어떤 생각을 하며 살아가는지. 어떤 가치관과 세계관을 가졌는지, 무엇을 좋아하고 무엇을 싫어하고, 어떤 것에 관심 있고 어떤 사람을 좋아하는지 솔직하고 담담하게 써보세요. 설득을 위한 글쓰기는 탄탄한 논리와 이유, 근거, 사례가 중요하지만, 나를 표현하는 글쓰기는 꼭 그렇지도 않습니다. 비교적 자유롭게 쓸 수 있죠. 주제와 강약, 형식 조절을 하면서 다양한 글쓰기를 해보세요. 글쓰기에 자신감이 붙습니다.

강원국 작가는 다음의 세 가지만 믿으면 쓸 수 있다고 말합니다.

1. 처음엔 누구나 어렵다.

2. 한 줄만 더 쓰자는 마음으로 버틴다.

3. 반드시 써지는 순간이 온다.

보통 글을 잘 쓰는 사람을 보면 부러운 마음이 들죠. 질투와 시기심도 생기고 나는 왜 저렇게 쓰지 못할까 위축도 됩니다. 그들도 처음부터 잘 쓰진 않았어요. 많은 대가도 걸음마 단계부터 시작했습니다. 볼품없고 부끄러운 글에서 점차 다듬어져 지금의 근사한 모습을 우리가 보는 거죠. 그들의 보이지 않는 노력의 시간을 인정하세요. 지금 눈앞에 보이는 멋진 성과만 보고 타고난 재능이라 오판하지 마세요. 여러분도 시간과 공을 들여 글을 쓰면 얼마든지 잘 쓸 수 있습니다. 재능이 없다고 자책하지 마세요. 노력과 꾸준함이 재능을 만듭니다.

누구나 글을 쓰다 막히는 순간이 옵니다. 적당한 한 문장 한 글자가 생각나지 않아 멈춰 서고 괴로워하죠. 그럴 때 포기하지 말고 시간이 걸리더라도 그 한 문장과 한 글자를 찾아 쓰세요. 이 과정에서 필력이 늡니다. 물수건을 쥐어짜 한 방울이라도 더 얻겠다는 심정으로 머리를 쥐어짜세요. 결국엔 써집니다. 자신을 믿으세요.

글쓰기는 엉덩이 싸움이란 말이 있듯이 인고의 시간이 필요합니다. 단순히 오래 앉아 있다고 글이 잘 써지는 건 아니에요. 항상 글쓰기 모드가 되어 있어야 해요. 일상생활에서 글감을 찾는 스위치가 늘 ON으로 켜져 있어야 합니다. 어떡하면 더 잘 쓸 수 있을지 수시로 고민해야 하죠. 글쓰기로 최적화된 뇌와 몸을 만드세요.

막연히 앉아 쓰려고 하지 말고 작전과 전략을 짜세요. 시간의 힘도 믿으세요. 계속 쓰다 보면 잘 써지는 순간이 반드시 옵니다.

다음은 글쓰기 자신감을 키우기 위한 10가지 방법입니다.

하나, 매일 꾸준히 쓰세요. 정김경숙 작가는 『계속 가봅시다 남는 게 체력인데』에서 이렇게 말합니다. "가장 중요한 건 발전을 위해 노력하고 배우고, 시간을 들이는 거예요. 자신감은 절대적인 시간을 투자했을 때 만들어지는 것이니까요." 중간에 빠뜨렸다고 좌절하며 그만두지 말고 계속 이어서 쓰세요. 중요한 건 포기하지 않고 계속하는 겁니다. 뭐든 시간을 충분히 들여야 원하는 결과를 얻습니다.

둘, 일단 쓰기 시작하세요. 쓸 거리가 없다고, 쓸 거리가 생각나면 쓰겠다고 미루지 마세요. 일단 앉아 한 글자 한 문장이라도 쓰세요. 그럼, 생각이 떠올라 글이 써지는 놀라운 경험을 합니다. 생각나서 쓰기도 하지만 쓰면서 생각날 때도 많아요. 그러니 일단 앉아서 쓰세요. "빈둥거리면서 영감이 찾아오길 기다리지 말라. 대신 몽둥이를 들고 그 뒤를 쫓아라." 잭 런던의 말입니다. 영감이 올 때까지 기다리지 말고 우선 쓰고 영감이 오길 기다리세요.

셋, 일단 쓰면 어떡해서든 마침표를 찍으세요. 완성, 완결을 하세요. 글마무리를 지었다는 경험을 해봐야 해요. 그 맛을 느껴봐야 해요. 작은 성취, 스몰 윈이 누적될수록 자신감이 생깁니다. 벤처 대부 호리바 마사오도 『일 잘하는 사람 일 못하는 사람』에서 "작아도 좋으니 성공을 쌓아가는 사람은 반드시 일을 잘하게 된다. 성공을 체험하면 할수록 자신이 붙기 때문이다. 성공의 축적은 곧 자신감의 축적이다."라고 말하여 작은 성공의 중요성을 강조합니다.

넷, 모든 글에 힘이 들어갈 필요는 없어요. 모든 글이 무겁고 진지하고 진중할 필요는 없습니다. 때론 가벼운 내용도 괜찮아요. 시종일관 글에 힘이 들어가면 쉽게 지칩니다. 읽는 이도 질리고요. 힘을 뺄 땐 빼세요. 음악, 운동과 마찬가지로 강약 조절을 잘하세요.

다섯, 처음부터 완벽한 글을 쓰려고 하지 마세요. 모든 글을 완벽하게 쓰려고 하지 마세요.

세상에 완벽한 글은 없습니다. 10개의 글 중 2~3개라도 괜찮은 글, 읽히는 글을 쓰겠다는 마음으로 글을 쓰세요. 마음이 가벼워야 힘이 들어가지 않고 잘 써집니다. 야구에선 꾸준히 안타만 쳐도 경기에서 이깁니다. 홈런을 쳐야만 이기는 게 아니에요. 내야 안타도 상관없어요. 타자는 타율이 꾸준히 3할대만 유지해도 대단하다고 인정받습니다. 관건은 꾸준함입니다. 꾸준히 읽고 쓰세요. 꾸준함은 모든 걸 이기는 인생 치트 키이자 마스터 키입니다.

여섯, 블로그와 SNS에 공유해 피드백을 받으세요. 나 혼자만 보면 칭찬과 인정을 받을 길이 없습니다. 비판은 잘 수용해 성장과 발전의 기회로 삼으세요. 칭찬과 인정은 계속 글을 써 나갈 수 있는 원동력으로 삼으세요. 피드백을 받아야 내 수준을 알 수 있습니다. 글을 밀고 나가는 힘이 생기면 다양한 경로를 통해 성공 경험을 쌓으세요. 예컨대 투고, 기고, 책 쓰기의 경험은 글쓰기 수준과 단계를 한 차원 끌어올립니다.

일곱, 슬럼프가 오면 내가 그만큼 열심히 했다는 의미이니 좌절하지 마세요. 열심히 한 사람에게만 슬럼프가 옵니다. 느슨하게 하면 슬럼프조차 오지 않아요. 글쓰기 슬럼프를 극복하는 방법은 다양합니다. 한 줄이라도 계속 써야 한다는 의견도 있고, 잠시 글쓰기를 쉬는 게 좋다는 의견도 있어요. 정답은 없습니다. 직접 경험해 보고 자신에게 맞는 방법을 선택하세요. 경험하지 않고서는 어떤 게 내게 맞을지 알 수 없습니다. 뜨거운지 차가운지는 내가 직접 만져봐야 알 수 있어요.

여덟, 예컨대 나와 비슷하게 글쓰기를 시작했거나 나보다 늦게 시작한 사람이 있어요. 그가 나보다 글을 더 잘 쓰거나 가시적인 성과를 내놓기도 합니다. 그럴 때 내가 쪼그라들거나 글쓰기 의욕이 떨어질 수 있어요. 그러지 마세요. 모든 일이 그렇듯 글쓰기도 개인차가 존재합니다. 남과 비교하지 마세요. 타자와의 비교는 내 몸의 기생충과 같아요. 나를 갉아먹고 해칠 뿐입니다. 내 속도에 맞게, 내가 설정하고 계획한 방향에 맞게 꾸준히 쓰면 됩니다. 그러면 나도 실력이 늘고 기회가 생겨요. 만약 비교하고 싶거든 좋은 점만 배우세요. '저렇게 해석할 수 있구나, 저런 관점으로 글을 쓸 수 있구나, 저런 단어와 표현은 좋구나, 저렇게 인용하면 되겠구나.' 이런 식으로 좋은 점을 찾아 흡수하세요.

아홉, 소위 '근자감'이라 불리는 근거 없는 자신감도 필요합니다. 뚝심이자 배포, 정신 승리죠. 마인드 컨트롤의 힘도 무시할 수 없답니다.

열, 철저한 준비와 탁월한 실력은 자신감을 높이는 가장 확실한 방법입니다. 글쓰기 책을 읽고 관련 영상을 보며 공부하세요. 기본기를 다지는데 도움이 됩니다. 직접 글을 써서 부딪히고 깨지는 시행착오를 경험하세요. 이 과정에서 긍정과 인정의 피드백이 증가할 때 자신감이 생깁니다. 자신감이 있어야 즐겁게 꾸준히 쓸 수 있어요. 자신감을 낮추는 태도는 버리고 자신감을 드높이는 태도를 유지하세요.

그래도 여전히 글쓰기가 어렵거나, 시작은 했는데 진도가 나가지 않는다면 좀 더 구체적인 이유와 원인을 파악해야 해요. 강원국 작가는 다음 9가지 예시를 들며 정확한 원인을 알아야 처방할 수 있다고 설명합니다.

1. 글 쓰는 게 싫고 두렵다.
2. 어휘력이 약하다.
3. 진득하게 오래 앉아 못쓴다.
4. 문장력이 부족하다.
5. 첫 문장이 떠오르지 않는다.
6. 쓰려면 아무 생각도 안 난다.
7. 글을 구성하는 데 애먹는다.
8. 마무리 짓기가 어렵다.
9. 글을 잘 고치지 못하겠다.

모든 문제는 원인 파악이 우선입니다. 원인을 찾으면 제거하거나 해결하면 됩니다. 일단 용기를 가지세요. 재차 강조하지만 용기는 두려움이 없는 게 아니라 두려워도 계속하는 겁니다. 미움받을 용기도 필요해요. 남에게 보이는 글을 쓰면 필연적으로 피드백을 받습니다. 부정적인 피드백을 무서워하고 두려워하지 마세요. 대응할 가치가 없는 의견은 무시하고, 발전에 도움이 되는 의견만 비판적으로 잘 수용하세요. 그러면 글쓰기가 늡니다. 걱정할 필요가 없는 또 하나의 이유, 남은 내 생각보다 나에게 관심이 없어요. 내 글에도 관심이 없죠.

"다른 사람들이 너를 어떻게 생각하는지에 대해 걱정하지 마라. 그들도 너만큼이나 바쁘다." – 러셀 브랜드

처방전(해결책)의 핵심은 실천입니다. 글쓰기 관련 책을 수백 권 읽어도 직접 쓰지 않으면 헛수고예요. 예컨대 수영 잘하는 법 관련 책을 수백 권 읽어도 직접 수영하지 않으면 수영을 잘할 수 없는 것과 같습니다. 다독, 다작, 다상량. 많이 읽고 많이 쓰고 많이 생각해야 어휘와 문장력, 글 쓰는 시간(인내력, 지구력), 글감 모두 늘어요. 글감이 생각나 적기도 하지만 쓰다 보면 글감과 영감이 떠오르는 경우도 많습니다. 일단 쓰는 게 중요해요. 하루에 몰아서 많이 쓰는 것보다 매일 조금이라도 꾸준히 쓰는 게 더 낫습니다. 만약 본인이 퇴고에 자신이 없으면 글쓰기 전문가에게 조언을 구하는 것도 좋은 방법입니다. SNS와 블로그에 글을 공유하면서 피드백을 받는 것도 괜찮아요. 글쓰기 모임에 참석해 다른 참여자들의 첨삭을 받는 것도 좋고요.

글쓰기를 처음 시작할 땐 텍스트 발췌 요약부터 하세요. 상대적으로 다른 글에 비해 쉽게 글을 쓸 수 있어요. 저 역시 블로그를 처음 시작할 때 글쓰기가 막막했습니다. 글쓰기 경험이 제로였으니까요. 우선 읽은 책에서 인상 깊었던 부분을 발췌해 요약하고 제 느낌과 생각을 보태 글을 썼습니다. 다른 글쓰기에 비해 수월했죠. 계속 쓰다 보니 점점 글쓰기 근육이 붙더군요. 나중엔 발췌나 인용 없이 글 전체를 제 생각과 느낌만으로 꽉 채우는 게 가능해졌습니다.

독해력과 문장 구사력, 요약 능력은 서로 북돋습니다. 독해력이 좋을수록 요약을 더 잘할 수 있고 요약을 전제로 텍스트를 읽으면 독해력을 기르는 데 큰 도움이 되죠. 요약을 열심히 하면 자연스럽게 문장 구사 능력도 늡니다.

모든 건 다독에서 출발합니다. 많이 읽지 않으면 잘 쓰기 어려워요. 많이 읽을수록 다양한 개념을 알게 되고 어휘와 문장의 구사력이 늘어 글을 잘 쓰게 됩니다. 쓸거리도 확보하죠. 송숙희 작가는 『150년 하버드 글쓰기 비법』에서 쓸거리가 있으면 쓰는 것은 문제가 되지 않고, 쓸거리가 없으면 쓰는 것은 문제조차 되지 않는다고 말합니다. 맞습니다. 쓸거리만 있다면 글쓰기는 그리 어렵지 않아요.

"조각가가 조각품으로 탄생시킬 원재료를 갖고 있듯 우리는 누구나 자신의 운명을 손에 쥐고 있다. 예술 활동뿐 아니라 다른 모든 것에서도 마찬가지다. 우리는 운명을 주조할 수 있는 능력을 갖고 태어났다. 재료를 자신이 원하는 모양으로 빚어내는 기술은 공들여 배우고 계발해야 한다." – 괴테

괴테의 말을 빌리면 우리는 누구나 글쓰기 능력을 타고났습니다. 이 능력을 의심하지 말고 자신감을 가지세요. 꾸준히 쓰다 보면 반드시 글쓰기 능력이 뾰족해지는 날이 옵니다.

2. 글 쓰는 사람이 미래를 얻는다

"글의 명확성이 곧 사고의 명확성을 나타내는 지표라고 굳게 믿는다. 디지털 시대가 발전하면 할수록 글 쓰는 사람이 기회를 얻게 될 것이다." – 『타이탄의 도구들』, 팀 페리스, 토네이도.

부와 명예, 혹은 자기만족과 성취감 등 성공의 정의는 사람마다 다릅니다. 어떤 성공을 꿈꾸든, 글쓰기는 그 여정에서 강력한 무기입니다. 성공한 사람의 공통점은 글쓰기의 중요성을 강조합니다. 왜 그들은 글쓰기를 강조할까요?

하나, 사고력 향상. 글쓰기는 생각을 정리하고 구체화하는 과정입니다. 머릿속에 막연하게 떠오르는 생각을 글로 표현하기 위해서는 논리적인 구조를 세우고, 근거를 제시하며, 주장을 뒷받침해야 하죠. 이 과정을 통해 사고력이 향상되고, 문제 해결 능력이 길러집니다.

둘, 의사소통 능력 향상. 글쓰기는 효과적인 의사소통의 기본입니다. 자기 생각과 의견을 명확하고 설득력 있게 전달하기 위해서는 논리적인 글쓰기 능력이 필요해요. 또한, 글쓰기를 통해 상대방의 입장을 고려하는 태도와 공감 능력을 키울 수 있습니다.

셋, 자기 성찰의 도구. 글을 쓰며 자기 생각과 감정을 돌아봅니다. 일기나 에세이를 쓰면서 내면을 들여다보고 자신의 강점과 약점을 파악할 수 있죠. 자아를 발견하고 자신을 더 잘 이해하게 됩니다.

넷, 전문성 향상. 글쓰기는 전문성을 향상하는 데 필수적인 요소입니다. 보고서, 논문, 기획서 등 전문적인 글쓰기는 업무 능력을 향상하고 경쟁력을 높입니다. 글쓰기를 통해 자신의 전문 지식을 공유하고 타자에게 영향력을 미칠 수 있어요.

다섯, 창의력 증진. 글쓰기는 상상력과 창의력을 자극합니다. 글 쓰는 과정에서 새로운 아이디어를 떠올리고 독창적인 표현 방식을 찾습니다. 이는 문제 해결 능력 향상과 혁신적인 아이디어를 창출하는 데 도움이 됩니다.

여섯, 목표 설정과 달성. 글쓰기는 목표를 설정하고 달성하는 데 효과적입니다. 목표를 글로 적으면 목표가 더욱 명확해지고 달성 의지가 강해지죠. 목표 달성 과정을 기록하면 자신의 성장 과정을 추적할 수 있으며 동기부여 유지에도 도움이 됩니다.

일곱, 스트레스 해소. 글쓰기는 스트레스 해소와 정서적 안정에 도움이 됩니다. 자기 생각과 감정을 글로 표현하면 마음속 답답함이 해소되고 스트레스가 감소합니다. 글쓰기를 통해 자기감정을 이해하고 긍정적인 마음 가짐을 가질 수 있어요.

여덟, 퍼스널 브랜딩. 글쓰기는 퍼스널 브랜딩에 필수입니다. 블로그와 SNS로 자기 생각과 경험을 공유하고 전문성을 알리며 대중과 소통할 수 있죠. 이는 개인의 영향력을 확대하고 더 많은 기회를 창출하는 데 도움이 됩니다.

아홉, 명확한 커뮤니케이션. 성공한 사람은 명확하고 효과적인 커뮤니케이션을 위해 글쓰기를 강조합니다. 자기 생각과 계획을 글로 명확하게 정리하고 전달함으로써 협업이나 리더십에서 탁월한 성과를 얻을 수 있어요. 예컨대 스티브 잡스의 프레젠테이션은 간결하고 명료한 구조로 구성돼 있어 수많은 사람에게 강력한 인상을 남겼습니다. 유시민 작가는 『표현의 기술』에서 다음과 같이 말합니다. "제 글쓰기의 목적은 언제나 '여론 형성'이었습니다. 내 생각과 감정을 남들이 이해하고 공감해 주기를, 그래서 사람들과 함께 무엇인가 옳은 일을 하게 되기를 바라면서 글을 썼다는 뜻입니다."

열, 아이디어 구조화와 문제 해결. 글쓰기는 아이디어를 구조화하고 문제를 해결하는 데 유용합니다. 글을 쓰며 복잡한 문제를 분석하고 해결책을 도출해 보세요. 예컨대 일론 머스크는 자신의 비전과 계획을 글로 정리해 복잡한 기술적 문제에 관한 해결책을 찾습니다.

열하나, 지식 저장과 공유. 글쓰기는 지식을 저장하고 공유하는 데 유용합니다. 자기 경험과 배운 점을 글로 남기고 공유함으로써 타자와의 동반 성장을 기대할 수 있어요.

수많은 성공한 인물들은 뛰어난 글쓰기 실력을 지녔고 이를 자신만 아니라 타인, 나아가 세상을 위해 쓸모 있게 사용합니다.

예컨대 벤저민 프랭클린은 어린 시절부터 꾸준한 글쓰기 연습을 통해 사고력과 설득력을 키웠고, 이는 그가 정치가, 과학자, 발명가 등 여러 방면에서 성공하는데 큰 밑거름이 되었습니다.

제프 베조스는 글쓰기가 사고력을 기르는 데 전부라고 말합니다. 아마존에서 프레젠테이션 대신 6페이지 보고서 작성을 요구하는 것에서 그가 글쓰기를 얼마나 중요시하는지를 잘 알 수 있죠.

마이크로소프트의 CEO 사티아 나델라는 글쓰기가 생각을 명확히 하고 복잡한 문제를 해결하는 데 도움이 된다고 설명합니다.

에어비앤비 CEO 브라이언 체스키와 심리학자 조던 피터슨은 글쓰기와 공개 연설 능력이 경영진에게 필수라고 강조합니다.

전 디즈니 CEO 마이클 아이즈너는 글쓰기 실력이 성공을 위한 필수 요건이라고 주장합니다.

워런 버핏은 세계적인 투자자이자, 뛰어난 글쓰기 실력으로도 유명합니다. 그는 매년 버크셔 해서웨이의 주주에게 보내는 연례 서한을 통해 자신의 투자 철학과 경영 원칙을 명쾌하게 설명해요. 그의 서한은 투자자뿐만 아니라, 경영자, 학생 등 다양한 사람에게 큰 영감을 줍니다. "글쓰기를 통해 자기 생각을 명확하게 표현할 수 없다면, 자신이 무엇을 생각하는지 모르는 것이다."라고 말하며, 글쓰기의 중요성을 강조합니다.

빌 게이츠는 자신의 블로그 'Gates Notes'를 통해 세계적인 문제에 대한 자기 생각과 해결 방안을 제시하며, 많은 사람에게 영감을 줍니다. 그는 젊은 시절부터 글쓰기를 통해 자기 생각을 정리하고, 의사소통 능력을 키웠습니다. "글쓰기는 내가 생각하는 방식을 가르쳐주었다. 나는 글쓰기를 통해 더 나은 사고자가 되었다."라고 말하며, 글쓰기가 자신의 성공에 큰 역할을 했다고 밝혔습니다.

오프라 윈프리는 자기 삶과 경험을 담은 에세이와 자서전을 통해 많은 사람에게 희망과 용기를 줍니다. 그녀는 어린 시절부터 일기를 쓰며 자기 생각과 감정을 표현해 왔죠. "글쓰기는 내 영혼을 치유하는 과정이다. 나는 글쓰기를 통해 내가 누구인지, 무엇을 원하는지 알게 되었다. 글쓰기는 삶의 목적을 찾고 자기 성찰과 성장에 큰 도움이 된다."라고 말합니다.

J.K. 롤링은 세계적인 베스트셀러 『해리 포터』 시리즈의 작가입니다. 그녀는 어린 시절부터 글쓰기를 좋아했고, 상상력이 풍부한 이야기를 쓰는 데 탁월한 재능을 보였습니다. 무명작가 시절, 어려운 상황 속에서도 글쓰

기를 포기하지 않았죠. "글쓰기는 나에게 희망과 위안을 주었다. 나는 글쓰기를 통해 나만의 세계를 창조하고, 어려움을 극복할 수 있었다. 글쓰기는 상상력의 한계를 뛰어넘고, 무한한 가능성을 탐험하는 여행이다."라고 말하며, 글쓰기가 자신의 삶을 변화시켰다고 말합니다.

버락 오바마의 연설은 명확한 논리, 감동적인 스토리텔링, 청중을 사로잡는 화법으로 많은 사람에게 영감을 주었습니다. 그는 대학 시절 학생회 활동을 하면서 연설문을 쓰고 발표하는 경험을 쌓았고, 이는 그의 정치적 성공에 큰 밑거름이 되었습니다.

말랄라 유사프자이는 파키스탄 출신의 여성 교육 운동가로, 탈레반의 총격에도 굴하지 않고 여성의 교육받을 권리를 위해 싸워온 인물입니다. 그녀는 11세 때부터 BBC 블로그에 탈레반 정권 아래에서의 삶과 여성 교육의 중요성에 대한 글을 익명으로 기고하며, 세상에 자신의 목소리를 알렸죠. 그녀의 글은 단순히 자기 생각을 표현하는 것을 넘어, 세상을 변화시키는 힘이 되었습니다.

마크 저커버그는 페이스북을 통해 자기 생각과 비전을 공유하며 사용자와 소통합니다. 그는 중요한 발표나 회사의 방향성에 관한 글을 직접 작성하여 공유합니다.

넬슨 만델라는 27년간 감옥에 갇혀 있으면서도 희망과 용기를 잃지 않고, 자서전 『Long Walk to Freedom』을 집필했습니다. 자서전은 그의 삶과 투쟁, 그리고 인종차별 철폐에 대한 신념을 담고 있어요. 그의 글은 전 세계 사람들에게 감동을 주었고, 인종차별 철폐 운동에 큰 영향을 미쳤습니다.

마야 안젤루는 미국의 시인, 작가, 인권 운동가입니다. 어린 시절 성폭행을 당한 트라우마 탓에 오랫동안 말을 하지 못했지만, 글쓰기를 통해 자신의 상처를 치유하고 세상에 자신의 목소리를 알렸어요. 그녀의 글은 많은 사람에게 감동과 희망을 주었고, 인종차별과 여성 차별에 맞서 싸우는 데 큰 힘이 되었습니다.

빅터 프랭클은 오스트리아 출신의 정신과 의사이자, 홀로코스트 생존자입니다. 그는 나치 강제 수용소에서 겪은 끔찍한 경험을 바탕으로 책『죽음의 수용소에서』을 집필했습니다. 이 책은 삶의 의미와 목적에 관한 깊은 통찰을 담고 있으며 전 세계 사람에게 희망과 용기를 주는 고전으로 자리 잡았죠. 그는 "인간은 삶의 의미를 찾는 존재다. 어떤 상황에서도 삶의 의미를 찾을 수 있다면, 그 사람은 어떤 어려움도 극복할 수 있다."라고 말하며, 삶의 의미와 목적의 중요성을 강조했습니다.

앤 프랭크는 독일 태생의 유대인 소녀로, 나치의 박해를 피해 가족과 함께 2년 동안 은신처에서 생활했습니다. 그녀는 은신처에서 쓴 일기를 통해 전쟁의 공포와 불안, 그리고 희망과 꿈을 담담하게 기록했죠. 그녀의 일기는 홀로코스트의 참상을 알리고, 전쟁의 비극을 고발하는 중요한 자료가 되었습니다. 어려운 상황 속에서도 희망과 꿈을 잃지 않은 한 소녀의 이야기는 전 세계 사람에게 감동과 교훈을 줍니다.

이렇듯 글쓰기는 작가와 독자 모두에게 큰 영향을 미칩니다.

일상에서도 글쓰기는 큰 힘을 발휘합니다. 잘 작성된 이력서와 자기소개서는 취업의 첫 관문을 통과하는 데 필수적이며, 사업 계획서, 제안서, 보고서 글쓰기는 사업의 성공을 좌우하는 중요한 요소입니다. 논문, 에세이, 리포트는 학업에서 좋은 성적을 받기 위해 중요하며, 진심을 담은 편지나 메일은 사람의 마음을 움직이고 관계를 돈독히 하는 데 큰 역할을 합니다.

강원국 작가는 글쓰기로 자존감을 얻는 방법 4가지에 대해 다음과 같이 설명합니다.

1. 자기존재감을 확인할 수 있다.

2. 자기 수준이 올라가 자신감이 생긴다.

3. 나의 성장을 확인할 수 있고, 앞으로 더 성장할 것이란 나에 대한 믿음이 생긴다.

4. 나의 글이 어떤 역할을 하게 되고, 남에게 기여함으로써 자아실현을 이룰 수 있다. 자아실현은 자존감의 최고봉이다.

연장선에서 그는 글쓰기를 통해 12가지를 얻었다고 해요.

1. 작가란 호칭.

2. 나의 기록물.

3. 할 수 있다는 자신감.

4. 원고료와 인세.

5. 말할 거리와 말할 자격.

6. 쓰면서 떠오른 생각.

7. 마음의 치유.

8. 성취감과 성공 경험.

9. 자기표현.

10. 타인과의 소통과 연결.

11. 개인적 각오와 결심.

12. 끈기와 집중력, 인내심.

저도 12가지 모두 경험했기 때문에 공감이 됩니다. 여기에 제가 글쓰기로 얻은 것을 추가합니다.

13. 자아실현.

14. 다양한 기회와의 접점.

15. 결이 맞는 좋은 사람들.

16. 글을 쓰기 위해 책을 읽는 시간.

17. 글을 쓰기 위해 읽는 좋은 책.

18. 글을 쓰기 위한 독서로부터 얻는 정보와 지식, 감동과 위안.

19. 글을 쓰며 앎이 견고해짐.

20. 글을 쓰며 더 공부하고 배움.

21. 자존감과 자신감, 자부심.

22. 사고력, 의사 결정 능력, 문제 해결 능력, 필력.

23. 글감을 찾기 위해 일상에 관심과 관찰 증가, 일상의 소중함을 깨달음.

24. 집중력과 몰입.

25. 꾸준함.

26. 타인에 대한 공감과 위로.

27. 새로운 세상, 새로운 꿈.

"사실 글을 쓴다고 크게 달라지는 것은 없다. 그런데 전부 달라진다." – 『글쓰기의 최전선』, 은유, 메멘토.

정말 그렇습니다. 글을 쓰고 무언가 크게 달라지진 않았습니다. 그런데 모든 게 달라졌어요. 우선 생각이 달라졌습니다. 아니, 이제야 생각하기 시작했다는 게 더 맞는 표현입니다. 그전까진 별다른 생각 없이 지내왔어요. 불필요하고 쓸데없는 걱정과 고민만 잔뜩 하고 살았죠. 사유, 사색은 들어본 단어에 불과했습니다. 이젠 아니에요. 생각의 깊이와 폭이 변했습니다. 글쓰기에 몰두하며 지내니 온종일 모든 걸 글쓰기와 관련지어 생각해요. 사건, 현상, 사람, 사물, 동식물, 자연, 일 모두. 하나라도 글감을 더 찾으려는 하이에나가 되었습니다. 늘 더 깊이 생각하려 하고 일면적이 아닌 다면적으로 생각합니다. 일상도 달라졌어요. 쓰는 시간이 하루 중 큰 비중을 차지합니다. 독서량도 크게 늘었죠. 마흔 전까지 거의 책을 읽지 않았으니 피터 틸의 책 제목처럼 『제로 투 원』이 되었습니다. 책은 지적 욕구를 채우기 위해서, 공부하고 배워 더 나은 사람이 되기 위해서 읽기도 하지만, 글을 더 잘 쓰기 위해 읽는 목적이 큽니다. 글쓰기를 통해 새로운 삶도 꿈꿉니다. 작가의 삶도 시작되었죠. 인생 2막이 열렸습니다. 글쓰기로 파생된 다양한 도전을 시도하고 있어요. 이렇게 쓰다 보니 글을 써서 전부 달라졌을 뿐 아니라 크게 달라졌다고 해도 무리가 없겠네요. 글쓰기는 나와 타인을 변화시킵니다. 글쓰기는 나와 타인의 삶을 변화시킵니다. 쓰는 사람이 되세요. 쓰는 삶을 사세요.

유발 하라리는 『21세기를 위한 21가지 제언』에서 미래 사회에는 '변화에 적응하는 능력'이 가장 중요하다고 강조합니다. 끊임없이 변화하는 세상에서 살아남기 위해서는 새로운 지식을 빠르게 습득하고, 기존의 지식을 새로운 상황에 적용할 수 있어야 해요. 독서와 글쓰기는 이러한 능력을 키우는 데 가장 효과적인 방법의 하나입니다.

물론, 글쓰기가 성공을 보장하는 마법의 열쇠는 아니에요. 하지만 꾸준한 글쓰기를 통해 사고력, 창의성, 문제 해결 능력을 키우고, 자신을 표현하는 능력을 기른다면, 성공에 한 발짝 더 가까이 다가갈 수 있습니다. 이제, 펜을 들고 여러분의 이야기를 써 내려가 보세요. 그 안에 여러분의 성공이 기다리고 있습니다. 글을 쓰면 부를 얻고 사람을 얻으며 미래를 얻습니다. 오늘부터 매일 꾸준히 쓰세요. 묵묵히 묵묵히.

3. 잘쓴글 vs 좋은글 vs 읽히는글

"글을 못 쓰는데 괜찮을까요?" 네, 괜찮습니다. 글의 구조와 형식, 문장력과 필력보다 내용이 우선입니다. 내용보다 우선인 건 도움을 주려는 마음과 진심이에요. 김종원 작가는 『글은 어떻게 삶이 되는가』에서 세상에 필요한 이야기를 쓰면 '공유'가 되고 도움을 주려는 마음을 담으면 '브랜드'가 생긴다고 하였고, 『한번 사는 인생, 어떻게 살아야 하는가』에서는 잘하려고 하지 말고 그저 뭐든 도움을 주려고 시작하면 말과 삶이 빛날 것이라 했습니다.

워런 버핏은 글을 잘 쓰는 것보다 도움을 주려는 마음이 중요하다는 걸 이렇게 표현합니다. "주주에게 잘 읽히는 글을 쓰기 위해서 셰익스피어 같은 문필가가 될 필요는 없다. 좋은 내용을 사람들에게 알리고 싶은 욕망만 있다면 그것만으로도 충분하다."

초반엔 누구나 형편없는 글을 씁니다. 대문호도 처음부터 글을 잘 썼거나 쓰는 글마다 걸작이 나온 게 아니에요. 꾸준히 지속해서 쓰다 보니 글쓰기 실력이 늘고, 수많은 그저 그런 글과 졸작 중에서 걸작을 건진 것뿐입니다. 남을 돕겠다는 마음과 내가 가진 정보, 지식, 생각, 깨달음, 시행착오, 교훈, 감정, 경험에 진심을 녹여 꾸준히 쓰세요. 습작에 충실하세요. 그러면 좋은 글이 나옵니다. 읽히고 기억되는 글이 나와요. 명작, 걸작, 대작은 다 그렇게 나옵니다. 결국 나는 브랜드가 됩니다.

다음은 강원국 작가가 말한 글 못 쓰는 사람의 특징 9가지입니다.

1. 대체로 문장이 길다.
2. 형용사, 부사를 많이 쓴다.
3. 추상적이고 어렵게 쓴다.
4. 남의 충고를 듣지 않는다.
5. 자기가 잘 쓴다고 생각한다.
6. 글의 마무리가 빈약하다.
7. 비문과 오탈자가 많다.
8. 글이 술술 읽히지 않는다.
9. 퇴고를 게을리한다.

글 못 쓰는 사람의 특징을 반대로 하면 글 잘 쓰는 사람이 됩니다.

1. 가능한 문장을 짧게 간결하게 쓰세요.
2. 형용사, 부사를 적게 쓰세요. 또한 불필요한 접속사 사용을 줄이세요. 이것만 해도 글이 상당히 부드러워지고 잘 쓴 글로 보입니다. 조사도 필요한 곳에만 사용하세요. 조사와 어미 사용에 신중해야 해요. 우리나라 말은 '아' 다르고 '어' 다릅니다. 김훈 작가는 조사에 대해 이런 말을 남겼습니다. "한국어를 읽는다는 것은 조사를 읽는다는 것이다. 한국어로 글을

쓰는 것은 조사를 운용하는 것이다. 한국어로 사유한다는 것은 조사를 이해한다는 것이다." 조사와 어미의 차이로 문장의 뉘앙스가 전혀 달라집니다. 글의 힘과 설득력에도 큰 차이가 생기죠. 적절한 조사와 어미를 사용하세요. 이 부분에 충분한 시간을 들여 고민하고 눈물겨운 사투를 벌여야 글의 수준이 높아집니다.

3. 구체적이고 명료하게, 쉽게 쓰세요. 어려운 내용을 쉽게 쓰는 게 어려운 일입니다.

4. 남의 충고에 귀를 기울이세요. 합리적인 비판은 수용하고 반영하면 대화가 건설적이고 생산적이겠죠? 성장 발전은 따라옵니다.

5. 겸손하세요. 나의 글에 모자란 부분을 찾고 채우려 노력하세요.

6. 글의 마무리에 힘을 실으세요. 용두사미로 끝나지 말아야 합니다. 끝심이 강해야 해요. 글의 시작은 첫인상이 좋은 사람이 오래 기억에 남듯 초두 효과로서 중요합니다. 글의 마무리도 마지막이 아름다운 사람이 기억에 오래 남듯 최신 효과로서 중요해요.

7. 비문과 오탈자가 없어야 합니다. 자체적으로 검토하고 맞춤법 검사기를 이용해 재검 또 재검하세요. 국어사전(온라인/오프라인) 활용을 게을리하지 마세요.

8. 글이 술술 읽히게 쓰세요. 읽다가 턱턱 걸리는 게 없어야 합니다.

9. 초고는 쓰레기, 걸레라는 말이 있죠. 퇴고에 진심이어야 합니다. 글다운 글은 퇴고로부터 만들어진다고 해도 과언이 아니에요. 글쓰기 실력도 퇴고할 때 가장 많이 늘어요. 퇴고에 온 힘을 다하세요.

마지막 9번은 정말 그렇습니다. 첫 책을 집필하면서 퇴고할 때 글쓰기 실력이 부쩍 향상한 걸 직접 체험했어요. 미국 소설가 어니스트 헤밍웨이는 모든 문서의 초안은 끔찍하다며 『무기여 잘 있거라』를 39번이나 새로 쓴 걸로 유명합니다. 퇴고에 공을 들일수록 글의 수준과 완성도는 높아져요.

잘 쓴 글과 좋은 글은 어떤 글일까요?

스테르담 작가의 『나를 관통하는 글쓰기』에 따르면 글 잘 쓰는 것은 생각한 바를 수려한 문체로 처음부터 끝까지 막히지 않고 써 내려가고 그것이 많은 사람에게 좋은 영향을 끼쳐 공감을 얻어 함께 깨닫는 겁니다. 유시민 작가는 『유시민의 글쓰기 특강』에서 잘 쓴 글에 대해 이렇게 정의합니다. 노래처럼 독자의 공감을 얻고 마음을 움직이는 글, 편하게 읽고 쉽게 이해할 수 있는 글.

잘 쓴 글과 좋은 글의 정의는 다양합니다. 저의 기준으로 설명해 드릴게요. 둘은 미묘한 차이가 있습니다.

우선 잘 쓴 글의 특징입니다. 구조가 체계적이고 짜임새가 있어요. 흐름이 매끄럽죠. 맞춤법과 문법이 정확합니다. 글의 목적과 주제가 분명하고 메시지를 명확하게 전달합니다. 독자가 내용을 쉽게 이해할 수 있습니다. 어려운 말과 단어, 어휘, 전문 용어, 문장을 쓴다고 해서 글의 품격이 높아지거나 잘 쓴 글로 인정받는 게 아닙니다. 유시민 작가는 주제에 대해 특별한 지식이나 경험이 없는 사람도 주의 깊게 읽기만 하면 충분히 이해할 수 있게끔 텍스트를 쓴다고 합니다. 전문 서적이 아닌 이상 중학생도 이해할 수 있을 정도로 가능한 한 쉽게 글로 풀어내는 노력이 필요해요. 불필요한 수식어나 장황한 설명은 피하고, 핵심적인 내용을 간결하게 전달합니다. 사실에 근거한 정확한 정보를 제공하고, 논리적인 비약이나 오류가 없습니다. 신뢰할 수 있는 출처를 사용합니다.

무엇보다 잘 쓴 글은 가독성이 좋습니다. 저도 가독성이 좋은 글과 책을 선호합니다. 가독성이 좋다고 해서 무조건 쉬운 주제나 단어만 사용했단 의미는 아닙니다. 독자가 쉽게 이해할 수 있도록 어려운 단어나 개념은 정의를 잘 내려주고 쉽게 풀어서 쓰는 작가의 배려가 있어야 해요.

가독성이 좋은 글에 대해 좀 더 살펴볼게요. 아무리 훌륭한 생각과 감동적인 이야기가 담겨 있어도, 읽기 어려운 글은 독자에게 외면받습니다. 가독성이 좋으면 독자가 글에 쉽게 집중하고, 편안하게 읽을 수 있어요. 마치 시원하게 뚫린 고속도로처럼, 독자가 글을 따라 술술 읽어나갈 수 있죠.

가독성이 좋은 글의 특징은 주어와 동사가 명확하게 드러납니다. 문장이 간결하죠. 너무 길거나 복잡한 문장은 피합니다. 쉽고 친근한 단어를 사용해 독자의 이해를 돕습니다. 전문 용어나 어려운 한자어는 꼭 필요한 경우가 아니면 사용하지 않죠. 문단과 문장 사이의 연결이 자연스럽고 논리적입니다. 접속사, 지시어 등을 적절히 사용해 문장 간의 관계가 명확합니다. 문단의 길이는 너무 길지도 짧지도 않습니다. 한 문단에서 하나의 주제를 다루고, 문단 사이의 공백을 통해 시각적인 휴식을 제공합니다. 글을 잘 쓰려는 의욕이 과해 한 문단에서 말하고자 하는 주제와 메시지가 너무 많이 담기면 독자는 핵심 주제가 무엇인지 알기 어렵고 혼란에 빠져요. 글도 술술 읽히지 않고요. 글꼴, 글자 크기, 줄 간격, 여백 등 시각적인 요소를 적절히 활용해 독자 눈의 피로를 덜어줍니다. 이미지, 일러스트, 그래픽 등 시각 자료를 활용해 글을 더욱 효과적으로 전달합니다. 웹툰은 이미지와 글을 효과적으로 결합해 가독성을 높인 좋은 사례입니다.

가독성을 높이는 글쓰기 팁은 목표 독자를 설정하고 그들의 눈높이에 맞춰 글을 쓰세요. 글 쓰기 전에 미리 개요를 작성해 글의 구조를 논리적으로 구성하세요. 문장을 짧게 유지하고, 수식어를 최소한으로 사용하세요. 어려운 단어보다 쉽고 친숙한 단어를 사용하세요. 글을 다 쓴 후에는 반드시 다시 읽고 수정하세요.

"글의 리듬감 또한 가독성에 중요한 요소다. 모든 문장을 단문으로 끊어 쓰기보다는 장문을 섞어줄 때 흐름이 부드러워진다." — 『초단편 소설 쓰기』, 김동식, 요다.

글에도 리듬이 중요합니다. 리듬이 있는 글은 시그니처처럼 독자에게 각인되고 읽는 맛이 있어 잘 읽혀요. 그러려면 단문과 장문의 조화, 단어의 선택, 문장과 단락의 나눔에도 신경 써야 합니다. 소리 내서 읽어보면 리듬 여부를 알 수 있어요.

다음은 좋은 글입니다. 좋은 글이 항상 잘 쓴 글은 아니에요. 쉽게 말해 좋은 글은 글의 구조와 형식보다 내용과 본질, 쓰임에 무게를 더 둡니다.

독자의 마음을 움직이고 생각과 행동의 변화를 끌어내는 힘을 지녔죠. 좋은 글은 다음과 같은 특징을 갖습니다. 작가의 독특한 관점, 시각, 해석, 가치관, 문체가 잘 드러납니다. 작가의 진솔한 생각과 감정, 진심과 진정성이 담겨 있어 독자에게 공감을 얻습니다. 깊이 있는 사고와 예리한 분석을 통한 통찰력은 독자에게 새로운 시각과 이해를 제공합니다. 독자에게 의미 있고 유용한, 가치 있는 정보도 제공하죠. 깊은 감동과 여운, 울림을 줍니다. 독자의 생각과 행동에 긍정적인 영향을 미치고, 세상을 변화시키는 힘을 지녔습니다. 강원국 작가는 이렇게 말합니다. "글쓰기의 목적은 감동과 설득이다." 독자를 감동시키고 설득하는 글은 좋은 글입니다.

잘 쓴 글과 좋은 글 외에 중요한 하나가 더 남았습니다. 많이 읽히는 글입니다. 아무리 잘 쓰고 좋은 글이라도 읽히지 않으면 글로서 의미는 없습니다. 많은 사람에게 읽히는 글을 쓰려고 노력해야 해요. 독자의 관심을 끌고 지루하지 않도록 써야 합니다. 김종원 작가는 『글은 어떻게 삶이 되는가』에서 "내가 쓰고 싶은 이야기를 쓰면 일기가 되고, 남도 읽고 싶은 이야기를 쓰면 '좋아요'가 붙는다고 말했습니다. 나만 읽고 싶은 글이 아닌 남도 읽고 싶은 글을 쓰세요."

많이 읽히는 글,
남도 읽고 싶은 글을 쓰기 위한 전략을 소개합니다

눈에 띄는 제목을 지으세요. 제목은 글의 첫인상을 결정하는 중요한 요소입니다. 독자의 호기심을 자극하고, 클릭하고 싶게 만드는 매력적인 제목을 선택하세요. 온라인 뉴스 기사를 보면 클릭을 유도하기 위한 자극적인 제목이 많습니다. "○○의 충격적인 진실!", "○○, 이것만 알면 대박!"과 같은 제목이죠. 시쳇말로 어그로를 끌거나 거짓, 과장된 제목은 삼가되 흥미를 유발하면서 독자의 머리 위에 물음표나 느낌표를 띄울 수 있는 매력적인 제목을 지으세요. 도입부 역시 관심을 끌 수 있도록 공을 들이세요.

한 사람을 대상으로 글을 쓰세요. 흔히 독자층을 염두에 두고 글을 쓰라 말하죠. 그런데 글이 많은 사람에게 읽히길 바라는 마음에 독자층을 특정하지 않는 경우가 있습니다. 불특정다수를 노리는 거죠. 이러면 소위 죽도 밥도 안 됩니다. 모든 사람을 잡으려다 모든 사람을 놓쳐요. 독자층을 가능한 한 좁고 구체적으로 설정하세요. 극단적으로 단 한 명을 위해 쓴다고 생각하고 써 보세요.

"인류에 대해 이야기하지 말고 한 인간에 대해 말하라." ─ E. B. 화이트

"한 명의 죽음은 비극이지만, 백만 명의 죽음은 통계다." ─ 스탈린

100만 명의 난민을 도와달라는 글에는 반응이 저조하지만, 아프가니스탄의 7세 한 소녀를 도와달라는 글에는 많은 도움의 손길이 모이는 게 사람 심리입니다. 독자 한 사람을 상상하고 쓰세요. 나이, 성별, 직업 등 구체적일수록 좋습니다.

다양한 시각 자료를 활용하세요. 이미지, 영상, 그래픽 등 시각 자료는

글을 더욱 풍부하게 만들고 독자의 이해를 돕습니다. 적절한 시각 자료를 활용해 글의 완성도를 높이세요.

글에 가치를 담으세요. 독자의 관심사와 니즈를 파악하세요. 독자가 실제로 궁금해하고 필요로 하는 내용을 다루세요. 독자가 글을 통해 하나라도 얻는 게 있어야 해요. 여기서 가치란 앞서 소개했듯이 지식, 정보, 경험, 비결, 비법, 원리, 노하우, 꿀팁, 인사이트, 지혜, 통찰, 재미, 감동이며 문제, 요구, 욕구, 부탁, 불만, 불만족, 불평, 불편을 해결해 줄 수 있는 솔루션입니다. 즉 글이 독자에게 어떤 형태로든 '의미'가 있어야 합니다.

감정을 건드리세요. 사실만 열거하면 재미와 흥미가 없어요. 인간은 이성보다 감정적인 존재입니다. 눈물을 자극하든 재미를 주든 놀라움을 주든 감정선을 건드리는 내용을 담으세요.

생각할 거리를 심으세요. 깊은 생각 없이 가벼운 마음으로 읽는 글도 있습니다. 모든 글이 진중하고 무거울 필요는 없죠. 그런데 단순히 읽고 끝나기만 하는 글과 곱씹고 생각할 거리를 던져주는 글 중에서 어떤 글이 더 읽힐까요? 네, 당연히 후자입니다. 꼭 교훈이나 가르침이 아니더라도 '나라면 어떻게 했을까?', '나는 이것에 대해 어떻게 생각하지?' 등 질문을 선물해 주는 글이 읽힙니다. "글마다 늘 생각할 거리가 있어 좋습니다. 고맙습니다." 제가 많이 받는 피드백 중 하나예요. 독자는 의외로 곰곰이 생각해 볼 수 있는 글을 좋아한다는 걸 잊지 마세요.

기획력이 중요합니다. "깨끗하게 이용한 당신 덕분에 참 행복합니다." 어느 날 제 눈에 들어온 남자 화장실 변기 앞에 쓰인 문구예요. 단순히 "한 발 더 앞으로."였다면 효과는 거의 없습니다. 사람의 심리를 잘 이용한 글, 기획력이 돋보이는 글이 읽힙니다. 특히 긴 글일수록 전개 구성, 속도, 강약 조절 등 짜임새 있는 기획이 중요해요.

스토리텔링 능력이 필요합니다. '메러비안의 법칙'에 따르면 사람들의 의사소통에서 말 내용 자체가 주는 영향은 약 7%에 불과해요. 청각(목소리, 억양)은 38%, 시각은 55%를 차지하죠. 글과 책은 어떤가요? 오롯이 독자의 시각에만 의존합니다. 텍스트로만 메시지를 주고받죠. 때문에 스토리텔링이 중요합니다. 스토리텔링이 잘되어 있는 글은 읽는 맛이 있고 읽기 시작하면 놓지 않습니다. 글이 지루하지 않게 재미와 감동, 정보와 지식, 효용을 적재적소에 심어두세요. 내 이야기, 일화, 사례, 예시, 서사를 담으면 글에 생동감을 더하고 신뢰성을 높이며 독자의 관심을 효과적으로 끌어낼 수 있습니다. 김정운 문화심리학자는 이런 말을 했어요. "글을 써서 폼 잡는 시대는 갔어요. 지금은 재미있어야 해요. 자기가 겪은 재미있는 이야기를 쓰기 시작하면 됩니다. 그 재미를 통해 느낀 것을 쓰세요. 재미와 의미가 교차되는 지점이 글쓰기의 핵심이에요." 자신의 이야기를 쓰세요. 내 생각, 의견, 느낀 점, 경험, 가치관, 철학, 인생관, 세계관이 담긴 글. 이야기에 의미와 지혜, 깨달음, 교훈, 통찰, 인사이트가 녹아 있으면 더 좋습니다. 그게 재미있는 글이에요.

소셜 미디어를 활용하세요. 소셜 미디어는 많은 사람에게 글을 알리는 데 효과적인 플랫폼입니다. 페이스북, X(구. 트위터), 스레드, 인스타그램 등 다양한 소셜 미디어 채널을 활용해 독자와 소통하고 글을 홍보하세요. 최근엔 많은 작가가 자신의 SNS 계정을 통해 신작 소식을 알리고 독자와 소통하며 팬층을 쌓아갑니다.

"타인사고력이란? 타인의 생각, 느낌, 동기를 이해하고 예측하는 능력입니다. 즉, 타인사고력을 갖추게 되면, 독자와 고객의 입장에서 제품, 서비스, 콘텐츠를 보며, 그들의 행동과 반응을 예측하고 이해할 수 있게 되는 거죠! 이를 통해 콘텐츠 제작자는 관객의 기대와 요구에 부응하는 맞춤형 콘텐츠를 생성할 수 있게 됩니다. 관객이 자신의 요구가 충족되고 있다고 느끼게 만드는 방법이 바로 타인사고력인 것입니다!" – 세바시 공식 블로그, 레드오션 콘텐츠 바다에서 살아남기!_오은환 대표의 콘텐츠 완전 정복, 타인사고력

많이 하는 질문의 하나죠. 내가 쓰고 싶은 글을 써야 할까, 남이 읽고 싶은 글을 써야 할까. 제가 확실하게 정해드릴게요. 내가 쓰고 싶은 글은 일기처럼 쓰세요. 남이 안 봐도 상관없는 글로 여기세요. 그러면 괜찮습니다. 하지만 내가 쓴 글을 누군가 봐주길 원한다면, 그 대상이 많기를 바란다면 남이 읽고 싶은 글을 쓰세요. 남의 이야기를 쓰라는 게 아닙니다. 남이 읽을 만한 내용을 담으라는 뜻이에요. 독자가 없는 글은 무의미합니다. 독자가 무엇을 원하는지, 왜 내 글을 읽어야 하는지, 내 글을 읽으면 얻는 게 무엇인지가 명확해야 해요. 그래야 읽히는 글이 됩니다. 원고 투고 시 출판사에 제출하는 출간기획서도 마찬가지입니다. 핵심은 왜 내 원고가 책으로 세상에 나와야 하는지, 누가 이 원고(책)를 읽을 것인지가 명확해야 출간

계약을 따낼 수 있어요.

　좋은 글을 쓰는 것도, 많이 읽히는 글을 쓰는 것도 결국 독자를 향한 마음에서 출발합니다. 독자에게 감동과 깨달음을 선사하고, 도움을 주겠다는 마음으로 타인 사고력을 발휘해 글을 쓴다면 그 글은 널리 읽히고 오래 기억될 겁니다.

4. 글쓰기 A to Z

"글은 지식과 철학을 자랑하려고 쓰는 게 아니다. 내면을 표현하고 타인과 교감하려고 쓰는 것이다. 다른 사람의 공감을 끌어내지 못하면 의미가 없다." - 『유시민의 글쓰기 특강』, 유시민, 생각의길.

저는 책을 읽으면 느낀 점과 생각, 인상 깊었던 구절과 글귀를 블로그와 각종 SNS에 올립니다. 『세이노의 가르침』을 읽고 난 후에도 역시 제 생각을 짤막하게 남겼어요. 그런데 하루는 신문 기자에게 연락받았습니다. 페이스북에 제가 올린 그 글을 보셨다네요. 경기 불황 속 청년의 생활을 조명하는 기획 기사를 준비 중인데 그중 한 편으로 『세이노의 가르침』 열풍을 조명하려 한다. 청년들은 어떤 지점에서 영감을 받았는지, 이 책을 읽는 청년들은 어떤 삶을 살고 있는지, 왜 이 책을 감명 깊게 읽었는지, 평소 어떤 책을 읽는지, 2024년에도 시사하는 바가 무엇인지 등을 여쭤보고 싶다 하셨어요. 전 흔쾌히 응했습니다. 새로운 도전은 늘 옳다고 생각하니까요. 인터뷰는 잘 진행되었지만 아쉽게도 기사에 실리지는 못했습니다. 제 나이가 40대라 젊은 청년 인터뷰 위주로 실을 수밖에 없었다며 죄송하다고 말씀하셨죠. 비록 기사에 실리진 못했지만 괜찮습니다. 새로운 경험은 돈으로 환산할 수 없는 귀한 자산으로 남으니까요. 저는 신문 기자와 인터뷰를 진행한 귀한 경험을 얻었습니다. 제가 글을 쓰지 않았다면 얻지 못했을 경험이죠. 이렇듯 글은 사람과 사람을 연결해 새로운 기회와 경험을 제공해 주고 새로운 세계를 만나게 해줍니다. 이윤지 작가(다수 공저)의 『지금 당신이 글을 써야 하는 이유』에는 이런 구절이 나와요. "글은 삶과 사람을 연결하는 강력한 힘을 지니고 있다. 또 글은 사람들과의 만남의 담장을 낮춰준다." 맞아요. 글은 새로운 사람을 만나는 담장, 문턱을 낮춰줍니다.

저를 포함해 많은 사람이 글을 씁니다. 읽기보다 몇 배 힘이 든다는 글을 굳이 매일 쓰며 살아요. 누가 쓰라고 강요하지도 않았는데 말이죠. 왜 글을 쓸까요? 글을 써야 하는 이유는 무엇일까요? 글을 쓰면 어떤 점이 좋을까요?

유시민 작가의 『유시민의 글쓰기 특강』에 따르면 세상이 글쓰기를 요구하기 때문에, 글쓰기 실력을 단순히 기능이 아니라 한 사람의 지성의 수준을 보여주는 지표로 간주하기 때문에 글을 써야 합니다.

글을 쓰다 보면 점점 내가 보여요. 내가 누구이고 무엇을 좋아하고 무엇을 싫어하고 무엇에 아파하고 무엇에 행복을 느끼는지, 무엇을 원하고 무엇을 추구하는지, 무엇을 중요하게 여기는지, 무엇에 가치를 두는지, 무엇을 포기할 수 없는지 알 수 있죠. 나다움과 나의 정체성을 파악하는 데 큰 도움이 됩니다. 머릿속에 안개처럼 뿌옇고 실타래처럼 엉킨 생각이 글을 쓰면 정리가 돼요. 마법처럼 구체적으로 선명해지죠. 문제의 원인과 해결책이 쉽게 도출됩니다.

글을 쓰면 지금과는 다른 삶을 살게 됩니다. 저 역시 그래요. 2022년 11월 11일 블로그를 시작으로 글을 쓰기 시작했고 그전과는 전혀 다른 삶을 살고 있어요. 일상이 글쓰기입니다. 매일 글을 쓰고 글을 쓰지 않는 시간에도 글감을 생각하니까요. 브런치 작가, 종이책 출간 작가도 되었습니다. 이렇게 두 번째 책도 쓰고 있고요. 글쓰기 전에는 상상도 할 수 없었던 일이 하나둘 연이어 일어났어요. 앞으로도 계속 일어나겠죠. 매일 글로 제 생각을 타자에게 전달합니다. 제 글을 보고 힘과 위로를 얻는 분도 점점 늘고 있어요. 제게 긍정적인 영향력이 생긴 겁니다. 글쓰기는 가치를 제공하는 훌륭한 행위예요. 내가 쓴 한 단락, 한 문장만으로도 타자의 행동을 바꾸거나 인생 전체를 바꿀 수 있습니다.

꾸준히 글을 쓰면 원하는 걸 이룹니다. 예상치 못한 선물도 받죠. 퍼스널 브랜딩, 즉 나를 브랜드로 만들기 위해 가장 쉽게 해 볼 수 있는 게 글쓰기입니다. 글쓰기를 시작했다면 꼭 책 쓰기까지 마침표를 찍으세요. 책 한 권 쓴다고 당장 인생이 크게 달라지진 않아요. 그런데 모든 게 달라집니다. 책은 나의 명함이 되어주고 나를 증명해 주고 세상에 나를 알려줘요. 내가 일할 수 있는 활동 분야와 영역이 확장되죠. 최고의 퍼스널 브랜딩 방법입니다. 글과 책을 써야 하는 이유예요.

"글을 쓴다는 것은 소울메이트를 내 삶에 초대하는 것이다. 글을 쓰면 '내가 아는 사람'이 아닌 '나를 아는 사람'이 생긴다." – 김종원

글을 쓰면 내 글을 읽는 사람이 생깁니다. 나와 파장, 주파수, 결이 맞는

사람이 모이죠. 그들은 나의 팬이 됩니다. 나의 소울메이트를 만날 수도 있어요. 단지 나는 글을 썼을 뿐인데 말이죠. 어떤가요? 글을 쓰지 않을 이유가 없습니다. 아니, 반드시 글을 써야 하는 이유만 존재해요.

글을 쓰면 소중한 인연을 만납니다. 블로그와 SNS에 글을 적고 댓글로 소통하면서 말이죠. 서로가 부족한 점을 채워줍니다. 위로와 위안을 주고받고 공감과 응원, 지지, 격려를 해주죠. 서로가 서로에게 멘토가 되어주는 겁니다. 글을 쓰며 제가 변했고 삶이 변했어요. 희미했던 희망이 선명해졌습니다. 삶의 의미와 목적이 명료해졌죠. 어두운 기운은 약해지고 밝은 기운이 강해졌어요. 글이 저를 살렸듯 글로 남을 살리고 싶습니다. 여러분과 함께요. 여러분도 남을 살리는 글과 책을 쓰길 간절히 바라는 마음으로 이 책을 쓰고 있습니다.

유시민 작가는 글은 온몸으로 삶 전체로 쓴다고 말합니다. 표리부동한 글은 독자에게 외면받아요. 언행이 일치해야 하듯 글과 삶도 일치해야 합니다. 글대로 살아야 해요. 숨기려고도 보태려고도 하지 않고요. 그래야 글에 진심이 담겼다고 말할 수 있고 그게 바로 진정성입니다. 가식적인 글은 피해야 해요. 있는 그대로의 모습을 담아야 합니다. 좋은 글을 쓰기 위해 좋은 삶을 살려 노력하니 삶은 긍정의 방향으로 흘러요. 하루를 충만하고 농밀하게 살죠. 『세이노의 가르침』을 읽고 가장 기억에 남은 한 단어가 있습니다. Integrity. 나의 가치관, 신념에 따라 사는 것. 가치관과 신념의 방향대로 생각과 말과 글과 행동이 일치되게 사는 것입니다. 이렇게 살 때 좋은 글이 나오고 많은 사람의 가슴에 와닿습니다. 큰 울림을 주죠. 글을 잘 쓰려면 잘 살아야 한다는 유시민, 강원국 작가의 말처럼 글을 쓰면 삶을 잘 살게 됩니다. 글이 가진 선한 힘이죠. 여기서 잘 산다는 건 많은 걸 뜻해요. 바르게 살고 나답게 살고 다양한 경험을 하며 산다는 의미이기도 합니다. 세파를 견디고 질곡 있는 삶의 터널을 지나오면서 얻은 감정과 생각이 켜켜이 쌓입니다. 그것이 흘러넘치는 순간 글을 쓰고 싶은 욕구가 절로 들죠. 이것이 잘 표현된 글은 독자에게 떨림과 전율을 줍니다. 공감과 감동, 위안과 위로를 주고 삶을 변화시키죠. 글재주만 있는 글에는 독자가 공감하지 않아요. 작가의 서사가 글에 스며있어야 해요. 작가의 내면에 가치 있는 것이 가득 차서 이를 실감 나게 글로 잘 표현해야 공감을 얻습니다.

저는 글쓰기 초반 내면의 검열관 힘이 컸어요. 검열관은 저를 조금이라도 드러내는 걸 쉽게 허락하지 않았죠. 개인적인 이야기만 아니라 제 생각조차 담기 어려웠습니다. 독자의 시선이 두려웠던 거죠. 마치 발가벗겨지는 느낌이었어요. 제 생각, 제 이야기를 하지 못하니 글은 겉돌았습니다. 알맹이 없는 껍데기에 불과한 글 같았죠. 글이란 건 솔직하게 말하고 싶은 내용을 담아 쓰는 건데 그것이 없으니 그럴 수밖에요. 용기를 내어 조금씩 저를 글에 담기 시작했습니다. 점차 수월해지더군요. 글에 자신을 던져 보세요. 글에 자신을 송두리째 내어줘 보세요. 상처가 치유됩니다. 글에 나를 온전히 담아야 나다운 글이 완성돼요. 모든 건 나다움에서 출발합니다. 나답게 쓰기가 곧 나답게 살기입니다.

사실 대다수는 알게 모르게 매일 글을 쓰며 살아갑니다. 대표적으로 직장 내 보고서, 학교 과제, 자소서, 이력서가 있죠. 이보다 더 우리에게 친밀

한 건 SNS 글입니다. 스마트폰의 발달로 매일 수없이 많은 글을 SNS 적고 또 적습니다. 저 역시 하루도 빠짐없이 써요. MZ 세대는 명함이나 연락처 대신 인스타그램 계정을 서로 주고받는다고 할 정도이니 우리 삶에서 SNS 가 차지하고 있는 비중이 얼마나 큰지는 굳이 강조할 필요가 없습니다.

매일 어떤 형태의 글이든 쓰는 삶을 살아가는 우리. 그러다 보니 자연스럽게 글을 잘 쓰고 싶은 욕구가 증가합니다. 예컨대 직장에서 보고서를 잘 쓰면 칭찬과 인정을 받으며 인사 고과에도 좋은 점수를 받습니다. 학교 리포트를 잘 쓰면 학점을 잘 받고 자소서와 이력서를 잘 쓰면 입학과 취직에 큰 도움이 되죠. SNS에 올리는 글이 많이 읽히고 반응이 좋으면 단순히 인기가 많은 것에 그치지 않고, 자기 영향력이 강해집니다. 이는 부의 창출과 사회적 지위 향상으로도 이어지죠. 이 모든 건 단지 글을 잘 썼을 뿐인데 삶 자체가 긍정적인 방향으로 흘러갑니다.

글은 사람의 마음을 움직입니다. 사람을 변화시키고 삶을 변화시키죠. 글쓴이와 독자 모두 해당합니다. 그만큼 글의 힘은 막강해요. 저 역시 글쓰기로 제2의 인생을 살고 있습니다. 본업인 임상 수의사의 직업을 유지하면서 작가로서의 새로운 삶을 살고 있죠. 재작년부터 글을 매일 꾸준히 써왔기에 가능했습니다.

글을 잘 쓸수록 더 많은 기회를 잡을 수 있습니다. 개개인이 크리에이터가 되는 가까운 미래에는 이런 현상이 더욱 가속화될 거예요. 이미 활시위는 당겨졌고 활은 출발했습니다. 그러니 글을 잘 쓰는 건 시대적 요구이자 선택이 아닌 필수입니다. 송숙희 작가는 『150년 하버드 글쓰기 비법』에서 영향력은 우리 시대에서 가장 큰 권력이고, 글쓰기는 영향력을 빚어내는 과정이라 말합니다. 영향력이 중요한 시대에 우린 살고 있습니다. 영향력을 행사하는 사람에는 정치가, 연예인, 슈퍼스타 등이 있죠. 인플루언서도 빼놓을 수 없습니다. 요즘엔 인플루언서의 시대라고 해도 과언이 아닙니다. 이들의 영향력은 분야를 가리지 않으며 웬만한 정치인, 연예인과 비슷하거나 능가해요. 파급력이 막강합니다. 영향력이 곧 권력인 시대이니만큼 우린 인플루언서가 되기 위해 공을 들여야 해요. 그래야 도태되지 않고 오래 살아남을 수 있습니다. 인플루언서가 된다는 건 다른 말로 생산자가 된다는 걸 뜻합니다. 가치 있는 콘텐츠를 생산해 타자에게 제공하는 생산자가 되어야 해요. 콘텐츠를 관망하고 전달하고 소비만 하며 살기는 어려운 세상입니다. 생산자의 삶 역시 선택이 아닌 필수가 되었어요.

그러면 어떤 콘텐츠를 생산할까요? 콘텐츠 종류는 영상, 그림 노래 등 다양합니다. 평범한 사람도 비교적 쉽게 도전할 수 있는 게 하나 있어요. 텍스트, 즉 글쓰기입니다. 글쓰기는 영향력을 부여합니다. 우린 일상 대부분을 어떤 형태로든 글을 읽으며 살아가기 때문이죠. 글은 모든 콘텐츠의 씨앗으로 범용성, 확장성이 무한해요. 예컨대 유튜브 영상이나 인스타그램의 콘텐츠도 글(대본)이 있어야 완성할 수 있습니다.

"전 너무 평범하게 살았어요. 특별한 경험이 없는데 쓸 이야기가 있을까요?" 많이 하는 질문입니다. 우린 다 평범하지만 평범하지 않아요. 각자의 경험은 그 사람만의 고유한 것이기 때문이죠. 예컨대 다수가 같은 장소에서 같은 사건을 경험했더라도 각자의 생각과 감정, 기분, 해석은 절대 같을 수 없어요. 따라서 같은 글이 나올 수 없죠. 뭐가 달라도 다를 겁니다. 평범함 속에 특별함이 숨어 있어요. 우린 그것을 발견해 내야 합니다. 관건은 나만의 관점과 해석입니다. 관점과 해석에 따라 평범함이 평범함으로 묻히느냐, 아니면 특별함과 비범함으로 탈바꿈하느냐가 결정돼요. 남들이 많이 쓰고 뻔히 아는 그런 글 말고 나만이 쓸 수 있는 이야기를 쓰세요. 내가 경험하고 체험한 것, 내가 깊이 사색한 걸 토대로 말이죠. 설령 흔한 소재라도 내 시선과 해석으로 쓰면 흔하고 뻔한 글이 아닙니다. 스테르담 작가는 『나를 관통하는 글쓰기』에서 "보통 사람이 쓴 글이라도, 새로운 경험과 흥미로운 시각을 제시하면 그 글이 팔리고 읽히는 시대다."라고 말합니다. 주의할 점은 자신에게만 국한되어 독자가 공감하기 어려운 글, 보편성이 부족한 글은 피하세요. 나의 이야기이자 동시에 우리의 이야기가 될 수 있는 글이 좋습니다. 어렵다고 느낄 수 있지만, 일상에서 찾다 보면 양파 까듯이 계속 나와요. 요컨대 개인적이지만 보편적이면서도 너무 사적이지 않은 글을 쓰세요.

글을 잘 쓰고 싶나요? 이렇게 쓰세요

"사람들이 '어떻게 하면 글을 잘 쓰나요?'라고 물어보지만 딱히 해결책이 없습니다. 그저 지속적으로 꾸준하게 글을 쓰는 것 이외에는 말입니다." - 『제발 이런 원고는 투고하지 말아 주세요』, 김태한, 마인드빌딩.

글을 잘 쓰려면 우선 많이 써야 합니다. 글감과 쓸 거리가 많고 풍부한 어휘를 알아도 쓰지 않으면 무용지물이에요. 달리기를 잘하고 싶어서 달리기에 대해 아무리 열심히 공부했다 한들 본인이 열심히 달리지 않으면 절대 잘 달릴 수 없죠. 글쓰기 방법에 관한 책이 시중에 많이 나와 있습니다. 이러한 책이 글쓰기에 어느 정도 도움이 되지만, 방법만 알고서는 글을 잘 쓰기 어려워요. 결국, 직접 글을 많이 쓰고 글쓰기가 습관이 되어야 글을 잘 쓸 수 있습니다. 식상하고 뻔한 말이라고 생각하지 마세요. 왕도는 없습니다. 요행을 바라면 안 돼요. 정도가 가장 빠른 길입니다. 글쓰기에서 정도란 꾸준히 많이 쓰는 겁니다. 그럼에도 좀 더 체감할 만한 글쓰기 조언을 해드릴게요.

강원국 작가는 '이렇게 쓰면 누구나 쓸 수 있다'며 17가지 방법을 제시합니다.

1. 이 눈치 저 눈치 안 보고 쓴다.
2. 욕심을 내려놓고 쓴다.
3. 시간 들여 써질 때까지 쓴다.
4. 내 경험을 쓴다.
5. 국어사전을 열어놓고 쓴다.
6. 말해보고 쓴다.
7. 공부하고 쓴다.
8. 습관적으로 쓴다.
9. 메모한 걸 모아서 쓴다.
10. 남의 글을 모방해서 쓴다.
11. 여러 문단을 써서 연결한다.

12. 들은 내용을 쓴다.

13. 마구 쓰고 고친다.

14. 많이 쓰고 줄인다.

15. 남과 함께 쓴다.

16. 대충 쓰고 첨삭을 받는다.

17. 틈틈이 살을 붙여나간다.

어느 하나 덜 중요한 게 없어 보입니다. 저는 여기에 몇 가지를 추가합니다.

18. 사회적 이슈, 사건에서 주제를 뽑아내 쓰세요.

19. 문제를 찾고 해결 방안을 쓰세요.

20. 나의 고민을 토대로 쓰세요.

21. 많은 사람이 공통으로 고민하는 주제에 관해 쓰세요.

22. 책을 읽고 인상 깊은 내용을 토대로 쓰세요.

23. 책을 읽고 연상된 내용을 쓰세요.

24. 영화나 드라마 등 작품을 보고 주제를 뽑아내 쓰세요.

25. 보고 들은 타자의 경험을 토대로 쓰세요.

26. 독서 모임, 서평단, 공모전, 책 쓰기를 염두에 두고 쓰세요.

27. 유료 구독 플랫폼(네이버 프리미엄 콘텐츠, 포스타입, 브런치 등)에 글을 쓰세요.

26번, 27번은 글을 쓸 때 책임감이 증가해 수준 높은 글쓰기를 기대할 수 있습니다. 총 27가지 방법을 적절히 활용하면 누구나 양질의 글을 쉽게 쓸 수 있어요.

글을 쓸 때 반드시 고려해야 할 필수 요소가 있습니다. 이어령 작가는『이어령의 마지막 수업』에서 이렇게 말해요. 관심, 관찰, 관계, 평생 이 세 가지 순서를 반복하며 스토리를 만들어 왔다고. 강원국 작가도『강원국의 글쓰기』에서 비슷한 말을 합니다. 관심, 관찰, 관계, 관점, '4관'이 글쓰기에 필수라고. 글쓰기가 습관이 되면 글감을 찾기 위해 안테나와 레이더가 켜지고 촉수가 바짝 섭니다. 일상 모든 것에 관심을 두고 관찰하죠. 사물, 생명체, 사건, 현상, 이야기를 다각도로 입체적으로 봅니다. 보이는 것 넘어 그 이면도 보려 노력해요. 내포하고 있는 숨은 의미도 찾아봅니다. 그러면서 그것과 나와의 관계가 생기고 이를 글로 옮기죠. 삶이 글이 되는 순간입니다. 이때 중요한 건 나만의 관점과 시선, 나만의 안경과 렌즈로 봐야 해요. 남과 비슷하거나 똑같이 보면 뻔한 글만 나와요. 재미없는 글이죠. 사소한 게 사소한 게 아니고 평범한 게 평범한 게 아니니, 모든 것에 관심을 두고 깊이 관찰하세요. 잘 들여다보고 놓치지 않기 위해 애쓰세요. 박웅현 작가의 말을 빌리면 '시청'하지 말고 '견문'하세요. 그래야 진정한 '발견'을 토대로 나만의 글을 쓸 수 있습니다. "내가 무엇을 경험하느냐는 내가 어디에 주목하려하느냐에 달렸다." 미국의 심리학자 윌리엄 제임스의 말입니다.

독자의 취향을 파악하세요

이런 경험 안 해보셨나요? 누가 봐도 유려하고 깔끔하게 잘 쓴 글, 수준 높은 글로 보이는데 생각보다 반응은 별로일 때. 반대로 '와, 잘 썼다.'고 말이 나올 정도는 아니고, 내가 더 잘 쓸 수 있을 것 같은 글인데 뜻밖에 반응은 폭발적일 때. 두 글의 차이는 뭘까요? 여러 이유가 있겠지만 '취향이 큰 몫을 차지해요. 읽는 이의 취향은 가지각색입니다. 담백한 글, 솔직한 글, 짧은 글, 긴 글, 논리적인 글, 시적인 글, 사실적인 글, 은유적인 글, 재미 있는 글, 감동 있는 글 중에서 선호하는 게 다르죠. 기호의 영역입니다. 글 을 쓸 때 독자층의 취향을 분석하세요. 나의 글 중 어떤 글에 반응이 좋고, 어떤 글을 선호하는지 체크하세요. 꾸준히 반응 좋은 글의 스타일이 곧 독 자가 좋아하는 내 글의 취향입니다. 그 취향을 글 쓸 때 참고하고 반영하세 요. 글에도 취향 저격이 적용됩니다.

메시지도 중요하지만 메신저도 중요합니다

"사람은 누가 썼느냐를 보고 설득당하고 감동받는다." – 강원국

"청중은 강의를 받아들이기 전에 강사를 먼저 받아들인다. – 김지양

메신저가 메시지보다 더 큰 비중을 차지하기도 합니다. 메신저가 호감이 어야 메시지도 호감으로 다가오고 설득력이 있기 때문이죠. 작가가 잘 살 아야 하는 이유입니다. 글의 수준, 완성도, 취향도 중요하지만 글쓴이의 캐 릭터도 중요해요. 글쓴이의 신뢰도, 호감도, 매력도가 높을수록 그가 쓴 글 은 좋게 읽힐 가능성이 높습니다. 이런 말이 있죠. '일단 믿고 본다.' 독자는 좋아하는 작가가 쓴 글을 일단 믿고 봅니다. 그 작가의 책이라 믿고 구매해 요. 글쓴이와 독자 간에 신뢰, 믿음, 교감, 라포(rapport)가 강하게 형성되 어 있죠. 이런 관계에선 책 내용이 다른 글과 비슷하거나 수준에 조금 못 미치더라도 독자의 만족감은 쉽게 떨어지지 않습니다. 메신저의 힘 덕분이

죠. 인위적이고 작위적으로 만들어진 캐릭터는 오히려 반감을 사고 거부감을 줍니다. 캐릭터는 자연스러운 과정에서 만들어져야 해요. 충분한 시간과 일관성이 필요합니다.

독자에게 신뢰를 얻기 위한 좋은 방법은 나의 취약성을 드러내고 공유하는 거예요. "사람의 마음과 마음은 조화만으로 이어진 것이 아니다. 오히려 상처와 상처로 깊이 연결된 것이다. 아픔과 아픔으로, 나약함과 나약함으로 이어진다." 무라카미 하루키가 한 말입니다. 팀 페리스의 『타이탄의 도구들』에서도 다음과 같이 취약성 공유를 강조하죠. "취약성은 이제 더 이상 숨겨야 할 것이 아니다. 솔직하게 드러낸 취약성은 사람들에게 신뢰를 심어주는 훌륭한 도구." 김호 작가의 『직장인에서 직업인으로』에는 '취약성의 고리'라는 개념이 나옵니다. 하버드대 경영대학원의 제프 폴져가 만든 것으로, 한 사람이 취약하다는 신호를 보내면 상대방도 취약하다는 신호를 보내죠. 이러한 취약성의 공유는 높은 신뢰도로 이어져요. 이를 '취약성 기반의 신뢰'라고도 부릅니다. 김녹두 작가의 『감정의 성장』에는 다음과 같은 내용이 나와요. "공감을 받으면 더 이상 그 감정을 억압하지 않고 드러낼 수 있으며, 따라서 억압된 감정이 일으키던 여러 가지 긴장이 줄어듭니다." 공감의 힘입니다. 타자에게 공감을 얻으면 마음의 문이 열리죠. 특히 감추거나 억압해 왔던 약점, 취약성, 아픔의 공유를 통한 공감은 그 문을 더욱 활짝 열어 줍니다. 누구나 약점, 아픔, 취약성, 실수, 한계, 실패를 지니며 살아요. 우린 다 비슷합니다. 이것을 숨기지 마세요. 글로 진솔하고 담백하게 풀어내세요. 독자에게 동질감과 공감, 신뢰를 줍니다. 신뢰도 높은 메신저는 메시지, 즉 글에 높은 신뢰도를 부여해 많은 사람에게 읽힐 기회를 제공해요. 메신저의 힘입니다.

에토스, 파토스, 로고스

그리스의 철학자 아리스토텔레스는 수사학에서 설득의 수단으로 에토스, 파토스, 로고스의 세 가지를 구분한 바 있는데, 에토스는 화자의 성격을 뜻하고 파토스는 청중의 심리적 경향 · 욕구 · 정서 등을 뜻하며 로고스는 담론(텍스트)의 논증, 논거의 방식들이다. 한 마디로 믿을 만한 사람이 믿을 만한 메시지를 통해 수신자의 공감을 얻을 수 있어야 설득이 된다는 말이다.

에토스(Ethos)
화자와 화자가 전하는 메시지의 신뢰성. 즉, 화자의 인격과 신뢰감.

파토스(Pathos)
청중을 설득하기 위해 사용하는 감정적인 소구. 즉, 정서적 호소와 공감.

로고스(Logos)
논리적이고 이성적으로 화자의 주장을 실증하는 소구 방법. 즉, 논리적 뒷받침.
– 네이버 지식 백과

이것을 글에 적용해 볼까요?

에토스

작가의 인격과 신뢰감. 사람이 곧 글입니다. 작가의 인격이 훌륭하고 신뢰감이 있어야 훌륭하고 설득력 있는 글이 나옵니다.

파토스

독자를 설득하기 위해 사용하는 감정적인 소구. 즉, 정서적 호소와 공감. 사실만 열거한 글은 재미와 흥미가 없어요. 전달력이 낮고 읽히지 않습니다. 정서적 감성적 감정적 호소가 있어야 읽는 재미가 있습니다. 때론 취약성을 드러내는 것도 필요합니다.

로고스

논리적이고 이성적으로 쓰는 작가의 주장을 실증하는 소구 방법. 즉, 논리적 뒷받침. 단순 사실과 감정적인 내용으로만 글을 채운다면 독자를 설득하기 어렵습니다. 논리적 뒷받침을 할 수 있는 근거, 사례, 인용을 적절히 활용하면 설득력이 높아집니다.

에토스, 파토스, 로고스, 이 세 가지가 글에서 완벽히 조화를 이룰 때, 독자에게 메시지가 분명하게 전달되어 내가 원하는 방향으로 영향을 미치고 설득할 수 있습니다.

끝으로 강원국 작가의 말에 착안해 정리한 '어려워도 잘해내는 글쓰기 방법'을 구체적으로 풀어볼게요.

하나. 한 번에 다 쓰지 말고 조금씩 여러 번에 걸쳐 쓰세요. 한 번에 다 쓰면 물론 좋습니다. 일필휘지라고 하죠. 가끔 저도 소위 그분이 오신 날엔 신들린 듯 글이 잘 써져 단번에 완성하는 때도 있어요. 하지만 대부분은 그렇지 않습니다. 조금씩 생각나는 부분, 말하고 싶은 부분을 적으며 그때그때 쓰고 보태세요. 다 쓰면 불필요한 부분을 빼고 고치세요. 한 번에 다 쓰려 하면 심적 부담이 큽니다. 시작조차 못 하는 일이 발생하죠. 한 문장이라도 좋으니 조금씩 나눠서 써 보는 걸 경험해 보세요. 한 문장을 쓰면 신기하게 생각지도 못한 문장이 떠오릅니다. 문장이 문장을 부르죠. 쓰면서 생각이 만들어지고 글이 만들어져요. 꼭 머릿속에 생각이 완성된 상태에서 글을 써야 하는 게 아닙니다. 그런 강박을 버리세요. 늘 이런 식으로 여러 번 나눠 써야 하진 않아요. 쓰다 보면 글쓰기 근육이 두꺼워져 자연스럽게 나눠 쓰는 횟수도 줄고 한 번에 쓸 수도 있습니다. 글쓰기 입문자나 분량이 긴 글을 쓸 때 유용해요.

둘, 많이 읽고 쓰세요. 다독의 중요성은 앞서 여러 번 강조했죠. 머릿속에 든 게 많아야 글을 수월하게 쓸 수 있어요. 인풋을 늘리는 가장 대표적인 방법이 독서입니다. 습득한 지식과 정보가 머릿속 것들과 버무려져 새로운 게 탄생하고 필요한 순간마다 출력되어 나와요. 책의 중요 내용은 적절한 곳에 인용으로도 활용하죠. 이런 경험을 할 때마다 희열과 쾌감을 느낍니다.

셋, 자료를 많이 찾고 쓰세요. 두 번째와 비슷한 맥락입니다. 글에서 주장을 펼치거나 어떤 사실을 제시할 땐 근거가 필요해요. 책, 기사, 논문 등 자료가 많을수록 근거가 탄탄해져 설득력과 글의 수준이 높아집니다. 요즘엔 ChatGPT와 같은 인공 지능도 잘 활용하면 좋아요. 다만 단순히 복사후 붙여넣기 식은 지양하고 컨텍스트(문맥)에 맞게 커스터마이징(자기화)하세요.

넷, 일단 쓰고 수정하세요. 작년 블로그를 시작하고 초반, 어떤 글을 쓸까? 주제 고민부터 글을 완성하기까지 글 하나당 보통 2~3시간, 많게는 4~5시간이 걸렸습니다. 처음부터 완벽한 글을 쓰려고 했기 때문이죠. 다쓰고 나서 고치는 게 아니라 쓰면서 동시에 고치니 진도가 더뎠어요. 이젠 일단 끝까지 씁니다. 다 쓰고 고쳐요. 퇴고 시 맞춤법을 검사하고 1차 쓰기 때 생각나지 않았던 문장을 보강해요. 그렇게 보강되는 내용이 늘 꽤 됩니다. 처음엔 생각나지 않았는데 퇴고 시 떠오른 내용이죠. 일단 쓰고 수정하세요. 최재천 교수도 일단 쏟아내라고 말합니다. 처음부터 완벽한 걸 쓰는 것보다 쓰면서 고치는 게 훨씬 낫다고 말해요. 처음부터 '잘 써야지', '유명 작가처럼 멋있게 써야지.' 기대하고 쓰면 더 써지지 않습니다. 아니면 겉멋만 잔뜩 든 이상한 글이 되고요. 대문호도 초고는 쓰레기라고 하잖아요. 매직 타임인 퇴고의 시간이 우리에겐 있답니다. 쓰레기 같은 글이 보기 좋은 글로 재탄생되죠. 그러니 일단 쏟아내고 수습하세요. 이 과정을 여러 차례 반복하세요. 꾸준히 반복하면 필력이 늘고 머리가 글 쓰는 뇌로 바뀌어 쓰면서 생각과 영감이 떠오릅니다. 인생과 글쓰기의 공통점은 무엇일까요? 네, 저지르고 수습하기!

다섯, 공유하고 조언과 피드백을 받으세요.

여섯, 지인의 의견도 들어보며 쓰세요.

두 개는 결이 같습니다. 글을 쓰고 조언과 피드백을 받는 건 중요해요. 블로그와 SNS에 글을 공유하세요. 피드백 중 예의상 하는 좋은 말이 대부분이긴 하지만, 점점 글의 모수가 늘면 촌철살인처럼 양분이 되는 정보도 얻습니다. 내가 놓치고 생각하지 못한 점을 알게 될 땐 그만큼 성장합니다. 가까운 지인에게 글을 보여주는 것도 괜찮아요. 작가들도 초고를 가족이나 지인에게 나눠주고 솔직한 피드백을 받는 일이 흔합니다. 아무런 피드백 없이 무소의 뿔처럼 나 혼자 쓰기만 하면 발전이 없습니다. 꼭 어디든 공유하여 피드백을 받으세요. 글쓰기 전문가에게 피드백을 받아도 좋습니다.

일곱, 글을 소리 내 읽어보세요. 유시민 작가의 『유시민의 글쓰기 특강』에 따르면 만약 입으로 소리 내어 읽기 어렵고 귀로 듣기에 좋지 않고 뜻을 파악하기 어렵다면 잘못 쓴 글입니다. 글 쓸 땐 몰랐는데 막상 쓴 글을 소리 내 읽으니 어색해 과속방지턱처럼 턱턱 걸릴 때가 있어요. 그 부분은 부자연스럽다는 걸 의미합니다. 자연스럽도록 수정하세요. 처음부터 끝까지 소리 내 읽는데 부드럽게 넘어가야 괜찮은 글입니다. 최재천 교수도 소리 내 읽을 때 물 흐르듯 자연스러워야 좋은 글이라 말합니다.

여덟, 메모를 습관화하세요. 저도 글을 쓰면서 메모하는 습관이 생겼어요. 글을 쓰려면 가장 먼저 주제와 글감, 소재, 쓸거리가 있어야 합니다. 기억과 경험, 체험에만 의존하기에는 한계가 있어요. 이 한계를 극복해 주는 게 메모입니다. 일상생활에서 보고 듣고 느끼고 생각한 걸 그때그때 메모하세요. 단어도 좋고 문장도 좋고 사진으로 남기는 것도 좋아요. 나중에 내가 어떤 말을 하고 싶었는지 알아볼 수 있으면 됩니다. 쓸만한 필기도구가 없거나 쓸 수 있는 상황이 아니라면 음성 녹음이라도 하세요. 요즘엔 녹음된 음성을 텍스트로 변환해 주는 앱(예. 클로바)도 있습니다. 이런 메모는 글쓰기의 옹달샘, 오아시스예요. 종이든, 스마트폰이든 수단은 크게 중요하지 않아요. 수시로 메모하는 행위가 중요해요. 강원국 작가는 다음과 같이 메모의 중요성을 강조합니다. "읽기, 듣기 없이 말하기, 쓰기를 잘할 수는 없다. 메모란 읽기 듣기와, 말하기 쓰기를 연결하는 다리다."

아홉, 남보다 시간과 공을 더 들이세요. 보통 글쓰기 입문자, 글 쓴 지 얼마 되지 않은 분에게 해당합니다. 처음엔 글쓰기 근육이 없다 보니 아무래도 생각만큼 글이 잘 써지지 않아요. 생각과 글이 따로 놀죠. 하얀 모니터에 커서는 깜빡이고 침묵의 시간만 흐릅니다. 한 글자 쓰기가 통 어려워요. 저도 경험을 해봐서 잘 압니다. 그럴 땐 왕도가 없어요. 그저 시간과 공을 많이 들여야 합니다. 생쌀을 재촉한다고 밥이 되지 않듯, 초반엔 시간과 노력이 상대적으로 많이 필요해요. 남들은 30분에서 1시간 만에 쓸 글을 난 두 시간 세 시간에 걸쳐 써야 할 수 있어요. 실망하거나 낙담하지 마세요. 글쓰기 소질과 재능이 없다고 자책하지 마세요. 누구나 처음엔 그랬어요. 계속 쓰다 보면 글 완성 시간이 점점 단축됩니다. 시간과 노력이 자연스럽게 해결해 줘요. 그저 쓰고 또 쓰세요.

열, 있는 대로 다 쓰고 줄이세요. 괜찮은 방법입니다. 일단 의식의 흐름대로 손가락이 가는 대로 막 쓰세요. 떠오르는 걸 다 뱉으세요. 말이 되고 안 되고, 필요하고 불필요하고는 나중에 따지세요. 글을 끝까지 써서 완성하는 데에 초점을 맞추세요. 퇴고 시 부적절하고 불필요한 부분을 수정하고 삭제하세요. 저도 애용하는 방법입니다.

열하나, 사전을 이용하며 쓰세요. 맞춤법에 맞게 글을 쓰는 건 기본이며 독자에 대한 예의입니다. 글을 쓰면서 교정하기도 하고 일단은 다 쓴 후 나중에 한꺼번에 교정하기도 해요. 정답은 없지만 후자를 추천합니다. 쓰면서 맞춤법, 오탈자, 띄어쓰기를 수정하면 진도가 더뎌요. 네이버나 다음, 플랫폼(네이버 블로그, 브런치, 포스타입), 한글, 워드에서도 맞춤법 수정이 가능합니다. 맞춤법뿐만 아니라 적절한 어휘 사용에도 신경 쓰세요. 예컨대 비슷한 의미라도 A 단어는 어색해 B 단어를 쓰는 게 더 적절한 때도 있습니다. 이를 잘 판단하려면 많은 단어와 어휘를 알아야 하고 이것들이 언제 어떻게 사용되는지도 알아야 합니다. 많이 읽으면 알 수 있어요.

열둘, 잘 쓴 글을 많이 보고 필사도 하세요. 잘못 쓴 글도 찾아내어 어떤 점이 잘못되었는지, 고칠 점과 보완할 점은 무엇인지, 나 같으면 어떻게 쓸지 생각해 보세요.

위 12가지만 잘 실천한다면 글쓰기가 훨씬 수월합니다. 꼭 실천해 보세요. 훌륭한 글을 쓰고 싶다면 우선 훌륭하게 쓰려는 욕심을 버리세요. 잘 쓴 글, 훌륭한 글을 쓰겠다고 강하게 마음먹을수록 힘이 잔뜩 들어가 글을 쓰기 어려워지고, 쓴다고 하더라도 어색한 글이 됩니다. 수영할 때 몸에 힘을 빼야 가라앉지 않고 앞으로 나갈 수 있듯 글쓰기도 마찬가지예요. 일단 못난 글을 쓰지 않으려고 노력하는 게 시작입니다. 처음부터 글을 잘 쓰는 사람은 없어요. 누구나 처음은 있습니다. 쓰다 보면 잘 쓰게 돼요. 꾸준히 쓰면 글쓰기 요령이 생기고 아는 게 많아져 풀어내고 싶은 이야기도 계속 떠오릅니다. 이때부터가 진짜 시작입니다.

"원하는 삶을 제대로 살기 위해서는 명료하게 글을 잘 써야 한다. 명료하게 글을 쓴다는 것은 삶에서 반드시 거쳐야 할 전투에서 이기게 하는 칼이나 M16 같은 총, 방탄조끼 사용하는 법을 배우는 것과 같다. 누군가에게 할 수 있는 가장 좋은 일은 그에게 글 쓰는 법을 가르치는 일이다." – 조던 피터슨

"무엇을 쓰든 짧게 써라. 그러면 읽힐 것이다. 명료하게 써라. 그러면 이해될 것이다. 그림같이 써라. 그러면 기억 속에 머물 것이다." – 조지프 퓰리처

미래는 불확실하지만, 글 쓰는 사람은 불확실성 속에서도 자신의 길을 개척해 나갑니다. 생각을 글로 표현하고 세상과 소통하며 끊임없이 배우고 성장하는 힘, 이것이 바로 글쓰기가 우리에게 선물하는 미래의 열쇠입니다. 지금 펜을 들고 첫 문장을 써보세요. 그 첫 문장이 여러분의 인생을 바꿀지도 모릅니다.

5. 블로그가 한물갔다고? 속지 마라

"아이러니하게도 '레드오션'이라는 인식이 지금 네이버 블로그를 시작해도 수익화에 성공할 수 있는 이유가 된다. (중략) '레드오션'이라는 인식이 기회 다." – 『나는 블로그로 월급보다 많이 번다』, 정태영, 경이로움.

누군가는 네이버 블로그를 레드오션으로 여기며 과소평가하기도 합니다. "네이버 블로그? 이미 레드오션이잖아. 경쟁이 너무 치열해서 성공하기 힘들어." 그렇지 않아요. 네이버 블로그는 여전히 매력적인 블루오션입니다. 틈새시장이 존재하며 차별화된 나만의 콘텐츠와 꾸준함으로 접근, 공략한다면 부수적으로 많은 걸 얻습니다. 촉촉한마케팅 작가도 『내 생각과 관점을 수익화하는 퍼스널 브랜딩』에서 다음과 같이 말하며 네이버 블로그의 힘을 강조합니다. "네이버, 블로그 퍼스널 브랜딩을 위한 최적의 장소입니다. 검색 점유율이 갈수록 낮아지고 있지만 여전히 1위입니다."

네이버는 국내 최대 포털 사이트로 검색 엔진 시장에서 압도적인 1위를 차지하고 있습니다. 네이버 블로그는 국내에서 가장 오래된 블로그 플랫폼 중 하나로, 수많은 사용자와 방문자를 보유하고 있죠. 많은 사람에게 노출

될 수 있는 게 장점이에요. 앨리슨 존스 작가는 『책으로 비즈니스』에서 "블로그는 여러 가지 면에서 유용합니다. 전문가로 자리매김하도록 도울 뿐만 아니라 검색 엔진 최적화를 통해 전문적인 도움이 필요한 사람들이 저를 찾을 수 있게 도와주니까요."라고 말하며 블로그의 유익함을 강조합니다.

접근성이 좋고 인터페이스는 사용자 친화적으로 설계되어 있어 블로그 초보자도 쉽게 글을 작성하고 관리합니다. 다양한 기능과 편의성을 제공하며 사용자는 자신만의 스타일로 블로그를 꾸밀 수 있어요.

다양한 커뮤니티 서비스도 운영하고 있습니다. 카페, 지식iN, 뉴스 등 다양한 플랫폼이 서로 연결되어 있어 블로그 콘텐츠가 이러한 커뮤니티 내에서 공유되고 확산할 가능성이 높죠. 이는 블로거에게 더 많은 노출과 방문자를 가져다줍니다.

수익 창출 모델을 제공하여 블로거가 콘텐츠를 통해 수익을 창출할 기회를 제공합니다. 예컨대 애드포스트(광고 수익)가 있죠. 글쓰기로 얻은 수익은 강한 동기 부여가 됩니다.

요컨대 높은 접근성, 사용자 친화적 인터페이스, 다양한 커뮤니티와의 연계성, 수익 창출 기회는 네이버 블로그가 여전히 매력적인 플랫폼임을 알 수 있어요. 네이버 블로그가 레드오션이라는 인식은 역으로 새로운 기회입니다.

송숙희 작가는 『무자본으로 부의 추월차선 콘텐츠 만들기』에서 다음 7가지 이유를 제시하며 네이버 블로그 사용을 강력히 추천합니다.

1. 콘텐츠 생산이 쉽다.
2. 고객에게 쉽게 발견된다.
3. 콘텐츠 열람이 편하다.
4. 소스 콘텐츠 개발이 쉽다.
5. 고객과 스킨십이 잘된다.
6. 빠르게 훑어볼 수 있다.
7. 가성비가 탁월하다.

블로그는 여전히 매력적이다

"누구든 살아가는 한 무엇이든 경험하고 그 경험을 콘텐츠로 만들어 매일 블로그에 게시하기만 하면 콘텐츠를 필요로 하는 예비 고객이 알음알음 물어 물어 찾아옵니다. 그러니 광고며 마케팅이 필요 없습니다." – 『무자본으로 부의 추월차선 콘텐츠 만들기』, 송숙희, 토트.

블로그는 단순한 온라인 일기장이 아닙니다. 글쓰기 실력을 갈고닦는 연습장, 독자와 소통하며 피드백을 얻는 소통 창구, 출판의 문을 두드리는 발판입니다.

블로그는 매일 글 쓰는 훈련을 할 수 있는 최고의 공간입니다. 꾸준히 글을 쓰다 보면 글쓰기 근육이 단련되고, 글의 흐름을 파악하는 능력, 문장 표현력, 주제 선정 능력이 향상돼요. 스티븐 킹 작가 역시 "글쓰기에서 가장 중요한 것은 매일 쓰는 습관이며, 그렇지 않으면 금세 위축된다."라고 말하며 매일 글 쓰는 걸 강조합니다. 책 쓰기는 문장력, 필력도 중요하지만, 더 중요한 건 일정 분량을 채우고 마침표를 찍어 완료하는 거예요. 글을 꾸준히 지속해서 쓸 수 있어야 가능한 일이죠. 블로그에 매일 글 쓰는 행위는 이를 가능하게 만듭니다. 쓰고 싶은 책의 주제를 정하고 블로그에 매일 글을 올리세요. 그러면 여러분도 작가, 저자가 될 수 있습니다. 팀 페리스의 『타이탄의 도구들』에서 스콧 작가는 이렇게 말합니다. "글을 쓰는 작가가 되겠다는 사람이 있다고 해보자. 그가 가장 먼저 해야 할 일은 무엇일까? (중략) 가장 먼저 해야 할 것은 자신의 블로그에서 연습하는 것이다."

블로그는 독자와 소통하며 글쓰기에 대한 피드백을 얻을 수 있는 최고의 장소입니다. 댓글, 공감, 쪽지를 통해 독자의 반응을 실시간으로 확인하고 다양한 의견을 들을 수 있죠. 이러한 소통은 글쓰기에 대한 동기 부여를 해줄 뿐 아니라, 독자의 시각에서 글을 개선하는 데 도움을 줍니다. 김영하 작가는 "작가는 고독한 존재가 아닙니다. 독자와 소통해야 합니다."라고 말하며 독자의 중요성을 역설합니다.

출간 기회도 잡습니다. 꾸준히 좋은 글을 블로그에 발행하면, 출판사에서 블로그 글을 보고 작가의 글쓰기 실력과 영향력을 확인할 수 있습니다. 실제로 많은 작가가 블로그를 통해 출판 계약을 맺습니다. 블로그는 출판의 문을 열어주는 열쇠예요.

글쓰기와 책 쓰기의 즐거움을 발견합니다. 블로그에서 독자와 소통하며 자신의 글이 누군가에게 도움이 되고 감동을 준다는 사실을 깨닫죠. 이는 책을 쓰고자 하는 욕구를 키웁니다. 연재를 하며 독자의 의견을 수렴하고 작품에 반영하면 독자의 공감을 얻는 완성도 높은 책을 출간할 수 있어요. 블로그를 통해 책의 예비 구매자를 확보할 수 있죠. 출간하기 전 이미 자신의 글을 읽어주는 독자가 있다면 이는 책을 홍보하고 판매하는 데 크게 유리합니다. 책 일부를 미리 공개하거나 책에 대한 비하인드 스토리를 공유함으로써 독자의 관심도 끌 수 있습니다. 앨리슨 존스 작가는 『책으로 비즈니스』에서 "블로그는 책을 쓰는 동안 책 내용의 일부를 공개해서 관심과 참여를 유도할 수 있는 수단입니다. 늘어난 '이웃'들이 당신을 지지하는 투사가 될 겁니다."라고 말합니다. 저 역시 첫 책 『할퀴고 물려도 나는 수의사니까』 출간 전 블로그와 SNS에 책 일부를 여러 차례 공개하여 사람들의 관심과 호응, 참여를 유도했습니다. 책 표지 디자인과 제목, 부제에 관한 의견도 수렴했죠. 이러한 과정을 통해 독자는 작가와 책에 대한 친근감이 상승하고 이는 출간 후 책의 구매로 이어집니다.

생각 정리 능력과 콘텐츠 생산력이 자랍니다. 책을 쓰기 위해서는 다양한 주제에 대해 깊이 생각하고, 이를 글로 풀어내는 능력이 필요해요. 블로그에 매일 글을 쓰면서 자기 생각을 정리하고 논리적으로 구조화하는 연습을 할 수 있습니다. 앨리슨 존스 작가는 『책으로 비즈니스』에서 "365일 동안 매일 떠오르는 아이디어와 문화에 대한 생각과 일에 대한 고민을 남기다 보면 필연적으로 남들보다 더 깊이 생각하는 사람이 됩니다. 누가 읽든 읽지 않든 상관없이 블로그를 쓰는 일 자체가 자신을 위한 최고의 선물입니다."라고 말합니다. 저 역시 매일 블로그에 글을 쓰면서 크게 성장했습니다. 최고의 선물을 받은 셈이죠.

저는 블로그를 시작한 게 인생의 전환점이었습니다. 도미노처럼, 나비효과처럼 다양하고 긍정적인 일이 벌어졌죠. 블로그를 하면서 가장 중요하다고 생각한 건 꾸준함이었습니다. 꾸준한 포스팅. 1일 1포는 못 하더라도 꾸준하게 글을 써야 합니다. 꾸준함의 중요성은 아무리 강조해도 지나치지 않아요. 하지만 꾸준함에 관해 오해는 하지 않길 당부드립니다. 혹자는 하루라도 포스팅을 거르거나 빠뜨리는 날이 생기면 꾸준함을 실천하지 못한 사람, 끈기 없는 사람, 의지 및 노력 박약자, 게으른 사람, 나태한 사람으로 생각하기도 합니다. 블로그 생태계에 은근히 이런 분위기가 만연해 있죠. 심지어 하루 하나의 포스팅으로는 부족하다, 1일 1포가 아닌 1일 2포, 3포는 해야 진짜 꾸준한 사람, 노력하는 사람, 의지가 강한 사람이라고 추켜세우기도 해요.

부지런한 범재가 부지런하지 못한 천재보다 낫다는 말이 있습니다. 꾸준함이 중요한 건 맞아요. 저도 백번 동의합니다. 그런데 꾸준함은 어떤 일을 하루도 빠짐없이 연이어 하는 걸 의미할까요? 전 아니라고 생각해요. 건강을 위해 헬스장을 다니기로 했다고 가정합시다. 1년짜리 회원권을 끊었어요. 매일 하루도 예외 없이 헬스장에 다녀야만 꾸준히 운동한 걸까요? 오늘부터 꾸준히 독서하기로 마음먹었다고 해요. 1년 내내 하루도 빠짐없이 책을 읽어야 꾸준히 독서한 게 되나요? 오늘부터 열심히 영어 공부를 하기로 했어요. 365일 내내 하루도 거르지 않고 영어 공부를 해야만 꾸준히 영어 공부를 했다고 말할 수 있나요? 제 대답은 '아니요'입니다. 우선 처음부터 그렇게 계획을 세워선 안 돼요. 무엇을 믿고 그런 계획을 세우나요? 자기 의지력? 사람의 의지는 우리가 생각하는 것보다 보잘것없다는 게 과학적으로 이미 밝혀졌어요. 그래서 환경 설정이 중요하죠. 게다가 세상일이 우리가 생각하고 계획한 대로만 흘러가지 않습니다. 그런 만만한 세상이 아니에요. 우리가 마음대로 주무를 수 없습니다. 언제든 변수가 생기기 마련이죠. 생각지 못한 크고 작은 일이 늘 생기는 게 인생사입니다. 따라서 어떤 결심을 하고, 그것을 이루기 위해 하루도 예외 없이 실천에 옮기겠다는 건 무모한 도전입니다. 애초에 달성할 수 없는 계획이에요. 극단적인 가정을 해서 1년 내내 아무런 돌발 상황이 생기지 않았다고 합시다. 그럼에도 하루도 예외 없이 작정한 일을 하는 게 꼭 좋다고 생각하지 않아요. 중간중간 쉼, 휴식, 재충전, 검토의 시간이 필요합니다. 인간은 로봇이나 기계가 아니니까요.

'난 체력이 강해서 괜찮아.' 이건 과욕이고 자기기만입니다. 타이탄들이 말했죠. 일보다 더 중요하고 반드시 지켜야 하는 일정이 쉼, 휴식이라고. 이런 디로딩 시간을 업무 시간보다 더 잘 지켜야 한다고. 그들은 1년 계획을 세울 때 쉬는 시간을 반드시 확보하고 철저하게 지킵니다. 휴식의 시간은 노는 시간, 무의미한 시간, 버리는 시간이 아니에요. 생산적인 시간이에요. 유지하고 보수하는 일도 생산적인 일입니다. 검토하며 지금까지 밟아 온 과정을 돌아보는 시간을 가져야 해요. 잘 해 온 게 맞는지, 잘못된 점은 없는지, 수정 보완할 점은 없는지. 그래야 산으로 가지 않고 올바른 방향으로 나아 갑니다. 회고와 반성, 성찰의 시간을 꼭 가지세요.

그렇다면 도대체 꾸준함이란 정확히 어떤 의미일까요? 제가 생각하는 꾸준함은 이렇습니다. 중간에 그만두거나 포기하지 않고 계속해서 끝까지 하는 것. 중간에 잠시 끊겨도 괜찮아요. 예상치 못한 외부 상황, 체력과 건강 문제로 언제든 끊길 수 있어요. 이는 비난 받고 자책할 일이 아니에요. 비록 끊겼지만 계속해서 끝까지 하는 게 진정한 꾸준함입니다. 무리하게 하루도 빠짐없이 하려다간 결국 탈만 납니다.

제가 그랬어요. 2023년 무리하게 1일 1포를 고집했던 시기가 있었죠. 글쓰기 근육이 붙기 전이라 포스팅 하나 하는데 최소 두세 시간이 걸렸습니다. 1일 1포를 유지하자니 물리적으로 도저히 시간이 나지 않았죠. 그런데도 무리하게 끌고 갔습니다. 명절엔 노트북을 챙겨 고향에 가서 포스팅할 정도였어요. 결국, 수면 시간까지 줄였습니다. 결과는 어떻게 되었을까요? 건강에 이상이 생겨 1일 1포 중단 공지를 올렸어요. 그러니 오히려 마음이 편해지더군요. 1일 1포 강박에서 벗어나니 글쓰기 욕구가 더 생긴 경험을 했습니다.

뭐든 무리해서 하진 마세요. 건강을 해치면서 해야 할 건 아무것도 없습니다. 그렇게까지 하다간 얻는 것 보다 잃는 게 훨씬 더 많아요. 물론 분명히 할 수 있음에도 핑계와 변명거리를 찾으며 미루고 하지 않는 건 바람직하지 않습니다. 필요해서 잠시 쉬는 것과 게으름으로 미루고 하지 않는 것의 차이는 스스로가 가장 잘 알 겁니다. 후자가 되진 마세요.

서두르지 말고 묵묵히 계속해서 하세요. 잠시 쉬어가도 좋아요. 그게 결코 나쁜 게 아닙니다. 중도에 그만두거나 포기하지만 말고 계속 이어서 끝까지 하기만 하면 돼요. 그게 꾸준함이에요. 잘못된 꾸준함의 강박에서 벗어나세요. 그러한 강박은 스트레스를 가중할 뿐만 아니라 건강과 체력을 갉아먹습니다. 일의 생산성과 효율성을 저하해요. 단지 하루 빠뜨렸을 뿐인데 난 왜 이렇게 못났지? 난 왜 이 정도도 못해내지? 난 왜 이렇게 의지력이 약하지? 난 왜 꾸준히 할 수 있는 게 없지? 이렇게 생각하지 마세요. 그릇된 자책은 새로운 시작을 방해합니다. 제대로 된 꾸준함을 실천하세요. 빠지는 날이 있더라도 관두지 말고 끝까지 하세요. 여러 요인으로 마음이 잠시 꺾일 수 있어요. 꺾여도 괜찮습니다. 중요한 건 꺾여도 계속해서 하려는 마음이에요.

꾸준함은 의지만으로 유지하기 어렵습니다. 전략이 필요해요. 올바른 환경 설정이죠. 내가 꾸준히 할 수밖에 없게끔 환경을 만드세요. 그 환경에 나를 밀어 넣으세요. 습관으로 만드세요. 습관이 들면 꾸준히 할 수 있습니다. 꾸준함은 후천적 재능이에요. 예컨대 집에서 공부가 잘 안되니 독서실 끊기, 혼자 독서가 잘 안되니 독서 모임 나가기, 혼자 달리려니 심심하고 중간에 잘 그만둬서 달리기 동호회 참여하거나 마라톤 대회 신청하기, 영어 공부를 위해 토익 시험 신청하기, 주위 사람에게 목표 공헌하기가 있습니다. 책임감을 부여해 하지 않으려야 하지 않을 수 없게 만드는 거죠. 꾸준함을 유지하는 데에 큰 효과가 있어요. 강원국 작가는 『강원국의 글쓰기』에서 "의지는 습관에 항복한다"라며 습관의 힘을 강조합니다. 앨리슨 존스 작가도 『책으로 비즈니스』에서 "매일 반복되는 활동에는 의지가 필요 없다는 사실입니다. '오늘 블로그에 쓸까?'를 생각하는 게 아니라 '오늘 언제 블로그에 쓸까?'를 생각하게 되니까요."라고 말하며 습관의 중요성을 강조하죠. 습관은 다른 말로 꾸준함과 반복입니다.

세상에서 가장 무서운 사람이 누구일까요? 꾸준히 하는 사람입니다. 아무도 당해낼 수 없거든요. 대다수는 꾸준히 하지 못해 중간에 나가떨어집니다. 그러니 꾸준히 하세요. 무서운 내가 되세요. 꾸준함은 다른 모든 걸 이깁니다. 꾸준함은 무적입니다.

블로그 활용법

SNS는 블로그보다 휘발성이 강한 게 단점입니다. 저는 휘발되기 아까운 SNS 글을 따로 모아 블로그에 포스팅하고 있어요. 블로그는 키워드로 검색도 쉬워 필요할 때마다 쉽게 찾아 이용할 수 있습니다. 중요한 글은 따로 기억해 두거나 아카이빙(자료 저장)하세요. 주기적으로 꺼내 보고 글과 책을 쓸 때 적극 활용하세요. 블로그를 구심점으로 SNS 등 다양한 채널로 확장하세요.

책과 SNS에서 좋은 문구, 울림을 주고 와 닿은 구절을 만나면 내 생각과 함께 적어보세요. 그것을 블로그와 SNS에 공유하세요. 온라인에서 내 영향력을 키우는 방법입니다. 나중엔 온전히 내 생각과 경험만을 담은 글로 채울 수 있어요. 정태영 작가는 『나는 블로그로 월급보다 많이 번다』에서 "네이버가 말하는 진짜 경험을 콘텐츠에 담기 위해서는 정보의 재해석과 스토리텔링이 반드시 필요하다. 객관적인 정보를 전달하는 것도 중요하지만 그보다 더 중요한 게 개인적인 경험을 반영해 재해석하는 일이다."라고 말합니다. 남의 글만 퍼 나르지 말고 내 글을 쓰세요. 꼭 내 경험이 아니더라도 글에 내 관점과 해석이 담기면 내 글이 됩니다.

책 쓰기를 위한 포스팅을 하세요. 글쓰기가 아직 몸에 배어 있지 않은 상태에서 책 쓰기를 염두에 두고 글을 쓰라는 말이 와 닿지 않거나 부담될 수 있습니다. 하지만 처음부터 책 쓰기를 염두에 두고 글을 써서 모아간다면 얻는 게 많답니다. 제로베이스에서 책 한 권을 내기란 정말 어렵거든요. 망망대해에 혼자 떠 있는 기분입니다. 엄두가 나지 않죠. 만약 이미 차곡차곡 모아 둔 글이 있다면 심적 부담이 적어 책 쓰기 문턱이 훨씬 낮아집니다. 책을 쓰겠다는 목표로 포스팅하면 주제와 소재 선정에도 방황하지 않아요. 글의 수준도 높아지죠. 책으로 낼 정도 수준의 글을 써야 하니까요. 어느 정도 글이 모이면 한 권의 책이 되도록 체계적으로 정리하고 꼭 투고하세요. 만약 출판 계약에 성공하면, 출판사의 피드백을 받아 모아서 정리한 글을 수정, 제외, 추가, 보강만 하면 근사한 책으로 탄생합니다. 책을 써야지 마음먹고 그제야 글을 쓰고 준비하는 것보다 훨씬 수월해요. 저도 그동안 차곡차곡 모아두었던 글이 있었기에, 이번 책을 좀 더 편하게 집필할 수 있었습니다.

저는 처음에 책 쓰기를 염두에 두지 못하고 블로그를 운영했어요. 비교적 다양한 주제를 쓰다 점점 방향과 주제가 잡혔죠. 계속 써봐야만 자신이 어떤 주제를 좋아하고 잘 쓸 수 있을지 알게 됩니다. 지금은 책 쓰기를 염두에 두고 포스팅합니다. 앞으로 쓰고 싶은 책 주제에 맞는 글을 쓰려 노력하죠. 만약 그런 깊은 고민 없이 쓴 글이라도 '이 글은 나중에 책을 쓴다면 이 주제에 묶이면 좋겠다.', '저 주제에 쓰이면 좋겠다.'라고 구상해 봅니다. 책을 쓰기 위한 포스팅은 오히려 글쓰기가 더 쉬워요. 주제를 헤매지 않으니까요. 쓰고자 하는 책 주제와 관련된 글을 쓰면 됩니다. 나중에 책으로 낼 때 불필요한 글을 따로 빼야 하는 선별 작업도 필요 없죠. 오늘부터 책 쓰기를 염두에 두고 블로그에 매일 글을 올리세요. 아직 구체적으로 책 주제가 정해지지 않았다면, 대략 '나는 나중에 이런 분야의 책, 이런 장르의 책을 쓰고 싶다' 정도는 정하고 그 틀 안에서 글을 써 나가세요. 그러면 훗날 백지상태에서 책을 쓰려는 것보다 덜 고생합니다. 이해사 작가는 『내 글도 책이 될까요』에서 매일 블로그에 쓴 1,600개가 넘는 글을 편집하고 정리해 3권의 책을 출간했다고 말합니다. 여러분도 꾸준히만 쓰면 블로그 글을 엮어 만든 자신의 책을 만날 수 있어요.

블로그를 오래하려면

부수입을 기대하고 블로그를 한다면 오래 하지 못할 가능성이 높아요. 무게 중심을 다른 곳에 두는 게 좋습니다. 예컨대 아카이빙(자료 저장)입니다. "기록이 쌓이면 뭐든 된다." 한동안 네이버 블로그 앱 클릭 시 뜨는 화면에 보이는 문구였어요. 그렇습니다. 기록이 쌓이면 뭐든 됩니다. 반대로 기록하지 않으면 아무것도 남지 않아요. 내 생각, 내 역사 모든 게 물 흘러가듯 흘러가 버리고 바람에 먼지 날아가듯 흩어져 사라집니다. 나로 존재하기 위해서, 나를 잃지 않기 위해서, 단단한 내가 되기 위해서, 계획을 수립하고 성취하기 위해서, 흔들리고 힘겨울 때 견디고 버텨내기 위해서 우린 쓰고 남겨야 해요. 글과 책으로. 블로그 글쓰기는 내 기록을 남기는 행위입니다. 이것이 쌓이면 내 역사가 되죠. 내 삶을 회고하고 성찰할 수 있어요. 미래는 성찰하는 자의 것입니다.

또한 자녀와 미래세대를 위한 목적도 염두에 두면 좋아요. 저는 훗날 두 딸이 제 블로그의 글을 보며 '아빠가 이런 생각을 하며 사셨구나.', '이런 고민을 하셨구나.', '이런 삶을 사셨구나.', '이런 삶을 살고 싶어 하셨구나.', '우리(두 딸)에 대한 사랑이 이렇게나 크셨구나.'를 알게 해주고 싶습니다.

6. 다양한 채널을 확보하라! SNS는 다다익선

SNS는 단순히 일상을 공유하는 공간이 아닙니다. 글쓰기 실력을 쌓고 독자와 소통하고 출판의 꿈을 현실로 만들어 줄 강력한 도구입니다.

제가 활동 중인 온라인 글쓰기 공간은 X(구. 트위터), 스레드, 페이스북, 인스타그램, 브런치, 포스타입, 유튜브, 블로그입니다. 각각 특징과 장단점이 있습니다. 예컨대 인스타그램은 사진과 영상(릴스) 콘텐츠가 많아요. 자랑, 허세, 과시가 심하다는 비난을 받기도 하지만 점점 개선되고 있습니다. 유튜브를 글쓰기 공간에 포함한 걸 의아하게 생각할 수 있어요. 왜 포함했을까요? 네, 유튜브 영상 제작을 위해선 대본, 즉 글이 필요해요. 글은 모든 콘텐츠의 출발입니다.

SNS는 글쓰기 연습을 위한 최적의 공간입니다. 글을 쉽게 작성하고 공유할 수 있죠. 짧은 글, 긴 글, 다양한 형식의 글을 자유롭게 작성하며 글쓰기 감각을 키웁니다. SNS는 보통 간결하고 임팩트 있는 글을 쓰기에 좋습니다. 최근엔 트위터가 X로 바뀌면서 사용자에 따라 긴 글도 작성할 수 있어요. 이곳에서 마음껏 내 생각과 마음을 글로 표현해 보세요. 게다가 일정 기준 충족 시 광고 수익금도 2주마다 지급하니 확실한 동기 부여도 됩니다.

글쓰기가 어렵다면 SNS에 글을 쓰세요. 여러분과 같은 고민을 하는 수많은 사람이 있습니다. 그들은 자신의 글쓰기 경험을 공유하고 서로 격려하며 용기를 북돋아 주죠. 글쓰기 관련 계정을 팔로우하고 작가들의 글을 읽으세요. 글쓰기에 도움이 됩니다. 글을 공유해 피드백을 받고 자신감도 얻으세요.

글쓰기 어려움 중 하나는 쓸거리(글감, 주제, 소제)를 찾는 겁니다. 강원국 작가도 "글쓰기 최대 승부처는 글감의 보유 여부다."라고 말하죠. 매일 다양한 분야의 사람이 자기 생각과 경험을 공유하는 SNS는 황금알을 낳는 거위입니다. 쓸거리를 무한히 낳죠. 흥미로운 뉴스, 깊이 있는 에세이, 유머 넘치는 글, 감동적인 이야기, 인사이트와 혜안이 담긴 글을 통해 좋은 영감을 얻습니다. 개개인은 서로 다른 한 권의 책이며, SNS의 글과 댓글은 그 책의 일부입니다. SNS의 좋은 글을 읽는 건 양서를 읽는 것과 마찬가지입니다.

SNS는 작가로서 브랜드를 강화하는 데 도움이 됩니다. 꾸준한 활동으로 작가 이미지를 구축하고 독자의 신뢰를 얻을 수 있죠.

SNS는 독자와 소통하고 팬덤을 형성할 수 있는 최고의 장소입니다. 댓글과 '좋아요'를 통해 독자의 반응을 실시간으로 확인할 수 있어요. 글의 공유와 재공유로 폭발적인 확산이 가능합니다. 책 홍보에 큰 도움이 되죠. 독자의 댓글과 피드백을 통해 개선할 점도 파악합니다.

SNS는 출판사에 글쓰기 실력과 영향력을 보여줄 수 있어요. 중요한 포트폴리오 역할을 하죠. 꾸준히 좋은 글을 올리면 출판 제의를 받기도 합니다. SNS는 출판사가 작가를 발굴하는 중요한 채널의 하나예요.

크라우드 펀딩과 SNS를 결합할 수도 있습니다. 출판을 위한 크라우드 펀딩을 시작한 후 SNS로 홍보하면 성공적으로 자금을 모을 수 있어요. 만약 성공한다면 이는 작가의 창작활동을 지원하고 독자와의 관계를 강화하는 데 기여합니다.

SNS는 단순히 유행하는 플랫폼이 아니에요. 글쓰기와 책 쓰기를 꿈꾼다면 SNS는 여러분의 글쓰기 실력 향상, 독자 확보, 출판 계약, 책 홍보와 마케팅까지 해결해 주는 해결사가 되어줍니다. 전통적인 마케팅 방법보다 SNS는 비용 효율적인 마케팅 도구입니다. 무료 또는 저렴한 비용으로 글과 책을 홍보할 수 있죠. SNS를 적극 활용하세요.

책임감이 생기면 글의 수준은 높아집니다

다양한 SNS 플랫폼 중에서 유료인 곳이 있습니다. 예컨대 포스타입, 네이버 프리미엄콘텐츠 같은 곳이죠. 이곳은 독자가 글을 읽으려면 건당 비용 또는 월 구독료를 내야 해요. 작가(글쓴이)는 비용을 받고 글을 쓰니 대충 아무 글이나 쓸 수 없습니다. 무료로 글을 쓰는 곳보다 글 쓰는 자세와 태도, 마인드가 달라지죠. 책임감 덕분에 글의 수준이 자연스럽게 올라갑니다. 글쓰기 실력을 늘리고 싶다면 유료 플랫폼을 이용해 보는 것도 좋아요.

저는 포스타입을 이용하며 몸소 체험했습니다. 지금 내가 쓰는 글을 독자가 돈을 내고 본다고 생각하니 처음엔 글이 잘 써지지 않았어요. 양질의 글을 써야 한다는 부담감과 압박감이 상당했죠. 소위 돈값을 해야 하니까요. 묘수는 없었습니다. 계속 써보는 게 답이었죠. 발행하는 글이 늘면서 점점 편하게 글을 썼어요. 제가 보기에도 제 글의 수준이 다른 곳보다 높았습니다. 이번 책을 집필하면서 포스타입에 올린 글을 가장 많이 참고했어요.

브런치(브런치 스토리)는 '브런치 작가'라는 타이틀이 책임감을 부여해 줍니다. 자리가 사람을 만든다는 말처럼, 작가라는 타이틀이 있으니 허접한 글을 쓰기가 어려워요. 더군다나 글에 진심인 사람만 모인 곳이라 더욱 진중하고 신중하게 글을 쓰게 되죠. 이렇듯 책임감은 글쓰기 실력을 늘리는 데에 큰 조력자입니다.

브런치에 대해 좀 더 구체적으로 설명해 드릴게요. 브런치 작가의 오래된 푸념의 하나는 아무리 양질의 글을 써도 수익 창출이 불가능하다는 점이었어요. 그런데 최근 바뀌었습니다. 독자가 작가의 글을 읽고 글이나 작가가 마음에 들었다면 그 글에 '응원하기'를 할 수 있어요. '응원하기'란 금전적 후원입니다. 독자가 직접 작가에게 돈을 선물하는 거죠. 이제 브런치도 파이프라인의 하나로 삼을 수 있습니다.

브런치의 장점은 출간뿐만 아니라 강의, 강연 등 다양한 기회를 잡을 수 있어요. 물론 모든 브런치 작가에게 해당하진 않습니다. 양질의 글, 매력적인 글을 꾸준히 쓰는 사람만 해당해요. 단순히 브런치 작가가 되었다고 자만하지 마세요. 좋은 아웃풋을 꾸준히 내야 합니다. 브런치에는 '제안하기'가 있어요. 제3자가 내 글이 마음에 들어 나와 같이 어떤 작업을 하고 싶다면 제안하기를 통해 다양한 제안을 할 수 있죠. 예컨대 출간, 기고, 강연 섭외입니다. 저도 몇 차례 좋은 제안을 받아 진행한 경험이 있습니다. 브런치 작가는 출판사 관계자의 눈에 띄어 출간 제의를 받기도 해요. 출판사 관계자는 브런치에 올라오는 글을 주의 깊게 보고 있답니다. 좋은 작가를 발굴하고 선점하기 위함이죠.

브런치는 정기적으로 공모전을 실시해요. 공모전에 응모해 당선되면 당연히 출판사의 눈에 띌 것이고 이는 출간 가능성의 증가로 이어집니다. POD라는 출판 형식의 출간도 브런치에서 쉽게 진행할 수 있어요.

브런치의 글도 가능한 많은 독자에게 읽히는 게 좋겠죠? 브런치는 좋은 글을 외부에 노출해 줍니다. 노출이 많이 될수록 더 많은 독자가 내 글을 읽죠. 독자 증가와 긍정적 피드백은 글 쓰는 데 원동력과 동기 부여가 됩니다.

브런치는 작가 친화적 플랫폼입니다. 글쓰기에 최적화된 곳이죠. 글쓰기에 진심인 사람이 계속 모여요. 여기서 글을 쓰면 소위 글 쓰는 맛이 납니다. 다른 곳에서는 느끼지 못할 감정이죠. 스테르담 작가는 『나를 관통하는 글쓰기』에서 "브런치에 글을 쓰는 그 시간. 그 순간은 내가 나를 대접하는 기분이 든다."라고 말합니다. 정말 그래요. 잘 세팅된 레드카펫 위를 걸어가는 기분이라고 할까요. 브런치가 지닌 격과 정체성, 작가에 대한 존중과 지원 때문이라고 생각합니다. 여러분도 브런치 작가에 도전해 보세요. 글쓰기의 새로운 세계가 열립니다.

SNS 활용법

"나는 현재 유튜브를 포함해 블로그, 카카오뷰, 네이버포스트, 인스타그램, 네이버TV 등 다양한 플랫폼에서 활동하고 있다. (중략) 각각의 네트워크에서 내 영향력의 크기를 키우기 위해서다. (중략) 네트워크는 더 빠른 성공, 더 큰 성공의 지름길이다." – 『슈퍼노멀』, 주언규, 웅진지식하우스.

원 소스 멀티 유즈(One Source & Multi-Use, OSMU)가 핵심입니다. 휘발성이 적은 블로그를 본진, 베이스캠프로 삼으세요. 매일 블로그에 OSMU의 메인이 될 글을 올리세요. 블로그 글은 무조건 길어야 한다는 강박을 버리세요. 꼭 길지 않아도 괜찮습니다. 내용이 좋으면 길이는 크게 상관없어요. 블로그 글을 각 SNS 플랫폼 성격에 맞게 재가공해 역시 매일 올리세요. 시간 부족 등 재가공할 여건이 안 된다면 그대로 올리셔도 무방합니다. 단, 가치 있는 글이어야 해요. SNS는 매일 꾸준히 올리는 게 가장 중요합니다. 저도 하루도 빠짐없이 꾸준히 글을 올리고 있어요. 블로그 글을 각색하거나 그대로 유튜브, X(구. 트위터), 브런치, 인스타그램, 스레드, 페이스북, 여러 커뮤니티(단톡방)에 올리죠. 내가 브랜드가 되고 내 영향력을 키우려면 어떻게 해야 할까요? 나와 내 글을 많이 그리고 지속해서 노출해야 해요. 따라서 그 수단이 되는 SNS와 각종 채널은 많을수록 좋습니다. 여건상 그게 어렵다면 소수만 집중해서 운영하세요. 한두 가지, 두세 가지 SNS에 매일 글을 올리세요.

저는 하루 평균 3개 블로그 포스팅, 3개 유튜브 영상을 매일 올립니다. 그 외 SNS는 틈날 때마다 수시로 글을 올려요. 핵심은 꾸준함과 지속성입니다. 상위 노출 방법, 각종 알고리즘 타는 법 같은 요령을 알려주는 콘텐츠도 많지만, 여기서 다루지는 않겠습니다. 저는 그렇게 해본 적도 없고 그것은 본질이 아니라고 생각하기 때문이에요. 항상 본질을 놓치지 않아야 합니다. 본질 속에 답이 있고 길이 있습니다. 블로그든 SNS든 본질은 글 (콘텐츠)이고, 글의 본질은 가치 있는 내용입니다.

'90:9:1 법칙'에 따르면 인터넷 이용자의 90%는 관망하며, 9%는 재전송이나 댓글로 확산에 기여하고, 1%만이 콘텐츠를 창출한다고 해요. 글 전달자가 되지 말고 글 생산자가 되세요. 전달자의 인기와 사랑은 일시적입니다. 기억에 오래 남지 않아요. 남의 것을 이용하되 알맹이는 내 것이어야 해요. 내 것이 담겨야 독자가 나를 기억해요. 내 생각, 경험, 관점, 시선, 해석이 바로 내 것입니다. 살불살조, 나를 등불삼아 내 길을 걸어가세요. 나를 바로 떠올리고 각인시킬 수 있는 내 DNA를 글에 남기세요. 내 지문을 남기세요. 그래야 내가 기억되고 나를 찾는 사람, 나를 아는 사람, 나를 좋아하는 사람, 팬이 생깁니다. 그렇게 나는 브랜드가 되고 영향력이 생겨 세상에 좋은 영향을 끼치며 살 수 있어요. 강원국 작가도 『강원국의 글쓰기』에서 이렇게 강조합니다. "투명 인간으로 살지 않으려면 내 글을 써야 한다." 내 글을 쓰세요. 글에 나를 온전히 담으세요.

골수팬을 만드세요

"내가 내린 결론은 내가 직접 선택한 2,000~3,000명 사이에서만 유명해지면 큰 성공을 거둔다는 것이다. (중략) 어떤 훌륭한 제품도, 어떤 탁월한 서비스도, 최고의 걸작도 그것을 널리 퍼뜨릴 2,000명이 없으면 세상에 알려지지 못한다." – 『타이탄의 도구들』, 팀 페리스, 토네이도.

모든 서비스와 상품은 골수팬(찐팬, 충성팬, 팬덤)이 탄탄해야 성공할 수 있습니다. 글과 책도 마찬가지죠. 내 골수팬은 어떻게 만들까요? 블로그와 SNS를 적극 활용하면 됩니다. 매일 꾸준히 양질의 글을 올리고 소통하세요. 그들은 나의 예비 독자입니다. 예비 독자를 나의 골수팬으로 만드세요. 그 숫자가 많을수록 내 글은 많이 읽히고 내 책은 많이 팔리며 내 영향력은 커집니다.

성공하기 위한 골수팬은 최소 몇 명이 있으면 좋을까요? 잡지 「Wired」의 창간자 케빈 켈리의 『천명의 진정한 팬』에 따르면 개인 창작자는 골수팬 1,000명만 있으면 먹고 살 수 있습니다. 실리콘밸리의 벤처 투자가 리진은 100명만 있어도 충분하다고 말합니다. 골수팬 100명 만들기를 1차 목표로 삼으세요. 1차 목표 달성 시 1,000명을 목표 삼아 달려가세요. 목표를 달성한다면 여러분의 성공은 보장된 거나 다름없습니다. 골수팬은 내 글을 읽고 내 책을 구매합니다. 긍정적인 후기를 각종 채널에 공유하며 추천하죠. 이보다 더 강력한 홍보와 마케팅은 없습니다. 단순히 '좋아요'만 누르는 팔로워 100명보다 골수팬 1명이 더 소중하다는 사실 명심하세요.

누구나 만나는 정체기(슬럼프)

"어떤 고난이 닥쳐도 살아남을 수 있는 힘을 비축하는 시기, 뿌리에 온 힘을 쏟는 어린 시절을 '유형기'라고 한다." – 『나는 나무에게 인생을 배웠다』, 우종영, 메이븐.

"반복은 같음의 연속이 아니라 다른 차원으로 나아가는 일방통행로예요. 계속해 보세요." – 이정훈

SNS에 매일 글을 올려도 팔로워, 구독자가 늘지 않고 글쓰기 실력도 제자리인 것처럼 느껴질 때가 있습니다. 이 시기를 슬기롭게 넘겨야 해요. 성장은 직선형이 아니라 계단형입니다. 피부로 체감하고 겉으로 드러나는 외적 성장 즉, 가시적인 양적 변화와 성장이 없는 것 같아도 낙담하지 마세요. 응축의 시기입니다. 필수로 지나쳐야 할 시기에요.

일정 기간 진보가 정체되어 학습효과가 나타나지 않는 현상을 '고원 현상'이라 합니다. 다이나믹 시스템 이론에 의하면 고원 현상은 양적 변화 정체 속에서도 다양한 질적 변화가 계속해서 나타나고 있어요. 눈에 보이진 않지만, 활발히 일어나고 있는 질적 성장을 믿고 꾸준히 쓰세요. 나무에게 뿌리에 온 힘을 쏟는 유형기가 필요하듯 사람도 마찬가지입니다. 모든 일

엔 유형기가 필요해요. 눈에 보이지 않는 뿌리를 굳건히 키우는 동안 조급해 하거나 초조해 마세요. 소의 걸음으로 천 리를 간다는 우보천리의 자세로 임하세요. 뿌리가 튼튼할수록 큰 과실이 오래 매달려 있습니다. 위대한 인생은 눈에 보이지 않는 성장을 통해 만들어진다는 쇼펜하우어의 말, 가장 중요한 건 눈에 보이지 않는다는 어린 왕자의 말을 기억하며 매일 꾸준히 쓰세요. 힘들고 지칠 땐 작은 물방울이 계속해서 떨어지면 결국 돌을 뚫는다는 수적천석을 떠올리세요. 어느 순간 임계치를 넘고 퀀텀 점프하는 순간이 옵니다. 반드시 와요. 저도 그랬습니다.

온라인 명함이 필요한 시대

SNS 영향력이 부와 권력인 시대입니다. 앞으로 사람은 두 부류로 나뉠 거예요. 아니, 이미 나뉘었죠. SNS 영향력이 있는 사람과 그렇지 않은 사람. 여러분은 어디에 속하시겠어요? 네, 전자에 속해야 합니다. 매일 블로그와 SNS에 글(콘텐츠)을 올리세요. 영향력을 빚어내는 행위이자 생존을 위한 행위입니다.

누구나 명함 하나쯤은 가지고 있죠. 거기서 직장, 직함, 직책을 제외해보세요. 그래도 뭔가를 내세울 내가 남아 있어야 합니다. 일시적이고 허울뿐인 명함, 내 배경을 보여주는 명함이 아닌 나 자신을 증명하는 명함이 필요해요. 내 능력과 실력, 정체성을 보여주는 명함 말입니다. 내가 무슨 일을 하며 무엇을 추구하는 사람인지, 오래도록 나를 증명할 수 있는 명함요. 그런 진짜 명함을 만드세요. 인플루언서 명함, 콘텐츠 생산자 명함을 만드세요. 저는 작가라는 명함을 추가했습니다. 다음 추가하고 싶은 명함은 강연가(강사)입니다. 하나씩 하나씩 저를 증명할 수 있는 명함을 만들어갈 계획입니다. 저 자체가 명함인 수준까지 말이죠. 브랜드가 되면 됩니다. 저를 브랜드로 만들 겁니다. 여러분도 여러분 자신을 브랜드로 만드세요.

5장

책을 써서 저자가 돼라

1. 전자책의 시대가 온다고?!

"전자책 트렌드가 예사롭지 않은 건 이 흐름이 '보통 사람들의 책 쓰기' 시대를 열어가고 있다는 점이다. 종이책 시대에는 유명인이나 전문가들이 주로 책을 썼다. 출판사의 문턱을 넘는 진입장벽도 무척이나 높았다. 그런데 전자책 시대가 오면서 출판의 공식이 바뀌고 있다. 책을 내고 싶으면 굳이 출판사를 통하지 않아도 된다. 디지털 기술을 조금 익히면 자신이 직접 만들어도 손색이 없다. 종이 대신 디지털 파일(PDF, EPUB 등)로 제작하면 된다." – 〈서울경제〉, '대(大)전자책 시대'가 다가오고 있다.

사람들의 인식과 소비 형태가 달라지고 있습니다. 아직 다수가 전자책보다 종이책을 더 선호하긴 합니다. 전자책이 불편하다는 등 여러 이유로 전혀 이용할 의향이 없는 분도 있고요. 하지만 점점 전자책 수요는 증가하고 있습니다. 휴대폰, 태블릿, 애플리케이션의 발달과 자기 계발 관심이 맞물려, 언제 어디서든 간편하게 볼 수 있는 전자책의 인기가 높아지고 있죠. 전자책(PDF 문서 파일)을 쉽게 접할 수 있는 대표적인 플랫폼은 크몽, 탈잉, 클래스101, 숨고, 유페이퍼입니다. 사이트에 들어가 보면 아시겠지만, 전자책의 주제는 광범위해요. 가볍게 일상생활에 바로 써먹을 수 있는 생활 밀

착형 주제부터 종이책에 견주어도 전혀 손색이 없는 주제까지 다양하죠.

전자책의 특징과 조언

"분량도 별다른 기준이 없다. 달랑 몇 페이지짜리이거나 몇십 페이지짜리여도 거기에 특별한 노하우나 비법, 경험이 담겨 있다면 문제 될 것이 없다." – 〈서울 경제〉, '대(大)전자책 시대'가 다가오고 있다.

하나, 종이책보다 허들이 낮습니다. 누구나 도전할 수 있어요. 컴맹이고 백지상태였던 저도 했으니까요. 전자책을 자신이 운영하는 사이트나 블로그, SNS를 통해 판매한다면 분량, 규격, 양식에서도 자유롭죠. 워드나 한글로 작성한 문서를 PDF 파일로 변환 후 업로드, 판매하면 됩니다. 컴퓨터, IT 초보자도 얼마든지 할 수 있어요. 크몽, 탈잉 등 유명 플랫폼을 이용한다면 해당 플랫폼의 규격과 양식에 맞게 제작 후 승인을 받아야 판매 가능합니다. 저는 전자책 판매를 위해 스마트스토어도 처음으로 개설하여 메인 판매 채널로 이용했어요. 크몽, 탈잉, 클래스101에도 승인 심사를 통과해 판매 등록까지 완료했었죠.

둘, 가격 책정이 자유롭습니다. 내가 원하는 가격을 간섭과 제약 없이 정할 수 있어요. 가격 수정도 언제든 쉽게 가능하죠. 이윤 측면에서도 종이책보다 압도적으로 유리합니다. 종이책은 보통 작가에게 10% 미만의 인세가 지급돼요. 전자책은 플랫폼마다 다르지만 보통 15~20% 수수료를 플랫폼에서 가져가고 나머지는 작가의 몫입니다. 이윤이 종이책보다 월등히 높죠. 만약 자신이 운용하는 사이트나 블로그, SNS를 통해 판매한다면 이윤은 거의 100%에 육박합니다.

셋, 뭐든 첫 도전이 가장 막막하고 어렵죠. 첫 책은 가장 자신 있는 분야를 선택하세요. 예컨대 본업이나 자기 전문 분야입니다. 시간을 많이 보내는 취미나 특기, 덕질도 좋습니다. 저는 수의사라 반려동물 상식을 QnA 형식으로 된 『반려동물 필수 지침서』 전자책을 발간했어요. 헬스 트레이너라면 4주 만에 몸만들기, 공인중개사라면 부동산 매매법, 피아노 선생님이라면 피아노 잘 치는 법, 변호사라면 좋은 변호사 고르는 법, 주식 투자 고수라면 주식 투자 비법, 부동산 투자자라면 임장 시 유용한 팁 등 자신 있고, 잘 알고, 잘 하고, 시간을 많이 보내는 분야를 첫 책으로 쓰는 게 무난합니다.

넷, 주제는 자유입니다. 내가 남보다 잘하는 거, 관심이 많은 거, 덕질하는 거를 글로 잘 요약하면 됩니다. 노하우, 꿀팁, 경험(시행착오)과 같은 정보 전달성 주제가 적당합니다. 예컨대 정리 팁, 면접 노하우, 이민 팁, 항공권 저렴하게 예약하는 법, 글 잘 쓰는 법, 출간 계약 성사 팁, 우울증 극복 팁, 옷 잘 입는 법, 엑셀 마스터하기, SNS 키우는 방법, 출산 후유증 빨리 이겨내는 방법, 이혼 슬기롭게 하는 방법, 사업 실패 후 성공으로 이어진 팁, 부동산/ 주식 투자 노하우입니다.

관심과 흥미 있는 분야를 열심히 배우고 깊게 판 후, 그 내용을 토대로 써도 됩니다. 전자책 집필 덕분에 내 지식이 쌓이고 확장되죠. 관건은 내가 아무리 잘하는 분야의 지식, 잘 알고 있는 정보라도 '남에게 도움'이 되어야 해요. 나에겐 쓸모 있지만 남에게 쓸모 없다면 판매 가치는 0으로 수렴합니다. 내가 잘하는 것, 잘 아는 것이면서 동시에 남에게 도움이 되거나 혜택을 주는 것이어야 판매 가치가 있어요. 이 교집합을 고민하고 연구하세요. 가장 좋은 건 '솔루션' 제공입니다. 타자의 '문제'를 '해결'해 줄 수 있는 내용이면 최고죠. 타자의 걱정, 고민, 요구, 불평, 불만, 불만족, 즉 '페인 포인트'가 무엇인지 파악하세요. 내게 해결책이 있는지 잘 찾아보고 있다면 그걸 쓰세요.

다섯, 전자책 판매는 하나의 파이프라인입니다. 잘 만든 전자책은 꾸준한 수익을 가져다줘요. 직접적인 판매 수익 너머도 보세요. 즉 부수 효과, 낙수효과죠. 파생 확장할 수 있는 것도 노리세요. 예컨대 블로그에 글을 쓰고, 그것을 모아 전자책으로 내고, 전자책이 입소문을 타고 인정받아 강의를 나가는 사례도 봤습니다. 전자책 시장은 더 커집니다. 잘 만든 전자책이 쌓이고 쌓이면 종이책처럼 든든한 내 명함이 됩니다. 양질의 전자책은 종이책 출간으로도 도전해 볼 수 있습니다. 제가 그런 사례였죠. 『반려동물 필수 지침서』 전자책을 종이책 출간으로 도전했고, 좋은 출판사를 만나 보강 작업을 거쳐 『할퀴고 물려도 나는 수의사니까』 종이책이 탄생했습니다.

여섯, 연령에 상관없이 쓸 수 있어요. 젊으면 젊은 대로 나이가 많으면 많은 대로 적절한 콘텐츠를 얼마든지 쓸 수 있습니다. 전자책은 시니어에게 유리한 점도 있어요. 예컨대 사오십 대는 이삼십 대에 비해 상대적으로 다양한 경험과 지식, 지혜를 지녔습니다. 그것을 글로 조리 있게 잘 풀어내면 가치 있는 콘텐츠가 됩니다. 연륜과 경륜이 빛을 발하는 거죠. 노후의 파이프라인 중 하나로 삼으세요.

전자책을 한 번도 쓰지 않은 사람은 있어도 전자책을 한 번만 쓴 사람은 없다는 말이 있습니다. 처음이 어렵지 한번 해보면 그다음은 수월해요. 다음엔 또 어떤 주제를 쓸지 고민하죠. 어느새 차곡차곡 전자책이 늘어가는 경험을 하게 됩니다. 꼭 한번은 전자책 쓰기에 도전하세요. 얻는 게 많은 남는 장사입니다.

2. 책 쓰기 전에 몸부터 풀자, 전자책 쓰기

　종이책 출판은 매력적인 목표지만, 초보(예비) 작가에게는 높은 장벽처럼 느껴집니다. 막막한 출판 과정, 까다로운 투고 심사 등 문턱이 높아 보이죠. 우선 전자책(PDF 문서 파일) 출판을 고려하세요. 상대적으로 부담이 적어 종이책 출판에 앞서 워밍업을 할 좋은 기회이자 대안입니다.

　전자책은 종이책보다 진입 장벽이 낮고, 빠르게 결과를 확인할 수 있다는 장점이 있어요. 출판사 심사나 제작 비용 없이 직접 전자책 플랫폼에 책을 등록해서 판매하면 됩니다. 종이책은 제작부터 유통까지 시간이 오래 걸리지만, 전자책은 출판 후 바로 독자에게 공개되어 반응을 확인할 수 있습니다. 전자책 플랫폼은 독자의 구매 패턴, 선호도 등을 데이터로 제공해 작가는 이를 활용해 다음 작품에 반영할 수 있죠.

　전자책은 종이책과 달리 출간 후에도 쉽게 수정할 수 있어 작가의 부담이 적습니다. 최신 정보나 독자의 의견을 반영해 작품을 지속해서 업데이트할 수 있어요. 예컨대 기술, 과학 관련 책은 새로운 발견이나 업데이트된 자료를 즉시 반영 가능합니다.

전자책 출판을 종이책 출판의 발판으로 삼으세요. 전자책은 작가의 포트폴리오 역할도 합니다. 출판사는 작가의 역량을 평가할 때 전자책 출판 경험도 함께 보죠. 전자책 판매량을 통해 작가의 시장 경쟁력을 확인할 수 있어요. 이는 종이책 출판 시 성공 가능성을 높이는 데 도움이 됩니다.

전자책 출판 시 '작가와'라는 플랫폼을 이용하면 편합니다. ISBN 무료 발급부터 서점 유통, 판매, 정산까지 도와주죠. ISBN이란 International Standard Book Number의 약자로 국제 표준 도서 번호를 의미해요. 사람의 주민등록번호와 비슷한 개념입니다. 크몽과 같은 프리마켓에서는 전자책 판매할 때 ISBN이 필요 없지만, 교보문고, 알라딘, YES24 등 대형 전문서점에서 책을 유통하려면 반드시 ISBN이 필요합니다. 작가와 외에 부크크, 유페이퍼도 있으니 충분히 알아보시고 본인에게 맞는 플랫폼을 선택하세요.

3. 책은 아무나 못 쓴다?
틀렸다, 누구나 쓸 수 있다, 누구나 써야 한다

"개인의 경험을 글로 쓰는 것은 사회적 자산을 생산하는 일이기도 하다. 그런 점에서 나는 누구나 책을 써야 한다고 생각한다." – 『나는 말하듯이 쓴다』, 강원국, 위즈덤하우스.

주위에 책을 써보라고 권했을 때 돌아오는 답변은 공식처럼 일정합니다. "내가 작가도 아닌데 무슨 책을 써.", "책은 아무나 쓰니?", "책은 교수나 전문가가 쓰는 거야.", "나처럼 평범한 사람이 무슨 책을 써."

왜 이렇게 생각하는 사람들이 많을까요? '잘 써야 한다'는 강박관념 때문입니다. 완벽한 문장, 특별한 소재(경험), 흥미진진한 이야기, 뛰어난 구성력, 해박한 지식을 갖춰야 한다는 부담감이 책 쓰기를 어렵게 만들죠. 강박관념을 버리세요. 우리는 뛰어난 문학 작품을 쓰려는 게 아닙니다. 누구나 노력하면 쓸 수 있는 비문학 작품을 쓰려는 거예요.

출판이 어렵다는 인식도 한몫합니다. 열심히 투고해도 출판 계약 맺기는 하늘의 별 따기처럼 어렵다는 생각이 책 쓰기를 주저하게 합니다. 물론 일반인이 투고해서 출판 계약으로 이어지는 게 쉬운 일은 아닙니다만, 그렇다고 복권 당첨처럼 가능성이 희박하지도 않습니다. 평범했던 저도 두 번째 출판 계약을 맺고 지금 이렇게 책을 쓰고 있으니까요. 책을 쓰겠다는 의지와 노력, 배움의 자세만 있으면 누구나 얼마든지 가능합니다. 간절함과 절실함도 빠뜨릴 수 없죠. 투고를 통한 출판 외에도 다양한 출판 경로가 있으니 걱정하지 마세요. 이에 관한 내용은 뒤에서 자세히 다루겠습니다.

"내 이야기가 뭐 그리 대단하다고 책까지 써."라는 생각도 책을 쓰는 데 방해 요소입니다. 내 이야기가 독자에게 매력적이지 않다고 생각하거나, 타자의 이야기와 비교 시 특별해 보이지 않아 자신감을 잃죠. 그럴 필요 없어요. 평범함이 곧 특별함이고, 평범함 속에 비범함이 숨어 있습니다. 세상에 단 하나뿐인 여러분의 경험, 생각, 감정을 담아내는 것만으로도 충분히 특별하고 가치 있는 책이 될 수 있습니다. 나의 관점과 해석이 담기면 세상에 오직 하나뿐인 글이 됩니다.

책은 정말 아무나 못 쓸까요? 아닙니다. 누구나 쓸 수 있어요. 책을 쓸 수 있는 사람이 정해져 있는 게 아니에요. 책을 쓸 수 있는 '특별한 자격'은 없습니다. 누구든지 자기 이야기, 경험, 생각을 담아 책을 쓸 수 있습니다. 작가도 태어날 때부터 작가로 태어나지 않았어요. "내가 아는 한 좋은 작품을 만드는 데 천재는 없다. 매일 쓰면 결국 작가가 된다." 김바다 작가의 말입니다. 매일 꾸준히 쓰면 작가가 됩니다. 작가라서 책을 쓰는 게 아니라 책을 써서 작가가 되는 거예요. 전문가라서 책을 쓰는 게 아니라 책을 써서 전문가가 되고, 똑똑해서 책을 쓰는 게 아니라 책을 쓰니까 똑똑해지는 겁니다. 성공해서 책을 쓰는 게 아니라 책을 써서 성공하고, 유명해서 책을 쓰는 게 아니라 책을 써서 유명해지는 거예요. 책을 마치 특별한 재능을 가진 소수만이 누릴 수 있는 전유물처럼 여기지 마세요. 책은 누구나 쓸 수 있어요. 아니, 누구나 써야 합니다. 나와 타자 모두를 위해서 써야 해요. 벤저민 프랭클린의 "죽어서 육신이 썩자마자 사람들에게 잊히고 싶지 않다면, 읽을 만한 가치가 있는 글을 쓰든지, 글로 남길 만한 가치가 있는 일을 하라."라는 말처럼, 우리는 읽을 만한 가치 있는 글과 책을 써야 합니다.

여기서 책 쓰기란 비문학 책 쓰기를 말합니다. 시와 소설 같은 문학 책 쓰기는 저 역시 아무나 쓸 수 없다고 생각해요. 타고난 재능과 감수성이 큰 역할을 하기 때문이죠. 물론 부단히 노력한다면 전혀 불가능한 영역은 아닙니다. 상대적으로 어려울 뿐이죠.

반면 비문학 책 쓰기는 글을 쓸 줄 알고 생각할 줄 알며 경험과 지식만 있으면 얼마든지 도전할 수 있어요. 김용섭 소장은 이렇게 말합니다. "지식정보 시대의 경쟁력은 자신의 지식정보를 정리하고 공유할 수 있는 능력이다. 바로 그것이 책 쓰기이며, 결코 쉽지 않은 일이기에 더 매력적이고, 그렇기에 그 매력을 경험할 기회를 권하고픈 것이다." 책 쓰기 과정이 쉽지는 않습니다. 꾸준한 노력과 시간을 들여야 하고 문장력, 구성력, 독창적인 아이디어도 필요해요. 쉽지 않은 만큼 해낸다면 성취감은 어느 것보다 큽니다.

책 쓰기, 특별한 재능이 아닌 용기와 노력의 결과

'나는 글재주가 없어.', '나는 글을 써본 적이 없어.'라는 생각에 갇혀 책 쓰기를 망설이지 마세요. 책은 단순히 필력으로 만들어지지 않습니다. 내 이야기, 생각, 경험을 담아내는 용기와 노력이 더 중요해요. 베스트셀러 작가도 처음에는 아마추어였어요. 세계적인 작가 스티븐 킹조차 처음에는 자신의 이야기를 세상에 알리기 위해 고군분투했습니다. 유명 작가뿐만 아니라 평범한 사람의 이야기가 담긴 책이 인기를 얻는 사례가 꾸준히 증가하고 있으니 용기를 가지세요. 여러분의 책을 기다리고 있는 독자가 있다는 걸 잊지 마세요.

책 쓰기, 나를 발견하고 성장하는 기회

"책을 쓰는 가장 큰 목적은 그 방면의 공부를 더 하기 위해서다." - 『당신이 누구인지 책으로 증명하라』, 한근태, 클라우드나인.

책 쓰기는 단순히 글을 쓰는 행위를 넘어, 자신을 발견하고 성장하는 기회를 제공합니다. 글쓰기를 통해 자기 생각을 정리하고, 논리적으로 표현하는 능력을 키울 수 있어요. 책을 쓰려면 다양한 분야에 관한 조사와 연구가 필요합니다. 이 과정에서 타자의 생각과 경험을 접하면서 세상을 보는 시각을 넓히고, 자신만의 관점을 발견할 수 있죠. 새로운 지식을 습득하고 전문성을 키울 수 있습니다. 내가 아는 것과 모르는 것을 명확하게 구분해 줘요. 메타인지가 높아지죠. 모르는 걸 알게 되고 아는 걸 더 확실하게 알게 됩니다. 그렇게 내 그릇은 커집니다.

세상에 영향력을 행사하는 책의 힘

책은 세상에 영향력을 행사하는 강력한 도구입니다. 독자의 생각과 행동을 바꾸고 삶 전체를 바꾸기도 하죠. 나아가 세상을 변화시키는 힘을 지녔어요. 역사적으로 많은 책이 사회에 큰 영향을 미쳤습니다. 책은 작가와 독자를 연결하는 소통의 매개체입니다. 책을 통해 공감을 나누고 함께 성장합니다.

책 쓰기, 두려움을 극복하고 도전하기

"난 아는 게 별로 없어.", "내 이야기는 평범해."라는 생각은 책 쓰기를 망설이게 하는 장애물입니다. 용기를 갖고 도전하세요. 처음부터 완벽한 책을 꿈꾸지 마세요. 책을 절대 쓸 수 없게 만듭니다. 블로그와 SNS에 글을 꾸준히 남기는 습관을 통해 글쓰기 근육을 먼저 키우세요. 점차 긴 글을 쓸 수 있는 역량을 만드세요. 그 후 책 쓰기에 도전하세요. 책 쓰기에 관한 독서, 영상 시청, 책 쓰기 강좌 수강 등 다양한 도움도 받으세요.

책 쓰기는 쉽지 않지만 그만큼 큰 보람과 성장을 가져다줍니다. 책 한 권 쓰는 건 아이를 낳는 것과 다름없다는 말이 있을 정도로 고통과 성취감이 크죠. 한 권의 책을 완성하는 건 마라톤 완주와 같아요. 힘든 과정을 이겨내고 결승선에 도달했을 때 느끼는 희열은 그 무엇과도 비교할 수 없습니다. 긴 시간 노력 끝에 내 책이 세상에 나오는 순간 자신감과 자존감은 높아지고 더 큰 목표를 향해 나아갈 용기를 얻습니다. 내 이야기를 세상에 공유하세요. 두려움을 극복하고 지금 바로 책 쓰기를 시작하세요.

누구나 써야 합니다

"적어도 책 한 권 분량의 콘텐츠가 있어, 그것으로 자기를 설명할 수 있어야 한다. 고령화 사회에서 책은 명함 같은 것이다." – 『강원국의 글쓰기』, 강원국, 메디치미디어.

왜 책을 써야 할까요? 책 쓰기는 글쓰기의 완성이자 자기 계발의 궁극이기 때문입니다. 책은 나의 명함이 되어 줍니다. 내가 책이고 책이 나입니다. 책을 쓰는 건 창의성을 발휘하고 자아를 표현하는 방법입니다. 내 이야기를 쓰고 독자와 소통하고 공감을 나누세요. 내 이야기를 기다리고 누군가는 반드시 있어요. 그 사람을 위해서라도 우리는 모두 책을 써야 합니다. 책은 지식을 공유하는 중요한 매체입니다. 자기 지식과 경험을 책으로 남겨 세상에 공유하세요. 예컨대 논문에 아무리 좋은 내용이 실렸더라도 일반인 대다수는 그 사실을 알지 못해요. 전문가라면 일반인이 이해하기 쉽게 풀어 쓴 책을 내세요. 과학 대중서가 좋은 사례입니다. 책은 역사적 사건과 문화를 기록하는 역할을 합니다. 시대상과 사회적 이야기를 책으로 남기고 후대에 전달하세요.

책 쓰기는 나를 이롭게 할 뿐만 아니라 타자, 나아가 사회와 국가, 세상

전체를 이롭게 합니다. 그야말로 자리이타적인 행위입니다. 그러니 책을 쓰세요. 나와 모두를 위해.

1인 2책 + 알파 시대를 꿈꿉니다

저는 1인 2책 + 알파 세상을 꿈꿉니다. 주위 사람에게도 책 쓰기를 꾸준히 권하고 있어요. 누구나 최소 두 권의 책은 쓸 수 있습니다. 한 권은 본업이나 오래 일한 분야입니다. 카센터 사장, 식당 주인, 제약 회사 회사원, 가정주부, IT 개발자, 배달 라이더, 약사, 축구 선수, 발레리나, 교사, 학원 강사, 이삿짐센터 직원, 바리스타, 꽃집 사장 등 누구나 오랫동안 해 온 일이 있다면 그 분야에 전문가나 준전문가입니다. 일하며 축적한 정보, 지식, 지혜, 깨달음, 통찰, 노하우, 경험, 꿀팁, 시행착오를 타자에게 충분히 매력적이고 개성 있게 책으로 쓸 수 있어요. 여러분의 도움을, 책을 기다리고 있는 사람이 많습니다.

다른 한 권은 에세이입니다. 내가 살아온 삶의 여정을 담백하게 풀어 쓰면 됩니다. 살아왔다면, 살아 있다면 누구나 쓸 수 있어요. 지구에 수많은 사람이 살지만 그중 똑같은 인생은 없습니다. 삶이 꼭 특별하지 않아도 좋아요. 평범해도 괜찮아요. 특별하고 특이하면 그만한 이유로, 평범하면 그만한 이유로 읽힙니다. 필력은 크게 중요치 않아요. 우리는 유려한 문학 작품을 쓰려는 게 아니기 때문이죠. 내 인생 얘기를 진솔하게 들려주면 됩니다. '누가 내 인생을 궁금해하겠어?' 네, 궁금해합니다. 여러분의 이야기를 궁금해하고 기다리는 사람이 분명히 있어요.

'업세이'라고 들어보셨나요? 직업의 '업'과 '에세이'를 합친 말입니다. 자신의 업과 관련된 이야기를 에세이 형식으로 풀어내는 것도 하나의 방법이에요. 서점에 가면 이런 스타일의 책을 쉽게 찾을 수 있어요. 이와 비슷한 책이 '자기 계발 + 에세이'입니다. 저의 첫 책 『할퀴고 물려도 나는 수의사니까』과 이번 책 모두 업세이 성격도 띠고 있습니다

플러스 알파는 자신의 관심 분야, 더 공부하고 싶은 분야를 깊이 파고들어 책을 내는 겁니다. 많이 알아서, 똑똑해서 책을 쓰는 게 아니라 책을 써서 많이 알고 똑똑해진다는 말이 여기에 해당하죠. 한 권의 책을 쓰려면 방대한 양의 자료를 수집하고 공부해야 합니다. 내가 아는 걸 넘어 남에게 글로 쉽게 설명해 줄 수 있는 수준까지 되어야 해요. 전문가나 준전문가 수준으로 공부를 마치면 그것을 체계적으로 정리해 책으로 낼 수 있습니다. 이런 식으로 얼마든지 다양한 분야의 책을 꾸준히 낼 수 있어요. 누구든지 말이죠. 저는 다양한 분야의 책을 매년 최소 한 권 내는 게 목표입니다. 그러기 위해 부단히 공부할 테고, 저는 계속 성장할 겁니다. 성장하는 한 늙지 않는다는 말이 있듯 평생 늙지 않고 젊은이로 살 수 있어요. 책 쓰기 덕분에요.

4. 책을 쓰면 얻는 것들

"큰 성공과 성과를 거둔 사람들은 모두 많은 사람들에게 읽힌 자신의 책을 갖고 있다. 그러므로 글쓰기는 선택이 아니라 필수에 가깝다." – 『타이탄의 도구들』, 팀 페리스, 토네이도.

아직까지 '나는 책을 쓸 만큼 대단한 사람이 아니야'라고 생각하는 사람에게 재차 강조해요. 책 쓰는 건 특별한 사람만의 영역이 아닙니다. 누구든지 쓸 수 있어요. 책 쓰는 일이 쉬운 일은 아니지만 반대로 어려운 만큼, 아무나 시도하지 않는 만큼 쓰면 얻는 게 많습니다. 다양한 보상과 혜택이 주어지죠. 책 출판은 작가의 꿈을 이루는 시작이자, 새로운 비즈니스를 창출하고 확장할 기회입니다. 책은 여러분의 전문성을 증명하고, 독자와의 연결고리를 만들어 줘요. 이를 기반으로 여러분의 비전을 현실로 만들 수 있는 확장 가능한 비즈니스 모델을 구축할 수 있습니다. 송숙희 작가는 『무자본으로 부의 추월차선 콘텐츠 만들기』에서 "3B 경로는 콘텐츠사업을 쉽고 빠르고 근사하게 진행하는 최적의 수순입니다. 블로그(Blog) – 책(Book) – 사업 전개(Business) 순으로 진행합니다."라고 말하며 책 쓰기의 중요성을 지적합니다. 매일 블로그와 SNS에 글을 쓰고, 그 글을 모아 책으로 내고, 그 책으로 다양한 사업을 전개하는 건 현실적이면서 성공 가능성이 높은 훌륭한 전략입니다. 3B를 기억하세요! Blog(SNS), Book, Business!

책을 쓰면 얻는 것들

하나, 경제적 보상. 책 판매를 통해 인세를 받습니다. 인세란 책이 팔리면 저자에게 지급되는 돈을 말해요. 보통 책 판매 대금은 출판사 50~60%, 서점 35~40%, 저자 5~10%로 나뉩니다.

둘, 베스트셀러 작가가 되면 유명해지고 명성을 얻습니다. 미디어 노출 증가로도 이어지죠. 방송과 언론 매체에 소개되면서 저자에 대한 인지도가 높아집니다. 이는 새로운 비즈니스 기회로 이어져요. 책 내용을 활용해 팟캐스트, 유튜브 채널, 온라인 클래스 등 멀티미디어 콘텐츠 사업도 펼칠 수 있습니다.

셋, 학위 수준의 인정. 전문 서적을 출간하거나, 한 분야의 책을 다수 출간하면 학위를 취득한 것과 비슷한 수준의 후광 효과를 갖습니다. 출간 경력은 전문성을 인정받는 자격이 되죠. 나만의 진짜 명함이 생기는 겁니다. 직장 명함은 직장에서 나오는 순간 바로 사라지는 허울뿐인 명함이에요. 잠시 내 뒤에 있는 배경, 병풍 같은 거죠. 하지만 책은 달라요. 책은 평생 내 명함을 대신합니다. 상대에게 내가 무슨 일을 하며 누구인지 일일이 말하지 않아도 돼요. 책(저서)이 저를 말해주니까요. 전 삼성서울병원 윤순봉 사장은 "이제 어떤 사람의 시장가치는 석, 박사 학위나 명함이 아니라 흉내 낼 수 없는 콘텐츠를 얼마나 가지고 있는가에 있다."라고 말합니다. 책이 대표적인 흉내 낼 수 없는 나만의 콘텐츠입니다. 한근태 작가도 책 쓰기의 중요성을 이렇게 강조합니다. "책은 최고의 자기소개서다. 책으로 자신을 증명하라."

넷, 책을 통한 브랜드 구축. 책은 작가의 전문성을 드러내는 가장 효과적인 도구예요. 책을 통해 자신의 분야에 관한 전문성을 입증하고 권위와 신뢰를 얻습니다. 책은 저자의 개성과 가치관을 담습니다. 책을 통해 독자와 소통하고 공감대를 형성하며 퍼스널 브랜드를 구축할 수 있죠. 예컨대 요리책을 쓴 저자는 레시피 개발, 쿠킹 클래스, 식품 사업으로 사업을 확장할 수 있어요. 유명 요리사이자 작가인 고든 램지는 자신의 요리책을 기반으로 레스토랑, 방송 등 다양한 사업을 확장해 성공적인 사업가로 자리매김했습니다. 한근태 작가는 『당신이 누구인지 책으로 증명하라』에서 "전문가가 되는 최선의 길은 무엇일까? 바로 책을 쓰는 것이다."라고 말합니다.

다섯, 각종 협업 기회 증가. 예컨대 강의, 강연, 교육, 워크숍, 세미나, 연수, 컨설팅, 코칭, 카운슬링, 기고, 자문이 있습니다. 강연은 저자에게 훌륭한 파이프라인이에요. 때론 책 판매보다 더 많은 수익을 내기도 하죠. 책을 통해 전문성을 인정받은 저자는 강의, 강연, 컨설팅 사업으로 활동 영역을 쉽게 확장할 수 있습니다. 책을 바탕으로 온오프라인 교육 프로그램을 개발해 사업화할 수도 있죠. 앨리슨 존스 작가는 『책으로 비즈니스』에서 "책을 쓴다는 것은 자신의 분야에서 사람들에게 전하고자 하는 메시지가 있다는 증거이기 때문에 강연자를 섭외하려는 쪽에서도 책은 아주 매력적인 요소입니다."라고 말하며 책과 강연의 상관성을 강조합니다.

여섯, 책을 활용한 굿즈 제작 및 판매. 책 내용이나 저자의 이미지를 활용해 다양한 굿즈를 제작해 판매할 수 있어요. 직접 온라인 쇼핑몰을 운영하며 판매도 가능합니다.

일곱, 네트워킹 및 파트너십 구축. 책을 통해 자기 분야의 전문가와 네트워크를 구축하고 협력 관계를 만들 수 있습니다. 기업의 관심을 받고 파트너십을 맺을 수 있죠.

여덟, 새로운 인맥 형성. 책 쓰는 과정에서 출판사, 편집자, 독자와 소통하며 새로운 인맥을 형성합니다. 새로운 세상과 연결되고 관계를 맺는 계기가 되죠.

아홉, 사회적 영향력 확대. 책을 통해 사회 문제에 관한 메시지를 전달하고 사회 운동에 참여할 수 있습니다. 책 판매 수익금을 기부하거나 사회 공헌 활동을 하여 영향력을 확대할 수 있어요.

열, 저작권 활용. 책의 저작권을 활용해 다양한 파생 상품을 개발할 수 있습니다. 기업과 콘텐츠 제휴를 맺거나 라이선스를 판매할 수 있죠. 예컨대 영화, 드라마, 게임 등 2차 저작물을 통해 추가 수익 창출이 가능해요. J.K. 롤링의 소설 해리포터가 영화로 제작된 것이 대표적인 사례입니다.

'매슬로의 욕구 단계 이론'에서는 인간의 욕구를 6단계로 구분합니다. 생리적(생존) 욕구 – 안전의 욕구 – 사회적 욕구(소속과 애정) – 존중의 욕구 – 자아실현의 욕구 – 자기 초월의 욕구. 참고로 자아 초월의 욕구는 자기 완성을 넘어 타인과 세상에 기여하고자 하는 욕구입니다. 책 쓰기는 자아실현의 욕구, 자아 초월의 욕구 모두를 충족하는 고차원적인 행위입니다.

책을 써서 저자가 되는 건 꿈을 현실로 만드는 마법의 주문입니다. 여러분의 꿈을 담아 책을 쓰세요. 세상에 나의 목소리를 전하세요. 책을 발판 삼아 다양한 기회를 만나세요. 강원국 작가는 『강원국의 글쓰기』에서 책 쓰기에 대해 이렇게 말합니다. "책 쓰기는 주인의 삶을 살게 해준다. 일생에 한 번은 책을 써라." 이정훈 작가도 『기획자의 책 생각』에서 책 쓰기를 이렇게 예찬하죠. "현재의 시간 위에서 미래를 준비할 수 있는 가장 건전하고 안전하며 생산적인 지적 활동은 바로 '책 쓰기'이다." 우선 한 권만 꼭 써보세요. 그러면 알게 됩니다. 책을 한 번 쓰는 것보다 한 번만 쓰기가 더 어렵다는 것을. 한 번 책을 쓰면 계속 책을 쓰게 되니까요. 저와 다른 작가들처럼 말이죠. 책 쓰기는 세상이 허락한 아름다운 중독입니다.

5. 책은 이렇게 쓰자

글 쓰는 것과 책 쓰는 건 큰 차이가 있습니다. 책을 쓰면 한 차원 높은 수준으로 도약해요. 이정훈 작가는 『기획자의 책 생각』에서 이렇게 말합니다. "엄밀히 말해 쓰기는 '창작'의 과정이고, 책은 '제작'의 결과물이다. 즉 창작에서 제작으로 넘어가는 전 과정을 아우르는 것이 '책 쓰기'라는 것이다." 그렇습니다. 책 쓰기는 제작입니다. 전략과 기획이 참으로 중요해요. 상품성 있고 잘 팔리는 책을 써야 합니다. 종합적인 사고와 분석도 필요해요. 주제 선정부터 책 제목과 부제 정하기, 목차 구성, 본문 작성까지 고민과 고뇌의 연속이죠. 당시엔 괴롭고 힘들지만 하나씩 완수해 나가면 성취감에 고취됩니다. 한 권의 책이 나오기까지 저자는 비약적인 성장을 해요. 저도 그것을 경험했습니다. 책 쓰기 전과 후의 저는 전혀 다른 사람이 되었어요. 내면 외면 모두 몰라보게 성장했죠.

강원국 작가의 『강원국의 글쓰기』에 따르면 책 쓰기 대상에는 세 종류가 있어요. 하나는 내 이야기로, 내가 보고 듣고 느끼고 겪은 일에 관한 내용입니다. 다른 하나는 남의 이야기로, 예컨대 사례나 예시, 인용이 해당합니다. 마지막 남은 하나는 내가 마음에 품고 있는 이야기로, 예컨대 상상과 희망, 꿈입니다. 이 중 내 이야기는 어떤 대가도 나보다 더 잘 쓸 수는 없다고 말해요. 내가 내 이야기를 가장 잘 아니까요. 동의합니다. 주로 내 이야기를 쓰세요. 나의 경험과 생각, 관점, 해석, 가치관, 인생관, 철학을 쓰세요. 이건 인공지능도, 아무도 흉내 낼 수 없어요. 나만의 것이니까요.

한편 이해사 작가는 『내 글도 책이 될까요』에서 쓰는 사람의 유형을 4가지로 분류합니다.

1. 어느 한 분야의 전문가.
2. 인생의 곡절이 있는 사람.
3. 대단히 유명한 사람.
4. 나와 같은 일반인.

과거엔 1~3번이 주를 이뤘지만, 이제는 4번이 대세며 누구나 쓸 수 있다고 해요. 맞습니다. 요즘엔 우리와 같은 평범한 일반인의 책을 서점에서 쉽게 볼 수 있어요. 출판 시장의 판이 바뀌었습니다.

첫 책을 쓰는 건, 마치 낯선 땅을 여행하는 것과 같아요. 설렘과 두려움이 교차하며 어디서부터 시작해야 할지 막막하죠. 걱정하지 마세요. 뒤에 나올 내용을 참고하면 누구나 쉽게 책 쓰기에 도전할 수 있습니다.

책 쓰는 순서와 방법에 정답은 없어요. 작가마다 자기 나름의 방법과 순서, 노하우가 있죠. 누구나 무난하게 이용할 수 있는 책 쓰기 순서와 방법, 노하우에 대해 알려드릴게요. 여러분의 입맛에 맞게 가져다 쓰면 됩니다.

책 쓰기 순서와 방법

하나, 주제 선정과 타깃 독자 설정. 우선 무엇을 쓸지 정해야 해요. 말하고 싶은 이야기, 전달하고자 하는 메시지, 주제를 정해야 합니다. 주제 선정에 신중하세요. 주제는 책의 방향성을 결정짓는 중요한 요소입니다. 주제 선정의 실패가 책 흥행 실패에 가장 큰 요인이에요. 주제 선정이 전부라 해도 과언이 아닙니다. 독자가 관심 가질 만한 주제를 정하세요. 강원국 작가도 "독자가 알고 싶어 하는 것을 써야 한다."라고 강조합니다. 시장 조사를 통해 인기 있는 주제를 파악하세요.

내 전문 분야, 잘 알고 있고 관심 있는 분야를 활용하세요. 관심 없는 주제로 책을 쓰는 건 무척 힘들고 불가능에 가까워요.

내 경험도 참고하세요. 예컨대 극복했던 고난과 역경, 어려움은 훌륭한 이야기 소재가 됩니다. 독자는 서사가 있는 책을 좋아해요.

일상을 잘 둘러보세요. 주변의 사건, 뉴스, 사람, 영화, 드라마, 소설 등 어디에서든 영감을 얻을 수 있습니다.

타깃 독자층을 설정하세요. 책 쓰기 전에 누구를 대상으로 할지 명확히 하세요. 독자의 나이, 성별, 관심사를 고려하세요. 독자의 요구를 알아야 합니다. 독자가 어떤 정보를 원하고 기대하는지, 어떤 문제를 해결하길 바라는지 파악하세요. 독자가 누구냐에 따라 글의 내용, 깊이(수준), 어휘 사용이 달라져요.

주제를 선택할 때 시의성을 고려하세요. 트렌드를 반영하되 독창성도 지니면서 흥미로워야 합니다.

주제를 고를 때 책의 제목과 부제도 함께 정하는 게 좋아요. 그러면 책을 쓸 때 헤매지 않고 일관된 흐름을 유지할 수 있어요. 북극성이자 나침반이죠. 물론 나중에 정하기도 해요. 인쇄 직전에 바뀌기도 하는 게 책의 제목과 부제랍니다. 그만큼 중요해서 저자와 출판사가 끝까지 고민을 놓지 못한다는 방증이지요.

출간 경험이 없는 첫 책 쓰기라면 분량이 부담될 수 있어요. 너무 걱정하지 마세요. 예전과는 출판 형태가 많이 달라졌습니다. 책의 크기는 작아지고 두께는 얇아졌죠. 특히 에세이 분야가 그래요. 첫 책은 에세이로 정하고 주제를 고르는 것도 좋습니다. 저의 첫 책 『할퀴고 물려도 나는 수의사니까』도 완전한 에세이는 아니지만 업세이(업+에세이) 형식의 책입니다.

공저 출간을 시도하는 것도 첫 책에 대한 부담을 줄일 수 있어요. 다수의 작가가 한 주제에 대해 각자 할당된 분량을 소화하면 되니까요. 공저 출간을 진행하는 플랫폼(업체)은 검색하면 쉽게 알 수 있습니다.

둘, 철저한 사전 조사. 책도 상품입니다. 상품성, 경쟁력이 있어야 많이 팔려요. 많이 팔려야 많이 읽히죠. 신제품 출시 전 타사의 제품을 비교 분석하듯, 쓰고자 하는 주제와 유사한 도서 즉, 경쟁 도서를 꼼꼼하게 비교 분석하세요. 경쟁도서의 장단점을 파악해 내 책의 강점을 부각하고 차별화할 수 있는 전략을 짜세요. 지피지기 백전불패입니다. 독불장군처럼 경쟁 도서 분석 없이 내 책만 열심히 쓰면 출간 계약도 어렵고, 설령 출간되더라도 흥행에 실패합니다.

셋, 목차 작성. 책의 큰 그림을 보기 위해 목차를 작성하세요. 강원국 작가도 『강원국의 글쓰기』에서 "목차는 책 전체를 한눈에 보게 한다. 내용 구성이 어떻게 돼 있는지 일목요연하게 정리해 준다."라며 목차의 중요성을 강조합니다. 책 쓰기는 집을 짓는 것과 같아요. 설계도가 있어야 집을 지을 수 있듯 목차가 있어야 책을 체계적으로 쓸 수 있습니다. 일반적으로 목차는 제목 – 추천사 – 프롤로그 – 각 장과 꼭지 – 에필로그로 되어 있어요. 목차를 정교하게 작성할수록 집필이 수월합니다. 목차를 쓰면서 이야기 흐름을 계획하고 각 장과 꼭지에 어떤 내용을 담을지 구상하세요.

목차의 중요성은 아무리 강조해도 지나치지 않습니다. 저도 이 책을 집필할 때 목차 없이 주제만 있는 상태에선 막막하기 짝이 없었어요. 찬찬히 목차를 최대한 구체적으로 설계하였고, 그 뒤로는 과정이 순조로웠습니다. 중간중간 목차가 수정되기는 했지만, 방향을 잃지 않고 집필할 수 있었죠.

목차만 잘 짠다면 글 쓰는 건 문제가 안 됩니다. 강원국 작가도 『강원국의 글쓰기』에서 "글을 쓰기 위해서는 먼저 목차가 떠올라야 하지 않을까."라고 말하며 책(글)을 쓰기 위한 시작은 목차임을 강조합니다. 목차만 있으면 글은 결국 써져요. 목차의 중요성에 대해 좀 더 자세히 알아보겠습니다.

목차는 책의 뼈대입니다. 책의 전체적인 흐름을 설계하고 독자에게 명확한 정보를 제공하는 중요한 역할을 해요. 목차는 책의 지도와 같아요. 독자는 목차를 통해 책의 내용을 한눈에 파악하고 자신에게 필요한 정보를 빠르게 찾아낼 수 있죠. 이는 독자의 몰입도를 높이고 정보 탐색 시간을 단축해 긍정적인 독서 경험을 선사합니다. 강원국 작가는 『강원국의 글쓰기』에서 이렇게 말합니다. "목차야말로 독자의 마음을 움직이게 하고 책에서 떠나지 못하도록 붙들어두는, 치밀하게 짜인 각본 같은 것이다." 앨리슨 존스 작가도 『책으로 비즈니스』에서 "온라인서점 '미리보기'에서는 목차가 가장 앞쪽에 드러나므로 독자들의 구매를 결정하는 가장 강력한 요소이기도 합니다. 목차가 명확하고 체계적이며 일관성 있게 정리되어 있으면 책 자체도 명확하고 잘 정리되었다는 인상을 주기 때문에 자연스럽게 신뢰도가 올라갑니다."라고 말하며 목차가 독자에게 얼마나 중요한지를 알려줍니다.

목차는 저자에게 책의 전체적인 구조와 내용을 설계하는 핵심 도구입니다. 목차를 통해 저자는 책의 핵심 주제를 명확하게 정의하고 논리적인 흐름을 구성하며 각 장의 내용을 체계적으로 정리할 수 있어요. 이는 책의 완성도를 높이고 책 쓰기 과정을 효율적으로 관리하는 데 도움이 됩니다.

목차는 저자가 집필 과정에서 방향을 잃지 않도록 합니다. 목차를 참고하며 글을 쓰면 핵심 내용에서 벗어나지 않고 논리적인 흐름을 유지하며 쓸 수 있어요. 각 장과 꼭지의 분량 조절과 내용의 균형을 맞추는 데에도 유용하게 활용됩니다. 김태한 작가는 『제발 이런 원고는 투고하지 말아 주세요』에서 "많은 사람이 목차 구성이 어렵다며 일단 쓰면서 생각해 보겠다고 말합니다. 그러나 목차 없는 글은 산으로 가기 마련입니다."라고 말하며 이렇게 덧붙입니다. "목차가 완성되었다면 절반은 쓴 거나 다름없을 정도입니다." 정말 그래요. 목차만 잘 썼다면 절반 아니 그 이상을 쓴 거나 다름없습니다. 그만큼 목차가 중요해요.

목차를 작성하면 책 내용을 구성하는 데 필요한 시간과 노력을 줄일 수 있어요. 목차를 기반으로 각 장과 꼭지의 내용을 쓰면 되니까요. 중복되거나 불필요한 내용을 최소화하고 효율적으로 쓸 수 있습니다.

책의 초기 단계에서 작성한 목차는 보통 집필하면서 자주 수정됩니다. 필요에 따라 목차 내용을 삭제, 추가, 변경하며 완성도가 높아지죠. 이정훈 작가도 『기획자의 책 생각에서』 이런 말을 합니다. "글을 쓰다 보면 새로운 아이디어와 관점들을 발견하게 되는데 그렇게 되면 조정과 수정 작업이 불가피해지고 목차도 바뀐다. 목차는 끝까지 다듬어가며 완성해 가는 것이다." 글도 계속 다듬으며 완성도를 높이듯 목차 역시 계속 다듬으며 완벽해집니다.

출판사는 목차를 통해 책(원고)의 전체적인 구조와 내용을 파악하고 책의 상품성과 시장성을 판단합니다. 잘 짜인 목차는 출판사와 원활한 소통을 가능하게 하고 출판 계약에 긍정적인 영향을 줍니다.

넷, 자료 수집. "인간은 한 권의 책을 쓰기 위해 도서관을 절반 이상 뒤진다." J. 보즈웰의 말입니다. 한 권의 책을 쓰려면 많은 양의 자료를 토대로 공부가 필요해요. 단순히 머릿속에만 있는 정보와 지식, 생각만으로 책을 쓰기란 불가능에 가깝죠. 이해사 작가도 『내 글도 책이 될까요?』에서 "참고할 자료가 없다는 건 그만큼 쓸 내용도 없다는 말이다. 자료가 없는 분야는 쓰기가 참 힘들다."고 말하며 참고 자료의 중요성을 강조합니다. 다행히도 요즘엔 자료를 찾고 확보하는 건 어려운 일이 아닙니다. 자료는 넘쳐나고 접근성도 좋죠. 주제에 관한 깊이 있는 이해를 위해 충분히 자료를 모으고 공부하세요. 신뢰할 수 있는 출처에서 자료를 수집하세요. 논문, 책, 기사 등 다양한 출처를 이용하세요.

이해사 작가는 『내 글도 책이 될까요?』에서 책을 쓰는 데 필요한 책의 양에 대해 이렇게 말합니다. "개인차가 있기는 하지만 책 한 권을 쓰기 위해서는 보통 수십 권의 책을 참고한다. 그중 특히 집중적으로 참고하는 책은 서너 권이다." 맞습니다. 저도 그랬어요. 이 책을 쓰기 위해 독서와 글쓰기, 책 쓰기 관련 책을 약 50권 가까이 봤으며 그중 참고를 많이 한 책은 10권 미만입니다. 책을 참고할 때 중요 내용에 밑줄을 쳐야 하니 도서관에서 대여하는 것보다 구매하는 게 더 낫습니다. 우리가 전자책(eBook)을 봐야 하는 이유가 여기에도 등장하죠. 보통 책 한 권 값도 안 되는 월 구독료만 내면 무제한으로 책을 볼 수 있기 때문입니다. 내 손안의 도서관이죠.

다양한 관점을 고려하며 자료를 분석하세요. 필요한 경우 전문가 인터뷰나 현장 조사도 병행하세요. 수집한 자료를 체계적으로 정리하고 필요한 경우 적극 인용하세요. 인용 시 출처를 명확히 표기하세요.

평소 아카이빙한 자료를 활용하세요. 책 주제에 맞는 자료를 선별하고 필요하면 재가공해 사용하세요.

다섯, 초고 작성. 목차와 자료를 바탕으로 초고를 쓰세요. 초고는 속도전입니다. 내용의 완성도보다 빨리 쓰는 데 초점을 두세요. 생각나고 떠오르고 연상되는 건 모조리 다 쏟아내고 뱉어내세요. 문법이나 스타일은 신경 쓰지 마세요. 아이디어가 떠오르는 대로 자유롭게 쓰세요. 처음부터 완벽한 글을 쓰려고 하면 진도가 나가지 않습니다. 우리의 목표는 책이지 초고가 아닙니다. 이해사 작가도 『내 글도 책이 될까요?』에서 "초고를 쓸 때는 이미 쓴 원고를 절대로 읽으면 안 된다. 아쉬움이 남고, 자꾸 수정하고 싶고, 불현듯 생각이 나기 때문이다."라고 말해요. 자기 검열을 피하는 것도 중요합니다. 내부 검열관 말을 듣지 마세요. 거침없이 쓰세요. 그게 초고의 매력입니다. 초고는 가능한 빠르게 마무리 짓는 게 좋아요. 완벽보다 완료에 무게를 두세요. 강원국 작가는 이런 말을 했습니다. "나이 예순을 넘어서는 무슨 일이든 완벽하려고 하지 않는다. 다만 완료하려고 한다. 다소 허술하더라도 끝내는 게 중요하다." 초고가 정말 그렇습니다. 다소 허술하더라도 괜찮아요. 초고는 원래 허술하고 엉성해요. 장강명 작가도 『책 한 번 써봅시다』에서 "아무리 글솜씨가 늘어도 초고는 언제나 엉성한 가건물이다. 논리적 구멍과 오타가 수두룩하다."라고 말하여 초고의 투박함을 강조합니다. 심지어 강원국 작가는 "난 초고가 엉망일수록 기쁨을 맛본다. 고치는 기쁨. 더 나아질 수 있으니까."라고 말하며 엉망인 초고를 즐기죠. 일단 끝내는 게 중요합니다. 너무 늘어지지 않게요. 우리에겐 퇴고라는 마법의 시간이 기다리고 있으니 빠르게 써서 초고의 마침표를 찍으세요.

여섯, 일관되고 꾸준한 집필. 3개월 안에, 늦어도 6개월 안에는 꼭 초고를 완성하세요. 반년을 넘기면 내 책을 서점에서 볼 가능성은 희박합니다. 간절하고 절실한 마음으로 책을 쓰는데 6개월을 넘긴다는 건 책을 낼 의지가 없다는 것과 같아요. 글쓰기와 달리 책 쓰기는 반드시 일정 분량을 채워야 하고, 데드라인(마감일)이 정해져 있는 경우도 있습니다. 따라서 꾸준히 지치지 않고 쓰는 게 중요해요. 계획 없이 주먹구구식으로 쓰면 진도가 느리고 정해진 기간 내에 집필을 마감하지 못할 가능성이 높습니다.

시간 계획을 구체적으로 짜세요. 매일 일정 시간을 책 쓰기에 투자하세요. 나만의 루틴과 습관을 만드는 게 좋습니다. 집중력과 몰입이 핵심입니다. 집중력 유지와 몰입을 위한 환경을 설정하세요. 휴대폰과 같은 방해 요소를 제거하세요. 책 쓰기에 쾌적한 공간을 집 안에 마련하거나 작업실, 카페와 같이 나에게 맞는 공간을 찾으세요. 우공이산(우공이 산을 옮긴다는 뜻으로, 쉬지 않고 꾸준하게 한 가지 일만 열심히 하면 마침내 큰일을 이룰 수 있음)의 태도로 매일 꾸준히 쓰는 게 중요합니다.

일곱, 퇴고(고쳐쓰기). 퇴고는 글쓰기의 꽃입니다. 퇴고를 통해 글이 글다워지고 환골탈태합니다. 필력도 퇴고 과정에서 확실히 많이 늘어요. 장강명 작가는 『책 한번 써봅시다』에서 "세 번, 네 번씩 퇴고를 해서 초고보다 얼마나 나아졌는지 깨닫는 경험을 하면 이 작업을 무시할 수 없게 된다. 그 힘을 믿자."라며 퇴고의 힘을 강조합니다. 강원국 작가는 『강원국의 글쓰기』에서 "퇴고는 가장 좋은 글쓰기 공부다. 글쓰기는 첨삭하며 배우는 것이 바람직하며, 퇴고야말로 스스로에게 하는 첨삭 지도이기 때문이다."라며 퇴고할 때 글쓰기를 많이 배운다고 지적하고, 『나는 말하듯이 쓴다』에서는 "원래 잘 쓴 글은 없다. 잘 고쳐 쓴 글만 있다."라며 고쳐 쓸수록 글은 좋아진다는 걸 강조합니다. 과유불급, 지나친 것은 부족한 것과 같다는 뜻으로 과한 것을 경계하라는 의미로 사용됩니다. 과유불급에 예외가 있습니다. 바로 퇴고입니다. 퇴고는 지나쳐도 됩니다. 과해도 돼요. 퇴고는 과할수록 좋습니다. 글이 조금이라도 더 나아지니까요.

초고를 완성한 후 바로 퇴고에 들어가지 마세요. 며칠 숙성하는 게 좋습니다. 나와 초고와의 감정적 거리를 두는 거죠. 강원국 작가도 "글을 쓰고 퇴고할 때 바로 하기보다는 묵혀두고 하는 것이 좋다. 내가 쓴 글에서 좀 낯설어질 필요가 있다."라며 얼마간 시간을 두기를 추천합니다.

초고를 반복해서 읽으며 문장과 표현을 다듬으세요. 부족한 부분은 추가 자료 조사를 통해 보완하세요. 전체 구조와 논리성, 가독성을 점검하며 수정하세요. 글의 일관성과 매끄러운 흐름을 유지하도록 하세요.

소리 내 읽는 게 도움이 됩니다. 엘리슨 존스 작가의 『책으로 비즈니스』에 의하면 소리 내어 읽으면 눈으로 훑어볼 때 보이지 않았던 부분을 알아

차릴 수 있다고 합니다. 유시민 작가도 『유시민의 글쓰기 특강』에서 같은 말을 합니다. "만약 입으로 소리 내어 읽기 어렵다면, 귀로 듣기에 좋지 않다면, 뜻을 파악하기 어렵다면 잘못 쓴 글이다. 못나고 흉한 글이다." 강원국 작가 역시 『나는 말하듯이 쓴다』에서 같은 의견을 냅니다. "모니터로 보면서 고치고, 출력한 종이에 끄적이면서 고치고, 소리 내어 읽으면서 고친다." 많은 작가가 소리 내 읽으며 퇴고하라고 권유한다는 건 그만큼 효과가 크다는 거겠죠. 꼭 실천하세요.

신뢰할 수 있는 사람에게 초고를 읽게 하고 피드백을 받으세요. 가족이나 친구, 동료에게 부탁하세요. 다양한 관점의 피드백은 글을 개선하는 데 큰 도움이 됩니다. (예비)작가 모임이나 온라인 커뮤니티에서도 피드백을 받으세요. 피드백을 받을 때는 열린 마음으로 수용하세요. 필요하면 전문 편집자나 글쓰기/출간 전문가의 조언과 도움을 받는 것도 좋습니다.

명심하세요. 퇴고는 많이 할수록 좋습니다. 강원국 작가는 『강원국의 글쓰기』에서 "고수는 글을 쓰고 나면 이제 시작이라고 생각하지만, 하수는 다 끝났다고 생각한다."라며 퇴고의 중요성에 일침을 가합니다. 퇴고부터 진정한 글쓰기, 책 쓰기의 시작입니다. 퇴고의 과정을 여러 번 거칠수록 글의 완성도는 눈에 띄게 높아져요. 노력한 만큼 보상 받는 게 퇴고 시간입니다. 초라했던 초고가 전혀 생각나지 않을 정도로 변하는 매직 타임이죠. 퇴고에 공을 들이세요. 끝심을 발휘하세요. 퇴고에서 승부를 보세요.

여덟, 꼼꼼한 교정, 교열, 윤문. 출간 계약이 이뤄진 상태라면 보통 출판사를 통해 전문가에게 교정, 교열, 윤문 도움을 받습니다. 교정은 쉽게 말해 틀린 단어 고치기, 교열은 틀린 내용 고치기, 윤문은 글을 매끄럽게 고치기입니다. 문법, 맞춤법, 오타를 꼼꼼히 검토하고 수정해 글의 완성도를 높이죠. 각종 맞춤법 툴을 이용해 오류가 전혀 없도록 여러 번 체크하세요. 중복된 표현이나 불필요한 내용은 삭제하세요.

아홉, 출간(출판) 준비. 최종 편집이 끝나면(탈고) 출간 준비를 합니다. 출판사를 통해 출판할 경우 내 책과 맞는 출판사를 선택하는 게 중요해요. 출판사마다 취급하는 책의 분야, 주력으로 미는 분야가 다릅니다. 여러 출판사를 조사하고 투고 방법 및 조건을 확인하세요. 출판사마다 요구하는 형식이나 절차가 다를 수 있으니, 사전에 꼼꼼하게 확인하세요. 예컨대 대부분의 출판사가 이메일로 투고를 접수하지만, 이메일이 아닌 홈페이지에서 접수하는 출판사도 있습니다.

투고를 한 후 계약이 성사되면 출간(출판) 계약서를 꼼꼼히 검토하고, 필요한 경우 법률 조언을 받으세요. 보통 초보 저자는 인세와 계약금 관련 내용이 출판사마다 다소 다를 뿐 나머지 내용은 비슷합니다.

만약 자비 출판을 할 경우 ISBN 등록, 표지 디자인과 편집 등 출판 과정 전반을 스스로 진행해야 합니다. 요즘엔 자비 출판을 도와주는 대행업체도 있어 이를 이용하면 편하게 출판을 진행할 수 있어요. 예컨대 '좋은땅 출판사'가 있습니다.

열, 마케팅 전략 짜기. 책 판매는 책 쓰기만큼이나 중요합니다. 출판사만 마케팅에 전념하는 건 오래된 옛말이에요. 요즘엔 저자도 같이 힘을 모아 다방면으로 책 홍보 활동에 참여해야 합니다. 난 내성적이라 그런 거 못해, 난 바빠서 못해 등의 변명과 핑계로 자기 책 홍보를 소홀히 한다면, 서점 매대에서 책이 빠르게 사라질 거란 사실을 명심하세요. 김태한 작가도 『제발 이런 원고는 투고하지 말아 주세요』에서 "책의 수명이 2~3개월이라고 했을 때, 초보 저자는 출간 전이나 출간 후에 적극적으로 마케팅해야 합니다. 유명 아이돌도 데뷔 전부터 그들의 일거수일투족을 소셜미디어에 노출해 홍보에 전력을 다합니다."라고 말하며 저자의 적극적인 책 홍보를 강조합니다. 출간 전부터 마케팅에 돌입하세요. SNS, 블로그, 유튜브 등 온라인 채널을 적극 활용하세요. 이미 저자가 브랜드를 구축한 상태라면 홍보 효과를 크게 누릴 수 있습니다. 출간 전부터 다양한 SNS 활동을 하며 퍼스널 브랜딩에 공을 들여야 하는 이유죠. 출판 기념회, 북토크, 서점 행사, 강연, 인터뷰도 진행해 책을 홍보하고 독자와 소통하세요. 리뷰, 서평 이벤트를 통해 독자 참여를 유도하고 책의 홍보 효과를 높이세요.

엘리슨 존스 작가는 『책으로 비즈니스』에서 초보 저자가 저지를 수 있는 실수에 대해 이렇게 지적합니다. "수많은 초보 저자는 자신이 알고 있는 모든 지식과 정보를 책에 담으려 하다가 위기에 봉착합니다. 그런 책은 저자뿐만 아니라 독자도 부담스럽게 하므로 외면당하고 말 겁니다." 이어서 다음과 같이 당부하죠. "지금 쓰는 책이 마지막이 아니라 처음 쓰는 책이라고 생각하세요. '모든 것을 다 써야 해.' 또는 '최고의 책을 써야 해.'라고 생각하지 말고 '이번이 나의 첫 책이고 모든 일의 시작점이다.'라고 생각하세요." 첫 책은 완벽할 필요가 없습니다. 아니, 완벽할 수 없어요. 책을 수십 권, 백 권 이상 쓴 작가가 초기에 낸 책을 찾아 읽어 보세요. 최근에 쓴 책과 큰 차이를 느낄 겁니다. 어설프고 미흡한 점을 어렵지 않게 찾을 수 있을 거예요. 누구나 처음은 있어요. 대가들도 예외가 아니죠. 모든 작가가 초보 시절을 지납니다. 주언규 작가도 『슈퍼 노멀』에서 "누구에게나 초보 시절은 있다. 중요한 것은 어떤 일이 있어도 '꺾이지 않는 마음'이다."라고 말합니다. 사실 첫 책이 흥행에 성공할 가능성은 현실적으로 낮습니다. 그렇다고 풀이 죽거나 의기소침하지 마세요. 꺾이지 마세요. 아니, 잠시 꺾여도 괜찮습니다. 도중에 그만두거나 포기하지만 말고 계속 쓰세요. 끝까지 쓰세요. 소수의 독자라도 책을 통해 감흥을 받고 삶이 변했다면 충분히 성공한 겁니다. 두 권, 세 권 계속 책을 낼수록 책의 완성도는 높아지고 책 판매량도 늘 테니 걱정하지 마세요. 실패를 두려워하지 마세요. 실수를 통해 배우고 성장하며 더 나은 작가가 됩니다. 김혜남 작가가 『만일 내가 인생을 다시 산다면』에서 말한 다음의 말을 가슴에 담으세요. "실수가 맘껏 허용되는 것은 초보 때뿐이다. 그때 무수한 시행착오를 거듭한 사람일수록 아주 크게 발전한다."

최고의 책, 완벽한 책을 쓰려고 하지 마세요. 이전 책보다 괜찮은 책, 이전 책보다 읽히는 책, 이전 책보다 도움이 되는 책을 쓰겠다고 마음 먹으세요. 그럼 됩니다.

책을 쓸 때 주의해야 할 8가지

다음은 완성도 높은 책을 쓰기 위해 주의해야 할 8가지입니다.

하나, 명확한 목표와 목적 설정. 목표가 없으면 가다가 길을 잃습니다. 책을 쓰기 전 뚜렷한 목표를 설정하세요. 책을 통해 무엇을 전달하고 싶은지를 명확히 하세요. 자신이 왜 이 책을 쓰는지 목적을 분명히 하세요. 출간을 통해 얻고자 하는 것(브랜딩, 전문성 입증, 수익 창출 등)을 구체화하세요. 목표와 목적이 명확해야 책이 산으로 가지 않고 집필 중간에 포기하지 않습니다.

둘, 독자를 먼저 생각하세요. 독자에게 어떤 영향을 주고 싶은지, 어떤 메시지를 전달하고 싶은지, 무엇을 느끼게 하고 싶은지 충분히 고민하세요. 독자의 눈높이에 맞춰 책을 쓰세요. 어려운 전문 용어나 너무 복잡한 문장은 독자의 이해도를 떨어뜨립니다. 복잡한 용어는 피하고 쉽게 이해할 수 있는 표현을 사용하세요. 필요하면 각주를 사용하세요.

셋, 주제의 일관성. 책의 전반적인 흐름을 일관성 있게 유지하세요. 집필하면서 수시로 주제를 상기하며 주제에서 벗어나지 않도록 신경 쓰세요. 간혹 하고 싶은 말이 많아 주제에서 벗어난 내용까지 책에 담는 경우가 있습니다. 그러면 책이 산만해지고 몰입도가 떨어져요. 과욕을 경계하세요.

넷, 네 가지 요소를 담으세요. 독창성. 독자에게 새로운 가치를 제공할 수 있는 독창적인 내용을 담으세요. 시의성. 시대적 트렌드를 반영하고 현재 독자가 관심이 있을 만한 내용을 담으세요. 실용성(효용성). 독자에게 실질적인 도움을 줄 수 있는 내용(정보와 지식, 교훈과 깨달음)을 담으세요. 흥미성. 독자가 흥미를 느낄 만한 내용을 담으세요.

다섯, 반복과 중복 피하기. 같은 내용을 반복하지 않도록 주의하세요. 중복은 독자의 흥미를 떨어뜨립니다. 중요한 포인트는 명확히 강조하되 과도한 반복을 피하세요.

여섯, 오탈자와 문법 오류를 꼼꼼하게 검토하세요. 오탈자와 문법 오류는 글의 이해도와 신뢰도를 떨어뜨리고 독자에게 실망감과 불쾌감을 줄 수 있어요. 최대한 꼼꼼하게 교정 및 교열 작업을 거쳐 발견되는 오류가 없도록 하세요. '이 정도면 됐지.'로 만족하지 말고 한 번이라도 더 검토하고 수정하세요.

일곱, 저작권 주의. 타자의 저작물을 무단으로 인용하지 마세요. 올바른 출처 표기와 인용 방식을 따르세요.

여덟, 자신감을 잃지 말고 절대 포기하지 마세요. 책을 쓰다 보면 막히는 순간이 오기 마련입니다. 마치 눈앞에 벽을 마주하고 있는 느낌이죠. 더 앞으로 나아가기 어렵고 어떻게 해야 할지 막막한 심정. 다 그만두고 돌아가고 싶기도 합니다. 지금까지 쓴 내용이 하찮아 보이고 책이 나와도 아무도 봐주지 않을 것 같기도 해요. 이 순간을 잘 넘겨야 합니다. 이럴 땐 잠시 휴식기를 갖는 게 좋아요. 중간에 포기하지만 마세요. 자신을 믿고 글을 믿고 끝까지 쓰세요. 내 책을 기다리고 있는 독자가 있다는 걸 상기하세요. 책 쓰기는 결국 자신과의 싸움입니다. 그 싸움에서 지지 마세요. 여러분은 할 수 있습니다.

"누구나 길을 안다. 하지만 소수만이 그 길을 걷는다." – 달마

책을 쓰는 게 좋다는 건 누구나 압니다. 하지만 실제로 책을 쓰는 사람은 소수죠. 여러분은 반드시 그 소수가 되세요.

뜨겁게 인용하세요

"좋은 문장을 쓰는 사람 다음가는 것은 맨 처음 그것을 인용하는 사람이다." – 랠프 월도 에머슨

인용하는 걸 주저하거나 부정적으로 생각하는 분이 뜻밖에 많습니다. 마치 남의 것을 훔치는 것 같고, 그의 생각을 따라 하는 것 같아서일까요. 하지만 제 생각은 다릅니다. 인용은 남의 말과 글을 잠시 빌려 쓰는 것뿐입니다. 저자는 인용을 통해 주장에 설득력과 신뢰도를 높일 수 있어요. 글의 맛도 살죠. 독자는 읽는 재미가 있습니다. 게다가 인용 덕분에 하나라도 더 새로운 사실을 알게 되니 이득이고 싫어할 이유가 없어요. 책을 처음부터 끝까지 100% 내 생각으로만 써야 할 필요는 없습니다. 그럴 의무도 없고요. 사실 우리가 생각하고 말하고 쓰는 모든 건 온전히 나의 것이라 말할 수 없습니다. 조금이라도 남의 것을 토대로 만들어졌기 때문이죠. 서로가

생각을 빌려오고 빌려주며 생각과 말, 글이 만들어집니다. 이 세상에 완전히 내 것이라는 게 존재하기 어렵다는 말이에요.

뜨겁게 인용하세요. 적극 인용하세요. 적재적소에 내용을 보강하고 살려주는 인용을 하세요. 글의 흐름을 방해하지 않고 저작권 문제를 일으키지 않게 잘 사용하면 돼요. 다음은 인용에 대한 여러 작가의 의견입니다.

"나름대로 초고를 완성해 놓은 후 인용 작업을 시작한다. 내 생각만으로 쓴 글은 자칫 밋밋해질 수 있다." – 『내 글도 책이 될까요?』, 이해사, 모아북스.

"누가 내게 돌을 던질 것인가. 파스칼이 배치만 바꿔도 새로운 것이라고 했다." – 『나는 말하듯이 쓴다』, 강원국, 위즈덤하우스.

"인용을 주저할 이유는 없다. 출처만 정확히 밝히면 된다. 자신이 완벽하게 소화한 것은 굳이 그럴 필요도 없다. 이미 자기 것이니까." – 『강원국의 글쓰기』, 강원국, 메디치미디어.

"글을 읽는 사람은 그 내용이 글쓴이에게서 나온 것인지 어디서 빌려온 것인지 따지지 않는다. (중략) 그러니까 자기 것만을 고집할 필요도 없고, 인용을 주저할 이유도 없다." – 『나는 말하듯이 쓴다』, 강원국, 위즈덤하우스.

"우리가 보통 글을 쓴다고 하면 우리가 순수하게 창작한 내용은 20% 남짓이다. 나머지 80%는 남이 쓴 글을 인용하거나 남의 이야기를 하는 거다." –

『내 글도 책이 될까요?』, 이해사, 모아북스.

"따져보면 내 글이란 없는 걸세. 모든 텍스트는 다 빌린 텍스트야." - 『이어령의 마지막 수업』, 김지수, 이어령, 열림원.

"우리가 아는 정보와 논리 중에 스스로 창조한 것이 얼마나 될까? 별로 많지 않다. 사실은 거의 없다." - 『유시민의 글쓰기 특강』, 유시민, 생각의길.

무에서 유는 없어요. 유에서 새로운 유만 있을 뿐이죠. 글과 책도 마찬가지입니다. 내 생각이라 여기고 쓴 글도 따지고 보면 누군가의 생각을 차용하거나 참고해 생겨났어요. 책을 쓸 때 인용을 주저하지 마세요. 적극 활용하세요. 권위 효과를 통해 책의 신뢰도를 높이세요. 내용을 다채롭고 풍성하게 만드세요. 인용의 대상은 한정되어 있지 않습니다. 책, 신문, 논문, 말, 아포리즘(명언, 격언), 노래 가사, 영화나 드라마 대사 등 다 가능해요. 다만 맥락에 맞게 사용하세요. 지나치게 의존하지 마세요. 반드시 글에서 뚜렷한 내 생각과 가치관이 보여야 해요. 인용은 자리이타 즉, 저자와 독자 모두에게 이롭습니다.

6. 투고부터 출간까지의 여정

여러 번 퇴고를 거쳐 마침내 탈고(원고가 최종적으로 완성됨)했다면 이제 남은 건 출판입니다. 출판 형태는 크게 세 가지입니다. 기획 출판, 자비 출판, 반자비(반기획) 출판.

기획 출판은 작가가 출판사에 투고해 계약을 맺고 출판하는 전통적인 방식입니다. 반대로 출판사가 작가를 섭외해 계약을 맺고 출판하는 것도 기획 출판이라 부릅니다. 요즘엔 책이 워낙 팔리지 않다 보니 출판사가 먼저 나서 책이 잘 팔릴 것 같은 영향력 있는 사람(대형 유튜버, 인플루언서, 유명 작가 등)에게 출간을 제안하는 게 증가하는 추세예요. 기획 출판은 출판 비용 전액을 출판사가 부담해 작가는 비용 부담이 없습니다. 저의 첫 책 『할퀴고 물려도 나는 수의사니까』와 이번 책 모두 투고 후 계약을 맺고 출간한 기획 출판입니다. 여러분도 기획 출판을 우선적으로 고려하세요.

자비 출판은 작가가 자비를 들여 출판하는 방식입니다. 보통 기획 출판이 여의찮을 때 시도해요.

반자비(반기획) 출판은 출판 비용 중 일부를 작가가 부담하는 방식입니다. 최근 출판 시장 상황이 좋지 않다 보니 출판사가 경제적 부담을 줄이고자 작가에게 반자비 출판을 권하는 사례가 증가하고 있습니다.

이 외에도 주문이 들어오면 인쇄에 들어가 판매하는 POD(Publish On Demand) 방식(예. 부크크), 독립 출판, 펀딩 플랫폼(예. 텀블벅)을 통한 출판 등이 있습니다.

출판 방식을 결정하는 건 개인의 자유이지만 투고 형태의 기획 출판을 추천해요. 비용 부담이 없습니다. 출판사를 통해 다양한 분야의 출판 관련 전문가와 협업하며 책 제작부터 유통까지 도움을 받아요. 책의 완성도가 가장 높습니다.

책을 낼 수 있는 원고 분량은 보통 단행본 기준으로 최소 200자 원고지 600매, A4 75~80장입니다.

투고 방법 및 주의 사항

투고는 출판 계약을 맺기 위해 출판사에 원고를 보내는 걸 말해요. 이 관문을 통과해야 비로소 내 글이 책으로 나올 수 있죠. 여러 출판사에 이메일로 투고할 경우 출판사마다 개별적으로 메일을 보내세요. 저는 첫 책 투고 당시 이런 정보를 모르고 '받는 사람'에 수많은 출판사 이메일 주소를 일괄적으로 추가해 단체 메일을 보냈습니다. 그리고 얼마 후 한 출판사로부터 받은 답변이 아직도 기억에 생생하게 남아요. "이렇게 경매하듯 출판사에 투척하는 원고는 사양입니다." 제 투고 방식이 예의에 어긋났다는 걸 그때 깨달았죠. 지금도 그때를 생각하면 부끄러워 얼굴이 화끈거립니다.

출판사 이메일을 수집하는 방법은 출판사 홈페이지나 오프라인 서점에 방문해 책을 펼치면 쉽게 찾을 수 있습니다. 온라인 서점이나 인터넷 검색으로도 얻을 수 있어요. 어떤 출판사는 자체 홈페이지를 통해 별도로 투고를 받으니 꼼꼼하게 확인하세요.

많은 출판사에 투고할수록 출간으로 이어질 가능성이 높아질 거라 생각되는 건 당연합니다. 확률상으로 맞는 말이니까요. 그런데 무분별하게 모든 출판사에 소위 뿌리는 식으로 투고하는 건 주의하세요. 보통 출판사마다 주력으로 출간하는 책의 분야가 있습니다. 그 분야는 하나 또는 여러 개입니다. 출판사에 대해 사전 파악이 필요해요. 예컨대 자기 계발 분야 책 위주로 출간하는 출판사에 소설 원고를 투고하는 건 피해야겠죠? 의미도 없고 업계에선 예의가 아니라 여깁니다.

경력이 탄탄한 기성 작가가 아닌 이상 초보 작가는 원고를 보낼 때 일부가 아닌 전부 다 보내는 게 좋습니다. 특히 출간 경험이 전혀 없다면요. 출판사는 원고를 토대로 출간 여부를 판단해야 하는데, 생초보 작가가 원고의 일부만 보내왔다면 아무래도 감점 요인이 되지 않을까요? 이해사 작가도 『내 글도 책이 될까요?』에서 같은 말을 합니다. "'이 정도 원고라면 책으로 낼 수 있겠구나' 하는 확신을 주는 데는 원고 전체를 보내는 방법이 가장 효과적이기 때문이다. 초보 저자에겐 그게 또한 예의다." 원고 일부를 보내야만 하는 특별한 이유가 없다면 원고 전체를 보내세요. 그게 현명합니다.

매력적인 원고를 쓰세요

원고에 참신한, 신선함, 독특함을 담아 투고하세요. 출판사는 하루에도 수많은 투고를 받습니다. 그중 출간 경험이 없는 내 원고가 눈에 띄고 읽히고 선택되려면 어떻게 해야 할까요? 차별화가 필요합니다. 김태한 작가는 『제발 이런 원고는 투고하지 말아 주세요』에서 다음과 같이 말합니다. "유명 출판사는 연중 출간 일정이 짜여 있는 경우가 많아 아주 특별한 콘텐츠를 제외하고 투고 원고가 계약될 확률이 매우 낮습니다. 하물며 이제 막 첫 책을 쓴 저자라면 계약이 성사될 확률은 희박합니다." 장강명 작가도 『책한번 써봅시다』에서 비슷한 맥락의 말을 하죠. "투고 원고는 보통 출판사의 막내 편집자가 맡아 살피는데, 그가 원고를 다 읽어본다는 보장이 없다. '솔직히 다 못 읽는다'고 고백하는 편집자도 있다." 현실이 이러하니 차별화와 특별함은 필수입니다. 편집자가 딱 봤을 때 콘셉트, 제목, 주제, 내용, 구성에서 '어, 이거 뭐지?'라는 생각이 들도록 궁금증과 호기심을 유발해야 해요. 출간기획서도 마찬가지로 차별화가 가미되면 좋습니다. 매력 발산이 필요해요. 이미 시중에 많이 나와 있고 남들 다 아는 뻔한 글 말고, 나만이 얘기할 수 있는 글을 써서 투고하세요. 글을 잘 쓰는 것보다 남과 다르게 쓰는 게 훨씬 중요합니다.

출판의 key, 출간(출판)기획서

투고할 때 반드시 '출간기획서'를 원고와 함께 보내세요. 출간기획서는 사업으로 비유하자면 사업제안서입니다. 사업제안서를 잘 써야 투자자에게 투자금을 지원받을 수 있죠. 출간도 마찬가지예요. 투고하는 우리는 출판사에 출간을 의뢰, 제안, 부탁하는 겁니다. 제가 이렇게 좋고 괜찮은 글을 썼으니 책으로 내주길 부탁하는 거죠. 그 부탁을 들어줄, 전액 투자 지원(기획 출판)을 해줄 출판사를 찾는 거예요. 이때 사업제안서에 해당하는 출간기획서를 잘 써야 출간 기회를 잡을 확률이 높아집니다. 송숙희 작가는 『무자본으로 부의 추월차선 콘텐츠 만들기』에서 "출간기획서는 원고를 만드는 데 필요한 밑그림이자 출판사에서 당신의 책을 출간하도록 투자를 이끌어내는 제안서입니다."라고 말하며 출간기획서의 중요성을 강조합니다.

출간기획서에는 보통 저자 프로필, 집필 의도, 책의 제목과 부제, 목차, 타깃 독자층, 경쟁 도서 분석, 홍보 방안을 적습니다. 내가 왜 이 책을 썼으며, 지금 이 책이 왜 출간되어야 하며, 이 책을 누가 읽어야 하는지가 명확히 드러나야 해요. 가장 중요한 대목입니다. 책 쓰기에서 책 내용도 중요하지만, 책이 세상에 나오려면 그것만으로는 부족해요. 출판 계약에 성공하려면 기획과 전략이 관건입니다. 출판사가 내 원고를 선택할 만한 이유를 확실하게 제공해 줘야 해요. 바로 출간기획서를 통해서 말이죠. 김태한 작가는 『제발 이런 원고는 투고하지 말아 주세요』에서 "책을 쓰려고 한다면 가장 먼저 고민해야 하는 것이 '출간기획서'입니다."라고 말하며 책 쓰기에서 출간기획서가 얼마나 큰 비중을 차지하는지를 잘 설명합니다. 출간기획서는 출간 계약 성사에 결정적인 역할을 할 뿐만 아니라 책 집필 과정에서 목차만큼이나 등대 같은 역할을 합니다. 원고를 다 쓰고 나서 출간기획서를 쓰지 말고 원고를 쓰기 전에 출간기획서를 쓰세요.

출간기획서 양식은 인터넷으로 검색하거나 출판사에 문의해서 얻으세요. 기존의 평범한 양식에서 벗어나 자신만의 스타일로 제작해도 좋습니다. 저는 미리캔버스를 이용해 저만의 출간기획서를 만들어 제출했어요. 출판사 편집자는 하루에도 수십 개의 투고 이메일을 받습니다. 워낙 업무량이 많고 바쁘다 보니 읽지 못하고 넘기는 것도 많다고 해요. 그러니 내 투고가 눈에 확 띄고 기억에 남기 위한 전략을 잘 짜야 합니다. 그렇다고 무리수를 두지는 마세요. 이해사 작가는 『내 글도 책이 될까요?』에서 "나만의 독특한 색깔과 향을 가진 기획서를 만들어야 한다. 가장 최악은 틀에 갇힌 진부한 기획서다."라고 말하며 평범한 출간기획서를 피해라고 말합니다. 이정훈 작가도 『기획자의 책 생각』에서 "편집자는 시간에 쫓긴다. 기획서가 인상적이지 못하면 원고를 열어보지도 않는다."라고 말하며 차별화된 출간기획서 제출을 추천합니다. 출간 계약을 위해선 원고만큼 또는 원고보다 더 중요한 게 출간기획서이니 철저하게 준비하세요.

저자 프로필

투고할 때 저자 프로필도 신경 쓰세요. 기본적인 인적 사항 외에 저자의 인지도, 영향력, 경력이 중요합니다. 정석현 작가의 『책 제대로 읽읍시다』에 의하면 "출판사에서도 인지도 부족을 극복할 만한 획기적인 매력이 보이지 않는다면 초보 저자의 책을 선뜻 출간하려 하지 않는다. 실제 투고 원고 검토 시 '저자 프로필'을 가장 먼저 읽는 편집자가 상당히 많다."라고 합니다. 특히 SNS 계정을 잘 키우세요. 팔로워 수, 구독자 수가 곧 영향력인 시대니까요. 요즘엔 출판사에서 출간을 기획할 때 저자의 SNS 파워를 비중 있게 봅니다. 시대 흐름을 보면 당연해요. 출판사는 이윤을 남기기 위해 책을 많이 팔아야 하고, 그러려면 독자층이 두껍거나 예비 독자를 많이 보유한 사람을 찾기 마련이죠. 책을 냈을 때 SNS의 팔로워 수, 구독자 수가 많을수록 책이 많이 팔릴 확률이 높은 건 사실입니다. 따라서 책을 내고 싶다면 미리미리 SNS 계정을 키우세요. 선택이 아닌 필수입니다. 대표적으로 블로그, 브런치 스토리, 인스타그램, X(구. 트위터), 페이스북, 스레드, 유튜브가 있습니다. 어느 한두 개만 하지 말고 여력이 닿는 범위 내에서 가능한 한 많이 하세요. 참고로 전 위 모든 걸 다 하고 있습니다. 투고 시 팔로워 수, 구독자 수가 많을수록 출간 계약 가능성이 높아진다는 사실 잊지 마세요. 출간하면 출판사만 단독으로 책을 홍보하지 않습니다. 저자에게 SNS를 이용한 홍보를 적극 권유하고 있어요. 이때 팔로워 수, 구독자 수가 많을수록 큰 힘이 됩니다. 출간할 때쯤 SNS를 시작하고 키우는 건 늦어요. 팔로워 수, 구독자 수가 빠르게 늘면 좋겠지만 보통 기대만큼 빨리 늘지 않거든요. 그러니 하루라도 일찍 SNS 계정을 만들고 키우세요. 한두 달 했는데 성과가 안 보인다고 포기하지 마세요. 최소 6개월에서 1년은 하세요. 대부분 좋은 성과를 얻습니다. 항상 중요한 건 꾸준히 하는 거예요.

원고 없이 출간기획서만으로 투고하기

일반적으로 투고할 때 두 가지를 출판사에 보냅니다. 원고와 출간기획서. 그런데 원고 없이 출간기획서만 보낼 수도 있어요. 이땐 리스크가 높아지죠. 원고 전체를 보내도 계약 성사 여부가 불투명한데 원고 없이 투고한다니 그럴 수밖에요. 출판사 입장에서 생각을 해보죠. 출간기획서만 믿고 작가와 계약했다가 원고가 끝내 완성되지 못하면 그야말로 낭패입니다. 큰 메리트가 없는 이상 굳이 이러한 위험 부담을 할 이유가 없겠죠. 따라서 출간 경험이 없는 작가에겐 이 방법을 추천하지 않습니다. 확률 낮은 게임을 할 필요는 없어요. 이해사 작가도 『내 글도 책이 될까요?』에서 "콘셉트 기획안을 통한 계약이 가장 좋다고 할 수 있다. 투자 대비 효과가 가장 뛰어나기 때문이다. 하지만 초보 작가에게는 넘기 힘든 산일 수도 있다." 라고 말하며 초보 작가에겐 이 방법을 권하지 않습니다. 다만 출간 경험이 한 번이라도 있는 작가에겐 시도해 볼 만한 가치가 있습니다.

잠시 제 이야기를 해보죠. 두 번째 책(이번 책)은 새로운 도전을 해보고 싶었습니다. 원고 없이 '출간기획서'만으로 출판 계약에 성공해 보고 싶었어요. 스스로에 대한 자신감 때문은 아니고 이런 이유가 있었습니다. 보통 작가의 원고 집필 기간은 최소 수개월입니다. 한 달 이내인 경우도 있지만 드물죠. 어떤 원고는 수년에서 수십 년 걸리기도 해요. 만약 오랜 기간 힘들게 완성한 원고를 투고했지만 출판 계약에 실패했다면 어떨까요? 실망감도 크고 그동안 들인 시간과 에너지가 생각나지 않을 수 없겠죠. 물론 글쓰기 연습, 책 쓰기 경험은 얻었겠지만요. 저는 고민 끝에 새로운 경험을 쌓는 차원에서 출간기획서만 작성하고 투고해 보기로 결심합니다. 쉽지 않은 결정이었어요. 앞서 말씀드렸듯 원고와 함께 투고할 때보다 출판 계약에 실패할 가능성이 훨씬 높으니까요. 베스트셀러 작가나 인지도가 높은 작가는 얼마든지 시도해 볼 수 있습니다. 저는 이번 책의 콘셉트와 주제에 자신감이 있었기에 모험을 택했어요. 원고 없이 출간기획서만으로 여러 출판사에 투고했고 최종적으로 출간 계약에 골인해 이렇게 이번 책이 세상에 나오게 되었습니다.

출판(출간) 계약

투고했다면 이제 기다림의 시간입니다. 이메일 투고가 일반적이니 이메일 수신함을 자주 확인하게 됩니다. 답장은 바로 오기도 하지만, 보통 1주일 이내로 오는 편이에요. 저는 투고 후 대부분 1주일 이내로 답장이 왔습니다. 긍정과 부정의 답장 모두요. 물론 무응답인 곳도 많습니다. 무응답인 경우는 크게 세 가지 이유로 추측해요. 하나, 편집자의 업무량이 많아 투고된 원고들을 일일이 다 보지 못해 누락된 경우. 둘, 봤지만 바빠서 답장을 생략한 경우. 셋, 보낸 이메일 주소가 올바르지 않은 경우.

긍정적인 답변을 받은 출판사와 접촉해 의견을 조율합니다. 최종적으로 출판사 한 곳을 선택하죠. 선택 시 여러 고려 사항이 있어요. 출판 형태(기획 출판, 반자비 출판), 인세 등 계약 조건도 중요하지만, 출판사 관계자 특히 작업을 계속 같이 할 편집자와의 궁합도 중요합니다. 대화하면서 나와 너무 맞지 않을 것 같다면 신중히 생각해 봐야 해요. 그런데 초보 작가(출간 무경험자) 대부분은 출간을 해주겠다는 출판사가 나타난 것만으로도 벅찬 마음이라 이런 점이 크게 영향을 미치진 않습니다. 어지간히 나쁜 조건이 아니면 계약으로 이어지죠.

계약 조건은 크게 세 가지가 중요해요. 인세, 1쇄는 몇 부 찍을지, 계약금. 보통 베스트셀러 작가, 스타 작가의 인세는 10~12%, 초보 작가의 인세는 10% 미만(7% 전후가 많음)입니다. 인세 10%, 책 한 권을 만원이라 가정하면 1부가 팔릴 시 작가는 천원을 받습니다.(세전) 인세가 통장으로 들어오는 시점은 출판사에 따라 분기, 반년, 연 1회 등 다르니 계약 시 확인하세요.

한국은 독서량이 현저히 낮습니다. 1년에 책 한 권 읽지 않는 사람이 50%가 넘는다는 통계도 있죠. 이렇듯 출판 시장 상황이 좋지 않아 많은 초보 작가는 500부 팔기도 쉽지 않습니다. 책 한 권 내서 경제적 자유를 이루겠다는 꿈은 꾸지 않는 게 좋겠죠? 그런데 단번에 경제적 자유를 이루지 못한다고 책을 내는 의미가 없을까요? 전혀 그렇지 않습니다. 꾸준히 책을 내면 많은 걸 얻습니다. 책은 가장 확실한 나의 명함입니다. 내게 권위가 생겨 다양한 분야로 연결돼요. 나를 찾는 곳이 많아지죠. 예컨대 강연, 강의, 컨설팅, 기고, 자문입니다. 그렇게 나는 영향력이 커지고 브랜드가 됩니다. 브랜드가 되면 더 많은 걸 할 수 있어요. 출간을 단순히 책을 내는 행위로만 국한해서 생각하지 마세요. 넓고 길게 보세요.

출판 업계가 불황이라 초보 작가에 대한 대우가 열악한 것으로 알고 있어요. 계약금에 큰 기대를 하지 않는 게 좋습니다. 무턱대고 고자세로 임했다가 계약을 그르칠 수 있으니 신중하게 행동하세요. 초보 작가라면 무엇보다 계약 성사에 무게를 두세요. 심각하게 불합리한 조건이 아니면요. 저역시 계약 성사에 초점을 두었습니다. 만약 초보 작가가 계약금을 받는다면 보통 30만 원에서 100만 원 정도입니다.

출판 계약 후 원고가 책으로 나오는 데는 보통 2~3개월이 걸려요. 변수가 생기면 1년 또는 그 이상이 걸리기도 하죠. 제 첫 책은 계약하고 편집 과정을 거쳐 큰 변수 없이 약 2개월 후 나왔습니다. 이번 책은 출판 계약과동시에 집필을 시작했고, 그로부터 3개월 전후에 출간될 예정입니다.

대형 출판사와의 계약만 고집하지 마세요. 조건과 장단점을 잘 따져보세요. 예컨대 대형 출판사는 출간 예정인 책이 많으므로 더 잘 팔릴 책에 선택과 집중을 하는 편입니다. 그렇지 않은 책에는 상대적으로 마케팅에 소홀할 수 있죠. 반면 소형 출판사는 출간되는 책마다 마케팅에 화력을 집중할 수 있어요. 김태한 작가는 『제발 이런 원고는 투고하지 말아 주세요』에서 이렇게 말합니다. "원고의 성격과 저자의 성향에 따라 다르지만, 확실한 것은 작은 출판사도 책을 아주 잘 만듭니다. 책 한 권을 제작하고 마케팅하려면 대략 2,000만 원의 예산이 투입됩니다." 2,000만 원은 결코 적은돈이 아니죠. 소형 출판사는 신간 도서 몇 권만 흥행에 실패해도 큰 타격을받습니다. 이는 열심히 홍보와 마케팅을 할 충분한 이유가 됩니다.

교정, 교열, 윤문, 표지

교정, 교열, 윤문은 차갑게 말하면 내 글이 지적당하는 과정입니다. 편집자는 내가 쓴 조사, 단어, 문장, 사례, 인용 등 부적절하거나 어색하다고 판단되는 부분을 모조리 찾아내 수정하거나 수정을 권하죠. 이때 내 글이 그렇게 못났나? 내 글이 그렇게 별로인가? 같은 자괴감과 수치심, 나아가 모멸감까지 느낄 수 있어요. 글과 나를 동일시하지 마세요. 지적을 당한 건 내 '글'이지 '내'가 아닙니다. 편집자가 내게 악의가 있어 그런 게 아니라 좋은 책을 만들기 위함이니 감정을 배제하세요. 편집자와 저자는 한 팀입니다.

이 작업은 강한 인내심과 지구력이 필요합니다. 띄어쓰기, 오타, 맞춤법이 확실하고 비문과 어색한 문장도 없어 완벽하다고 생각하며 편집자에게 원고를 보내지만, 다시 받아 본 원고는 그게 아니죠. 화수분처럼 수정 보완해야 할 곳이 계속 나옵니다. 아무리 자신이 쓴 글이라도 오래 계속 보면 지치고 질린답니다. 이때 '이 정도면 됐어.' 하며 자신과 타협하지 마세요. 마음에 들 때까지 잡고 늘어지세요. 마지막까지 한 번 더 쥐어짜세요. 그 한 끗 차이가 완성도의 차이를 만듭니다. 종이책은 한 번 세상에 나오면 다시 수정하기 어려워요. 보통 이 과정은 3회 정도 이뤄져 '3교'라고 불립니다.

표지 디자인도 출판사와 서로 의견을 주고받으며 결정합니다. 저자는 원하는 표지 디자인을 출판사에 제안하고 출판사는 최대한 저자의 의견을 반영해 표지를 제작합니다. 최근엔 저자가 출판사에서 받은 표지 시안 후보를 SNS에 올려 어느 게 괜찮은지, 어떤 점을 개선하면 좋은지 사람들의 의견을 수렴하기도 합니다. 자신의 의견을 표현함으로써 간접적으로 표지 제작에 참여하는 과정에서 사람들은 자연스럽게 예비 독자가 됩니다. 표지에 자신의 의견이 반영되었다면 더 확실한 책 구매로 이어지죠. 이게 '프로세스 이코노미'의 기본 원리입니다. 독자와 과정을 공유하고, 독자의 참여를 유도하고 소통하며 함께 만들어 나가는 것. 이번 책의 표지도 SNS를 통해 독자의 의견을 수렴하고 반영해 탄생했습니다.

마케팅, 홍보

교정, 교열, 윤문, 표지 디자인 작업이 끝나면 인쇄에 들어갑니다. 이제 저자의 할 일은 끝난 걸까요? 예전엔 출판사가 책 홍보의 대부분을 담당했지만, 이젠 아닙니다. 출판사뿐만 아니라 저자도 함께 본인의 책 홍보에 나서야 해요. 오히려 더 적극적으로 말이죠. 남의 책이 아닌 내 책입니다. 김태한 작가도 『제발 이런 원고는 투고하지 말아 주세요』에서 "글쟁이가 글만 쓰는 시대면 얼마나 좋겠습니까? … 출간 전부터 소셜미디어 활동, 출간, 높은 판매고로 이어지는 공식이 자리 잡았습니다."라고 말하며 저자의 책 홍보를 강조합니다. 이어서 다음과 같이 말하죠. "소셜미디어의 발달로 인해 독자들은 더욱 저자와 가까워졌습니다. 독자들과 적극적으로 소통하는 저자만이 좋은 글을 쓸 수 있습니다." 동의합니다. 독자와 적극적으로 소통하는 저자만이 살아남습니다.

그동안 키워 온 SNS 파워, 즉 팔로워 수, 구독자 수의 힘을 발휘할 때입니다. 예전엔 출간 후 책 홍보를 시작했지만, 요즘엔 출간 전 책 내용 일부를 SNS에 공유하며 홍보를 시작합니다. 예비 독자에게 출간 소식을 알리는 효과가 있고, 관심 유도 효과, 나(독자)도 이 책의 출간 여정에 함께 참여한다는 느낌을 심어주는 효과도 있죠. 네, 프로세스 이코노미입니다. 가능한 한 모든 과정을 공유하세요. 예컨대 어떤 책을 구상 중입니다, 집필 시작했습니다, 집필 어느 지점까지 와 있습니다, 제목이 고민되는데 어떤 제목이 괜찮을까요?, 투고했습니다, 계약 거절당했습니다, 드디어 출판 계약 성공했어요, 교정 교열에 들어갔습니다, 표지 디자인 4가지 중 어느 게 더 마음에 드시나요? 드디어 출간했습니다, 언제 어디서 북 콘서트를 합니다. 이런 식으로 과정마다 SNS에 공유하고 소통하고 의견을 수렴하는 것만큼 책 홍보에 효과가 큰 것도 없습니다. 모든 과정이 살아 있는 마케팅, 홍보 콘텐츠입니다.

팔로워 수, 구독자 수가 많을수록 내 책의 예비 독자가 많은 셈입니다. 그러니 책 집필 전부터 부지런히 블로그와 SNS를 키우세요. 재차 강조하지만 이건 시대 흐름이자 요구입니다. 필수이자 의무예요. 물론 블로그, SNS 없이도 출간하고 책을 많이 판매하는 사례도 있습니다만 드뭅니다. SNS 영향력이 없으면 출판 계약부터 책 판매까지 큰 핸디캡으로 작용한다는 점 잊지 마세요. 특히 초보 저자에게는 치명적입니다. 책 출간 전, 후 부지런히 홍보하세요. 내가 얼마큼 적극적으로 홍보했냐, 내가 얼마나 영향력을 지녔느냐에 따라 책 판매량이 결정됩니다. 물론 책 내용이 좋아야 하는 건 기본이고요.

출간 후 서평 이벤트, 북 콘서트(온라인, 오프라인)를 진행하는 것도 흔한 풍경입니다. 저자와 독자가 만나는 접점을 늘려가는 추세죠. 독자는 저자와 친밀감을 느끼고 팬으로서 배려와 챙김을 받고 있다는 느낌이 들 때 지갑을 열고 주위 사람을 팬으로 끌어들입니다. 독자에게 다가가고 자주 소통하세요. 책은 독자가 있어야 존재합니다. 강원국 작가의 다음 말을 기억하세요. "글은 내가 쓰지만 내 것이 아니다. 글의 주인은 내가 아니라 독자다." 독자가 있어야 글과 책이 의미를 갖습니다.

추천사

끝으로 추천사입니다. 추천사를 써 줄 분은 출판사나 저자가 섭외합니다. 참고로 제 첫 책과 이번 책 모두 제가 직접 섭외했어요. 정답은 없으니 출판사와 상의 후 진행하세요. 내가 쓴 책의 분야에 권위가 있고 인지도가 높은 분이 추천사를 써주면 책의 권위와 신뢰도가 높아집니다. 책 판매에도 도움이 되죠. 추천사는 필수가 아닌 선택입니다.

추천사를 부탁하는 법에 대해 간략히 알려드려요. 정답이라기보다 저는 이렇게 한답니다, 정도로 참고하세요.

저는 이메일로 추천사를 부탁드립니다. 첫 책, 이번 책 모두 그랬어요. 상대방의 이메일 주소를 인터넷 검색으로 알아냈어요. 그래서 단점도 있습니다. 현재는 사용하지 않는 이메일 주소일 수도 있고, 메일 주소가 잘못 알려져 부정확할 수도 있고요. 그래도 나름 정확도가 높은 편이었습니다.

추천사를 부탁드린다는 메일을 보낼 때 처음부터 원고(초고)를 같이 보내드리진 않습니다. 이러이러해서 추천사를 부탁드립니다, 라는 내용과 함께 글 말미에 원고가 필요하시면 보내드리겠습니다, 라고 덧붙이죠. 필요하다는 답장이 오면 그때 보내드립니다. 이때 중요한 건 사전에 출판사 측과 상의가 되어 있어야 해요. 추천사 써 줄 분이 원고를 요청할 시 보내드려도 되는지, 된다면 전부 다 보내줘도 되는지, 일부만 보내줘야 하는지 꼭 확인하세요.

첫 책과 이번 책에 추천사를 부탁드렸던 모든 분은 초면이었습니다. 그래서 자칫 실례가 될 수도 있기에 최대한 정중하고 예의를 갖춰 부탁드렸습니다. 추천사를 부탁할 때 한 가지 꼭 필요한 게 있어요. 거절 받을 용기입니다. 다양한 이유로 추천사를 거절한답니다. 때론 무응답도 있고요. 투고 때와 마찬가지로 거절 받는 걸 두려워하지 마세요. 거절 받는 걸 디폴트(기본값)로 두세요. 승낙 받으면 좋은 거고 거절 받아도 괜찮습니다. 앞서 말씀드렸듯 추천사는 필수도 아니기 때문에 되면 좋고 아님 말고입니다. 꼭 추천사를 받고 싶은 분이 있다면 적극 행동하세요. 하는 게 안 하는 것보다 백배 낫습니다. 잃을 게 없으니까요.

실패란 없습니다

투고한다고 항상 계약에 성공하진 않아요. 초보 작가는 성공률이 낮은 게 사실입니다. 계약 실패, 거절이 두려워 투고를 주저하지 마세요. 만약 제가 실패와 거절이 두려워 투고하지 않았다면 어떻게 되었을까요? 네, 출판 계약은 없던 일이 됩니다. 아무 일도 일어나지 않았겠죠. '기승전행동!' 입니다. 행동, 시도, 도전만이 나와 내 삶을 변화시켜요. 출간의 꿈이 있다면 망설이지 말고 도전하세요. 도전은 늘 옳습니다. 실패란 없어요. 오직 성공과 과정, 경험만이 있습니다. 실패와 거절은 성공으로 가는 징검다리 중 하나예요. 진짜 실패는 뭔지 아세요? 시도조차 하지 않거나 중도에 포기하는 겁니다. 시도하세요. 포기하지 마세요. 여전히 내 원고가 책으로 나올 수 있을지 의구심이 드나요? 의심하지 마세요. 당연히 가능합니다. 수많은 출판사 중에서 여러분의 원고를 기다리는 출판사는 분명히 있답니다. 설령 이번 도전에 계약이 성사되지 않더라도 "이 점이 아쉽다, 이렇게 하면 좀 더 좋겠다, 이런 방향은 어떻겠냐." 등 원고에 대한 피드백을 받을 수 있어요. 이를 잘 반영하고 보완해 더 나은 원고로 만들어 재도전하면 됩니다. 두드리다 보면 결국 열려요. 왜냐고요? 열릴 때까지 두드릴 거니까요. 계속 두드리세요. 한 번에 열리지 않더라도 열릴 때까지 두드리세요. 결국엔 열리는 게 문입니다. 그게 세상 이치에요. 여러분의 책 쓰기를 진심으로 응원합니다!

당신이 저자가 되는 그날까지

에필로그

"진짜 위기는 뭔지 아십니까? 위기인데도 불구하고 위기인 것을 모르는 것이 진짜 위기입니다. 그보다 더 큰 위기는 뭔지 아십니까? 위기인 걸 알면서도 아무것도 하지 않는 것이 바로 더 큰 위기입니다." 과거 〈무한도전〉에서 유재석이 한 말입니다. 인공지능과 로봇 때문에 일자리 감소가 예상되고 위기감이 고조되는 이 시대에 묵직하게 다가옵니다. 지금이 위기인지 인식했다면 움직이세요. 행동하세요. 아무것도 하지 않으면 더 큰 위기를 맞이합니다.

인공지능과 로봇 시대엔 무엇이 더 귀해질까요? 어떤 게 더 가치가 생길까요? 네, 인간입니다. 휴머니티, 인간성, 인류애. 인간에 관한 관심과 배려, 사랑, 친절과 다정함, 따뜻함이 더 소중해질 거예요. 이것을 담은 글을 쓰세요. 이것이 오롯이 느껴지는 책을 쓰세요. 인공지능이 제아무리 글을 잘 쓰더라도 이걸 쉽게 흉내 내진 못합니다. 인간만이 쓸 수 있는 글을 쓰세요. 나만의 정체성과 가치관을 녹여 쓰세요. 최재붕 교수도 『AI 사피엔스』에서 이렇게 말합니다. "인간에 대한 깊은 관심, 따뜻한 배려가 미래를 지배하는 힘의 근원이라고 감히 말할 수 있는 겁니다." 사람을 향하는 글이 미래를 지배하는 힘입니다.

스티브 잡스는 제품 개발 기준에 대해서 "고객의 심장이 노래할 때까지"라고 말했습니다. 독자의 심장이 노래할 때까지 글을 쓰세요. 독자의 심장을 노래하게끔 하겠다는 각오로 글을 쓰세요. 그러면 못난 글이 써질 수 없어요. 진심, 진정성, 감동이 독자에게 반드시 전해질 거니까요.

구본형 작가는 『그대 스스로를 고용하라』에서 이렇게 말했습니다. "진정한 실업은, 지금 봉급을 받을 수 있는 일자리를 갖지 못한 것이 아니라 미래의 부를 가져다줄 자신의 재능을 자본화하지 못하는 것이다." 글쓰기 재능이 있는 사람은 미래에 부를 얻습니다. 잠자고 있는 여러분의 글쓰기 재능을 계속 잠만 자게 내버려두지 마세요. 깨우세요. 어떻게 깨우냐고요? 꾸준히 읽고 쓰고 또 읽고 쓰면 됩니다. 저처럼요.

"인생에 있어서 가장 큰 기쁨은 주변에서 '너는 그것을 할 수 없다'라고 말하는 그 일을 성취시키는 것이다." – 월터 배죠트

"처음에는 도대체 왜 하냐고 물을 것이고, 나중에는 도대체 어떻게 해낸 거냐고 물을 것이다." – 헤밍웨이

여러분이 책을 쓴다고 주위에 말하면 처음엔 관심이 없거나 의아해할 겁니다. 반응을 보인다면 대부분 이럴 거예요. "네가 책을 쓴다고?", "책은 아무나 쓰니? 그냥 하던 거나 잘해.", "책 써서 뭐 하려고? 그런 거 말고 재미

있는 거 많은데.", "책 쓴다고 해서 네게 별 도움이나 되겠어?", "굳이 그렇게까지 해야 해?", "네가 책 못 쓴다는 것에 내 손목을 건다!" 단순 농담부터 조롱과 비웃음까지 받을 수 있어요. 신경 쓰지 마세요. 그들은 하지 못했기에 질투와 시기심에 하는 말이니까요. "그렇게까지 해야 해?"라는 말을 듣는 사람이 보통 성공합니다. 그렇게까지 하세요. 간절함과 절실함을 담아 그렇게 책을 쓰세요. 평범한 가격을 치르면 평범한 것밖에 얻지 못합니다. 토머스 제퍼슨의 말처럼 한 번도 가져보지 못한 걸 가지려면 한 번도 해본 적 없는 노력을 해야 해요. 그렇게 노력해서 책을 쓰세요. 그러면 나중에 그들이 우리에게 이렇게 묻습니다. 도대체 어떻게 해낸 거냐고. 어떻게 해내긴요. 그저 묵묵히 썼을 뿐이죠.

누구나 책을 쓰면 갖는 소망이 있어요. 베스트셀러가 되는 것이죠. 과거엔 교수나 전문가, 전문(전업) 작가만의 전유물이었지만 이젠 아닙니다. 평범한 사람, 처음 책을 낸 부업 작가가 하루아침에 베스트셀러가 되는 세상이에요. 내 책이 그렇게 되지 말라는 법은 없습니다. 저도, 여러분도 얼마든지 해낼 수 있어요. 세상일은 아무도 몰라요. 어느 구름에 비가 들어 있을지 아무도 모른다는 강원국 작가의 말처럼요. 꼭 베스트셀러가 되지 않아도 좋습니다. 벽돌 하나하나를 쌓아 성을 만들 듯, 내 책을 한 권 한 권 내며 나만의 해자를 만들어 가는 것만으로도 충분해요. 여러분이 쓴 책이 여러분을 지켜줄 겁니다. 외부의 그 어떤 자극과 소음, 방해, 변화로부터도 든든하게 지켜줄 거예요. 책을 쓰는 건 자식을 낳는 과정으로 비유할 정도로 고통스러운 작업임엔 틀림없습니다. 하지만 그만큼 보람도 크다는 의미예요. 여러분도 꼭 경험해 보시면 좋겠습니다.

"삶의 끝에 남는 질문은 두 개다. 누구를 도왔나? 얼마나 배웠나?" – 찰스 핸디

도움을 주려는 마음과 무한 학습자, 평생 베타버전으로 살겠다는 마음을 잃지 마세요. 배운 걸 남에게 베푸세요. 배워서 남 주세요. 여러분이 알고 있는 가치 있는 걸 공유하세요. 글과 책으로 전달하세요. 나와 남 모두 이롭게 하는 자리이타적 삶을 사세요.

블로그에 포스팅할 때마다 글 가장 마지막에 남기는 문장으로 이 책도 마무리할까 합니다. 여러분이 꾸준히 글을 쓰면 좋겠습니다. 나아가 책을 쓰면 좋겠습니다. 쓰는 사람이 되세요. 쓰는 삶은 누적 축적되는 복리의 삶입니다. 같이, 함께 멀리 갑시다. 무탈과 안녕을 염원합니다. 건필하세요!